陇上学人文存

LONGSHANG XUEREN WENCUN

陇上学人文存

孙克恒　卷

孙克恒 著　孙　强 编选

甘肃人民出版社

图书在版编目（ＣＩＰ）数据

陇上学人文存. 孙克恒卷 ／ 范鹏，王福生总主编 ；孙克恒著 ；孙强编选. -- 兰州 ：甘肃人民出版社，2017.11
ISBN 978-7-226-05227-3

Ⅰ. ①陇… Ⅱ. ①范… ②王… ③孙… ④孙… Ⅲ. ①社会科学－文集②诗歌研究 －中国－文集 Ⅳ. ①C53 ②I207.22-53

中国版本图书馆CIP数据核字(2017)第297381号

出 版 人：王永生
责任编辑：肖林霞
封面设计：王林强

陇上学人文存·孙克恒卷

范鹏　王福生　总主编
孙克恒　著　孙强　编选
甘肃人民出版社出版发行
（730030　兰州市读者大道 568 号）
兰州新华印刷厂印刷
开本 890 毫米 × 1240 毫米　1/32　印张 10.75　插页 7　字数 271 千
2017 年 12 月第 1 版　　2017 年 12 月第 1 次印刷
印数：1~1000
ISBN 978-7-226-05227-3　定价：60.00 元
（图书若有破损、缺页可随时与印厂联系）

总　序

陇者甘肃，历史悠久，文化醇厚。陇上学人，或生于斯长于斯的本地学者，或外来而其学术成就多产于甘肃者。学人是学术活动的主体，就《陇上学人文存》（以下简称《文存》）的选编范围而言，我们这里所说的学术主要指人文社会科学研究。《文存》精选中华人民共和国成立以来，甘肃人文社会科学领域成就卓著的专家学者的代表性著作，每人辑为一卷，或标时代之识，或为学问之精，或开风气之先，或补学科之白，均编者以为足以存当代而传后世之作。《文存》力求以此丛集荟萃的方式，全面立体地展示新中国为甘肃学术文化发展提供的良好环境和陇上学人不负新时代期望而为我国人文社会科学事业做出的新贡献，也力求呈现陇上学人所接续的先秦以来颇具地域特色的学根文脉。

陇原乃中华文明发祥地之一，人文学脉悠远隆盛，纯朴百姓崇文达理，文化氛围日渐浓厚，学术土壤积久而沃，在科学文化特别是人文学术领域的探索可远溯至伏羲时代，大地湾文化遗存、举世无双的甘肃彩陶、陇东早期周文化对农耕文明的贡献、秦先祖扫六合以统一中国，奠定了甘肃在中国文化史上始源性和奠基性的重要地位；汉唐盛世，甘肃作为中西交通的要道，内承中华主体文化熏陶，外接经中亚而来的异域文明，风云际会，相摩相荡，得天独厚而人才辈出，学术思想繁荣发达，为中华文明做出了重要贡献。

近代以来，甘肃相对于逐渐开放的东南沿海而言成为偏远之地，反而少受战乱影响，学术得以继续繁荣。抗日战争期间作为大后方，接纳了不少内地著名学府和学者，使陇上学术空前活跃。新中国成立之后，人文社会科学领域的专家学者更是为国家民族的新生而欢欣鼓舞，全力投入到祖国新的学术事业之中，取得了一大批重要的研究成果，涌现出众多知名专家，在历史、文献、文学、民族、考古、美学、宗教等领域的研究均居全国前列，影响广泛而深远。新中国成立之后，人文社会科学几次对当代学术具有重大影响的争鸣，不仅都有甘肃学者的声音，而且在美学三大学派（客观派、主观派、关系派）、史学"五朵金花"（史学在新中国成立之后重点研究的历史分期、土地制度史、农民战争史等五个方面的重点问题）等领域，陇上学人成为十分引人注目的代表性人物。改革开放以来，甘肃学者更是如鱼得水，继承并发扬了关陇学人既注重学理求索又崇尚经世致用的优良传统，形成了甘肃学者新的风范。宋代西北学者张载有言："为天地立心，为生民立命，为往圣继绝学，为万世开太平"，此乃中华学人贯通古今、一脉相承的文化使命，其本质正是发源于陇原的《易》之生生不已的刚健精神，《文存》乃此一精神在现代陇上得到了大力弘扬与传承的最佳证明。

《文存》启动于中华人民共和国成立六十周年之际，在选择入编对象时，我们首先注重了两个代表性：一是代表性的学者，二是代表性的成果，欲以此构成一部个案式的甘肃当代学术史，亦以此传先贤学术命脉，为后进立治学标杆。此议为我甘肃省社会科学院首倡，随之得到政界主要领导、学界精英与社会各界广泛认同与政府大力支持，此宏愿因此而得以付诸实施。

为保证选编的权威性，编委会专门成立了由十几位省内人文社会科学领域著名学者组成的专家指导委员会，并通过召开专题会议研讨、发放推荐表格和学术机构、个人举荐等多种方式确定入选者。为使读者对作者的学术成就、治学特色和重要贡献有比较准确和全面的了解，在出版社选配业务精良的责任编辑的同时，编委会为每一卷配备了一位学术编辑，负责选编并撰写前言。由于我院已经完成《甘肃省志·社会科学志》（古代至 1990 年卷，1990 至

2000 年卷）的编辑出版工作，为《文存》的选编提供了坚实的基础和基本依据，加之同行专家对这一时期甘肃人文社会科学发展的研究，使《文存》能够比较充分地反映同期内甘肃人文社会科学的基本状况。

　　我们的愿望是坚持十年，《文存》年出十卷，到 2019 年中华人民共和国成立七十周年之际达至百卷规模。若经努力此百卷终能完整问世，则从 1949 至 2009 年六十年间陇上学人以"人一之、我十之，人十之、我百之"的甘肃精神献身学术、追求真理的轨迹和脉络或可大体清晰。如此长卷宏图实为新中国六十年间甘肃人文社会科学全部成果的一个缩影，亦为此期间甘肃人文社会科学学术业绩的一次全面检阅，堪作后辈学者学习先贤的范本，是陇上学人献给祖国母亲的一份厚礼。此一理想若能实现，百卷巨著蔚为大观，《文存》和它所承载的学术精神必可存于当代，传之后世，陇上学人和学术亦可因此而无愧于我们所处的伟大时代，并有所报于生养我们的淳厚故土。

　　因我们眼界和学术水平的局限，选编过程中必定会出现未曾意料的问题，我们衷心期望读者能够及时教正，以使《文存》的后续选编工作日臻完善。

　　是为序。

2009 年 12 月 26 日

目　录

编选前言

孙克恒（1934—1988），山东烟台人。从小喜爱文学，早年接触古典文学、现代文学和苏联文学，深受鲁迅、巴金、老舍、徐志摩等人的影响，在胶东公学和烟台一中读书时，即为《青年报》《山东青年》写稿。1953年考入北京大学中文系，在校学习期间，参加"北大诗社"，1956年作为"北大诗社"的代表在中国作家协会的扩大理事会闭幕晚会上受到周恩来总理的接见。1957年从北京大学毕业，自愿要求到最艰苦的地方工作，分配至兰州大学中文系任教，1958年调兰州艺术学院，1962年到甘肃师范大学（今西北师范大学），历任讲师、副教授、教授。曾为中文系中国现当代文学教研室主任、西北师范大学中国西部文学研究所所长、中国作家协会会员、甘肃作家协会理事、中国现代文学学会和中国当代文学学会甘肃分会会员。孙克恒先生50年代开始从事诗歌研究与评论，著有《谈诗和诗歌创作》（甘肃人民出版社1978）、《现代诗话》（青海人民出版社1981）、《中国当代西部新诗选》（甘肃人民出版社1986），发表诗歌、论文70多篇，是中国当代有影响的现代诗歌评论家，是中国西部文学颇有声望的理论倡导者和实践推动者。

一

孙克恒的新诗研究始于20世纪50年代，早期的评论不免受到社会主义文学观念和政治化社会历史批评方法的影响，这是个人的局限,也是时代使然。新时期以来,他的思想更为敏锐,理论视野更为开阔,基本摆脱了政治化社会历史批评的窠臼,更多地从历史和美学的立场进行评论和研究。1980年他发表《雨巷诗人——戴望舒》一文,对戴望舒诗歌的情感基调和艺术成就给予了积极的评价,率先肯定了戴望舒诗歌的历史价值,认为"从三十年代的诗坛,到四十年代如《诗创造》《中国新诗》的许多诗人们,甚至从近两年涌现的一些青年的诗作中,都可以觉察到以戴望舒为代表的现代派诗风的影响,甚至说预期潜在的影响"。80年代是现代文学研究的"拨乱反正"时期,对戴望舒的"重评"开风气之先,显示了他的学术勇气以及不断开拓的精神追求。1987年他发表了长篇论文《主体感应的变异:〈现代〉及其诗人群》,分别论析了以《现代》为阵地的诗人群体戴望舒、李金发、艾青、林庚、金克木、陈江帆、李心若、玲君等,从现代诗歌史的角度,高度评价了现代诗派的价值和意义。他认为现代诗派注重内心体验与个性的自我袒露,感应变动的现实,传达了现代的都市景观及其文化心态,也向读者提出了改变传统的鉴赏心理、接受习惯的问题。同时,他也强调不能把新诗中的现代倾向看作对现实的诗和浪漫的诗的反动,"实际上它正是牢固地扎根于我们发展着的社会生活及其文化之中的一种更为执拗、更为深刻的诗歌美学的继续和延伸"。对现代诗派现代因素的挖掘和阐释,对诗人主体意识的重视,都表明孙克恒摆脱了政治化社会批评的模式,形成了富于个性和注重审美的批评方法。

孙克恒的新诗研究涉及了现当代重要的诗人和诗歌现象,从冰心、周作人、鲁迅、朱自清、郭沫若、殷夫、戴望舒、冯雪峰到李季、闻捷、贺敬之、郭小川、唐祈、昌耀,从白话诗运动、小诗、叙事诗、现代诗派到天安门诗抄等等,可谓构成了一部中国现代诗歌史。在研究重要的诗人和诗歌现象的同时,孙克恒对一些学术界容易忽视或鲜为人知的诗人及诗歌现象也给予很大的关注，注意发掘它们的文学价值和历史意义。朱自清在《中国新文学大系·诗集》中，曾选进沈玄庐的一首长诗《十五娘》，并认为它是新文学中的第一首叙事诗。作为一首开创性的诗作，在现代诗歌史上却少有论及，1979年出版的《新诗选》也没有选进这首诗作。孙克恒的《初期白话诗二题》一文，通过文本解读，认为它不仅扩大了五四时期白话新诗的题材范围，提出了在半殖民地半封建社会劳动人民的价值问题，而且也为叙事诗的创作提供了一条很好的经验，作为现代白话诗歌运动中的第一首叙事诗具有重要的艺术价值。关于冯雪峰研究，研究者关注较多的是湖畔诗社时期的诗歌创作与文学理论，40年代的狱中诗篇少有论及。孙克恒的《〈灵山歌〉：一个不屈的灵魂的自白》一文，结合创作的背景，系统地论述了《灵山歌》的思想内涵和艺术特征，并和前期的诗歌作了比较。认为《灵山歌》是一个坚强的革命者思想情操的真实再现，也是一座不屈的心灵的丰碑，在我国新诗发展的光辉历程中具有重要的地位。此外，他也曾撰文论析了抗战时期晋察冀根据地年仅24岁牺牲的青年诗人李辉唯一的诗集《十月的歌》。这些研究弥补了现代诗歌研究中的不足，体现了独到的文学史眼光。

在对具体诗人和诗歌现象的评论中，孙克恒善于从中外诗歌传统，尤其是中国古典诗歌的传统出发，探究新诗与古典诗词的复杂关系，体现了一种开放的诗歌观念和独特的文学史意识。不论从构思或语言形式看，词曲的影响甚为明显，是五四初期不少白话诗作的普遍特点。朱自清在谈到沈玄庐叙事诗《十五娘》的缺点时，认为它"词曲调太多"。孙克恒却认为，从具体作品看，词曲调对《十五娘》却也起到了积极的效果。因此，他不是从传统和现代的二元对立机械地看待新诗中的传统因素，更注意从具体的审美效果看待传统因素的积极效果。在论及戴望舒的诗歌成就时，也肯定了戴望舒诗歌中的传统因素："他能在自由诗派、格律诗派基础上,独树一帜,自创一格,白话诗创作到他手中,已经成熟到敢于回过头去,大胆继承中国古典诗词的诗风,使其不落痕迹,又保有它活泼的神韵,同时更融会以现代诗艺变化的潮流,用以丰富现代白话写诗的表现手段。"关于小诗的兴起,在论及外来因素的同时,他也强调传统的渊源不容忽视。对新诗中传统因素的辩证分析显示了独特的审美意识与历史意识,对当下新诗创作也有很大的启示意义。

古远清在《中国当代诗论五十家》中评论道："甘肃的孙克恒,是西北地区诗论家的一位代表。"作为当代颇具盛名的诗歌评论家,孙克恒的诗歌研究既能以诗人之心深入文本,体现了批评主体的阅读感受和审美体验,又能从作家和社会历史的角度做到"知人论世";既能从中外诗歌传统展开分析论说,又具有更为宏阔的理论视野,立论行文显示出高超的理论水准,形成了独特的批评风格。

二

20世纪80年代初,朦胧诗的崛起引发了很大的争议,围绕着当代诗歌和新诗传统的关系,诗与时代、生活的关系以及如何吸收借鉴外国诗歌的表现方法等问题,学术界展开了广泛的讨论。1983年《当代文艺思潮》发表了徐敬亚的《崛起的诗群》,更是将关于朦胧诗的讨论引向高潮,孙克恒也于同年第3期《当代文艺思潮》发表《新诗的传统与当代诗歌——兼评〈崛起的诗群〉》一文,随后,他又撰写了系列论文,积极参与了相关的论争。和章明、臧克家、程代熙等人的政治化批评不同,孙克恒立足中国新诗发展的历史传统,勾连古今,放眼中西,以宽容的态度,从学理的角度,探究了中国当代新诗发展的道路问题。

在朦胧诗的争论中,如何看待当代诗歌和新诗传统的关系是一个首要的问题。徐敬亚认为中国现代艺术的萌芽,可以追溯到本世纪二三十年代,新月派和现代派的诗人在主导思想上是脱离现实的,诗的情调仅仅再现了空幻的自恋和哀怨,在诗的感受和表现手段上基本没有冲破平铺直叙的总框子。以后的外族入侵、国内动乱,终于使中国现代诗歌产生的一点点可能性遭到了泯灭。由于对现代主义的推崇,他对中国现代诗歌的现实主义传统提出了质疑,尤其对五六十年代的革命现实主义传统提出尖锐的批评,认为所有的诗人都沉溺在"古典+民歌"的小生产歌吟的汪洋大海之中。徐敬亚对新诗传统的见解有许多偏颇之处。针对徐敬亚的论述,孙克恒梳理中国新诗的发展历史,肯定了中国新诗发展中的现实主义和浪漫主义的传统,认为现代中国社会产生了一大批诗人,他们有极高的中外文化修养,有极其诚实而敏感的精神世界,又异常忠实于对艺术的孜孜探求,创作上具有明显的不同风格和个性的烙印。在他看来,把五十年代诗歌归结为"中间铺陈"、"结尾升华"的传统诗歌套式,其实也是不公平的。关于当代诗歌与新诗传统的关系,徐敬亚强调诗歌的"现代倾向"就是反传统,认为"一种艺术倾向的兴起,总是以否定传统的面目出现,总是表现反对原有旧秩序的强侵入"。孙克恒在肯定新诗变革的历史合理性的同时,强调新诗传统是现代诗情的宽厚肌体:"这种发展同样也只能在自身传统基础上更勇猛地跨越,以超过前人的新突破、新贡献而丰富民族艺术宝库,正像不能割断历史一样,对于发展中的自身传统,也是没有多少主观选择性的。"实际上,从现代诗歌发展的历史看,朦胧诗的出现并不是什么新鲜的事物,现代艺术手法的借鉴和使用完全是三四十年代现代主义诗歌的历史回声。五四以来的新诗传统是当代新诗赖以发展的基础,朦胧诗的崛起,其实是新诗美学原则变革的结果,正如孙绍振所言,崛起的青年对我们传统的美学观念表现出一种不驯服的姿态,他们不屑于做时代精神的传声筒,也不屑于表现自我情感世界以外的丰功伟绩，他们甚至回避去写那些我们习惯了的人物的经历、英勇的斗争和忘我的劳动场景。个人在社会中被赋予了更高的地位，自我表现成为青年一代极力推崇的美学原则。徐敬亚声称"具有现代特点的自我"成为许多诗人的主题宗旨。把自我表现作为新诗创作美学原则，固然是当代新诗发展的必然结果，也有其历史和美学的合理性。但是，完全抛弃现实主义，否定当代新诗和生活、时代的关系，也有矫枉过正的地方。针对新诗争论中个人和社会、个人和时代的冲突，孙克恒指出，我们应该着眼于生活和心灵的辩证法，在两者的结合中，去探求通向现代的路。真正的文艺作品，总是体现着民族文化艺术与民族艺术思维的创造性，在其整个的创作构思中，社会生活、意识、心理、气质、风尚等都会有机地渗入甚至左右作家诗人对生活的审美思考。所以，他对那些沉溺于自我狭小的情绪的诗风表达了自己的担忧，认为这类诗走的是一条越来越狭窄、程式化的道路，是新诗发展的"死胡同"。如果我们看看近年来新诗中的某些现象，就会发现孙克恒的批评和担忧是非常有道理的。

　　如何吸收、借鉴西方现代诗歌的表现方法也是朦胧诗讨论中的突出问题。1980年章明在他的著名论文《令人气闷的"朦胧"》中，批评了新诗对西方现代派表现手法的借鉴，责难青年诗人有意无意地把诗写得十分晦涩、怪僻，形成了一种令人气闷的"朦胧"倾向。徐敬亚作为崛起的青年诗人理论方面的代言人，在质疑新诗的现实主义创作方法的同时，声称新诗已经形成了一套独特的表现手法，促使新诗在结构、语言、节奏、音韵等方面发生了一系列的变革，新诗未来的发展方向，是五四新诗的传统加现代表现手法，并注重与外国现代诗歌的交流。因此，关于如何吸收、借鉴西方现代派诗歌的表现方法，形成了两种互相对立的观点。孙克恒肯定了新诗吸收、借鉴现代主义的必要性，指出现代主义本身也是一个复杂和矛盾的流派，不应该忽视传统的现实主义和浪漫主义,更不应盲目崇洋,妄自菲薄。他认为,新诗的创作与前进,无疑应该认真钻研、吸收、融化和发展古今中外艺术上一切的好东西,只有这样,我们的民族诗歌才能在全人类文化成果的广博基础上丰满、提高。孙克恒既没有囿于传统的观念和立场,也没有简单地认同西方的现代主义,跳脱了传统和现代二元对立的思维框架,从理性和超越的立场表达了新诗发展中全面综合的必要和可能。

在关于朦胧诗的讨论中,孙克恒秉持了理性的精神,以开阔的视野,超越的立场,对传承与创新、个人与社会、传统与现代等问题做了深入而独特的思考。对当代新诗的发展道路做了展望:"当代新诗的发展,既要立足于自身的诗歌传统,又能与世界外部诗的趋势相呼应;既具有实现四化的现代史诗宏伟气魄,又要充满社会主义新时期的当代诗情。"

三

孙克恒不仅致力于现代诗歌的研究和评论,也是中国西部文学非常重要的理论倡导者和实践推动者。20 世纪 80 年代,在西部大开发的背景下,西部文学的发展如火如荼,孙克恒在西部文学研究方面也投入了很大的精力,成为 80 年代西部文学,尤其是西部诗歌方面卓有成就的评论家之一。一方面,他关注西部诗歌创作,评论作家作品,编辑出版诗歌选集,奖掖后辈,扶持文学新人,有力地推动了当代西部诗歌的发展;另一方面,积极参与学术活动,对西部文学的相关理论问题作了深入探索。

从 50 年代开始,孙克恒就对闻捷、李季等富有西部特色的作品给予很大的关注,先后发表了《试论李季的诗歌创作》《讴歌生活的美与诗意——闻捷诗论》等长篇论文。新时期以来,他又分别撰写了高平、唐祈、昌耀等西部诗人的诗歌评论,对新疆的雷霆、洋雨、东虹、杨眉和李瑜等诗人也做了专门评论。1982年《飞天》杂志开设《塞声》栏目,致力于西部诗歌的建设和探索,同年共刊出8期,发表了甘肃本省五十几位诗人的一百余首诗作。1983年孙克恒发表了《生活的多样化与诗的特色——一九八二年〈塞声〉漫评》的评论文章,对这些诗人及其作品进行系统的评论,涉及唐祈、林染、李云鹏、唐光玉、姚学礼、何来、人邻、阳飏、匡文留、崔桓等诸多诗人。评论以文本细读为基础,主要论析了西部诗歌的地域特征和时代特征,对作家的个性风格及艺术技巧等问题也进行了精彩的论述。

在广泛涉猎、深入研究的基础上,从1984年开始,孙克恒先生开始着手编选《中国当代西部新诗选》,1986年由甘肃人民出版社正式出版,该书共收录69位诗人的诗作,是当代西部新诗的第一部诗歌选集。由他执笔,和唐祈、高平合作撰写了诗歌选集的序言《西部诗歌:拱起的山脊》,序言以宏阔的视野论述了西部诗歌产生的背景、特点以及在当代文学发展中的意义,是当代西部新诗评论方面代表性的论文。孙克恒认为,西部诗歌作为当代诗坛极具特色的诗歌现象应被纳入中国新诗发展的传统及社会生活的关系中予以定位。西部诗歌反映了变革中时代的侧影,体现了时代的某些特质及其典型情绪,其精髓是在新的历史时期为社会主义理想所鼓舞的积极开拓与热情献身精神。他也注意到了西部诗歌自身的传统与发展,认为现今的诗歌是继承了五六十年代诗作具有开创意义的西部题材传统,尤其是在闻捷的边疆风情诗和李季的石油工业诗传统基础上进一步的发展与提高。其特点之一是在锐意变革的现实中为开创社会主义现代化的伟大事业放歌,不仅真实反映了大西北这一角土地所发生的历史性改观,而且更鲜明地体现了诗人对生活的审美评价,同五六十年代的诗作相比,诗人们更多地把思想感情诉诸心理情绪的折射而造成暗示性的意境。西部诗歌的另一特点则是把自我和整个民族的命运与开拓的事业紧紧联结在一起，表现了艰苦生活磨炼下人们所特有的豪爽、粗犷、深沉的性格，诗中屹立着一代具有紧迫的事业心及硬汉气质的感人形象，诗作中间都有一个个性鲜明的自我或集体群像。孙克恒认为广阔的历史纵深感和明确的社会使命感的结合则是西部诗歌的又一特点，这种历史感的抒发在于超越时间、空间而永远闪烁的生活的光点，明确意识到自己就是历史的主人。

　　西部文学的范围、特征以及西部精神是西部文学的基本理论问题。文学的"西部"到底包括哪些省区范围，许多论者似乎意见并不一致。孙克恒从历史、地理、社会经济，以及文化结构及其相互影响等诸方面因素综合考察，认为文学的西部应该包括内蒙古西部、西藏以及现有西北五省在内的较大范围。关于西部文学的主要特征，他认为地域性是西部文学的一大特色，这不仅与其社会的地域的文化传统、文化特性有着血缘上的直接沟通，而且也与其自然的经济的地理现实的特性紧密联系在一起；流派或创作群体性也是西部文学的主要特征，它是不同地区诸多作家作品所呈现的多样风格筑成的文学群体，体现了一种崭新的文化意识。在西部文学的讨论中，什么是西部精神，有许多不同的观点，诸如西部精神即开拓精神，或觉醒意识、忧患意识，等等。孙克恒指出："西部文学中的西部精神，只能是与我们现实生活的前进步伐相一致的时代精神，它具体可感地渗透于文学中的西部生活现实的每一个细胞，每一处毛孔，更借其在人物心灵的投影与折射，清晰地反映出来。"他强调，西部文学的建设，除了认识自身传统文学的价值之外，更重要的是要善于捕捉当今时代给予的有利契机。在新的社会主义文学的总体中，寻找到自己的位置，淬炼出自己的声音，在历史的交叉处，寻找到属于自己内在的艺术审美特性。

四

作为颇具盛名的诗歌评论家,孙克恒对诗歌的本质特征、艺术构思、表现方式及诗体形式等理论问题也有独到的思考。1978 和 1981年,他分别出版《谈诗和诗歌创作》《现代诗话》,其中收入了大量的"现代诗话",这些"现代诗话"从具体创作现象入手,论析了中国新诗发展中的诸多理论问题,体现了一个诗评家深厚的理论素养。

"文革"时期,文艺上的教条主义和清规戒律总是要求作家诗人按照一定的模式去猎取生活、塑造人物、裁剪情感,这恰恰窒息了诗歌的思想和想象,从根本上堵塞了诗通向人们心灵的道路。孙克恒在反思革命文学观念的同时,提出了"诗是通向人们心灵的道路"的命题,他认为,诗人必须成为一个正直的人、高尚的人,在内心中永远树立真理的标杆,为了它不惜英勇献身。这样诗人的诗作,才有胆识敞开心灵的门窗,用语言把人们的心灵照亮,才会形成诗的个性和独特风格。对诗人主体性的强调体现了他的理论勇气和独特的诗歌情怀。对诗歌心灵因素的强调,并不意味着他仅仅把诗看作纯粹的感觉和幻想的结果。在回顾中国新诗发展的历史中,他辨析了小诗衰落的主要原因在于主观感兴日趋狭窄,以致排斥真正的生活和真情,最终不可避免的陷入矫饰的"习套作风"。在孙克恒看来,抒情诗固然离不开一个人的主观方面,可是抒情的对象,却应该是生活现实或者说是现实中的真实,必须反映最普遍的事物,最广阔的领域,世间没有什么事物,没有什么概念,不可以纳入诗情的想象和艺术构思之中。诗歌创作中的主观性和客观性一直是诗歌理论界争论不休的问题,孙克恒主张在表现内在心灵的时候,也要求诗人必须把普遍的事物纳入诗情之中,"普遍的事物必须化为主体的血肉般的所有物,浸透到他的感觉中去,不是跟他的某一个方面,而是跟他的整个存在结合起来。"他的思考体现了一种融合的倾向，这对诗歌的发展而言，也是一种最为正确的道路选择。此外，就读者而言，他也强调主观体验的重要性，认为诗歌鉴赏是心灵和情感的沟通，是美学的陶冶和提高，是意志的磨炼。

诗歌的艺术构思和表现方式是诗歌创作中的重要问题。孙克恒在对大量诗歌创作现象具体分析的基础上，总结了诗歌创作中艺术构思和表现方式的普遍规律和基本方法，给诗歌创作和鉴赏以很大的启示。首先，他认为，完美的诗作诞生于完美的艺术构思。艺术构思过程是诗人对生活的认识和理解逐渐深化的过程；是作者对情感的处理和诗意的创造，由迷糊到明朗，由散漫到集中，由抽象到一般，由一般到典型的艺术创造过程；也包含着对作品在诗的语言表达上的最后一次的润色、锤炼和加工。其次，他指出，诗歌创作离不开想象和联想，合理而丰富的想象和联想，构成任何诗歌形象间的一种更为直接、更为密切的情感上的联系，从而更为突出的表现诗人的思想感情；会使诗的意境由此及彼地向纵深扩展，使诗的主题思想提高并深化；即使在叙事诗歌中，合理的想象和联想也可用来揭示人物在特定环境下的复杂内心活动，有助于人物性格的刻画和塑造。那么，如何展开想象和联想呢？孙克恒强调必须从现实生活出发，做到自然合理，有充分而真实的心理依据，在避实行虚、虚从实出的基础上，大胆幻想，勇敢创造，这样才能真正收到奇特的艺术效果。最后，孙克恒认为，形象化的艺术创造是一首好诗所应具有的必要手段。他总结梳理了使语言形象化的重要手段：必须对诗的思想以及所要反映的事物有深刻的认识和挖掘，并由此激发出能与此种思想和事物对象产生内在联系的联想形象，再把这一切融汇于凝练的诗歌语言之中；从生活中提炼比兴形象的选用；适当的动词和形容词，以及夸张或拟人化手法的运用等。除了对艺术构思、联想和想象以及语言形象化等诗歌表现方式问题的探讨,孙克恒还论及了诗歌创作中比喻、细节、侧面描写、风格、叙事诗和意境等诸多诗歌表现技巧和美学问题。

孙克恒对新诗理论的研究也体现在诗体形式方面。他认为,形式是利器和重要的手段,对形式的完美追求,也是对生活本来面目的追求,对艺术上的完整与和谐的追求。五四时期,胡适"作诗如作文"的主张使得新诗摆脱了传统格律的束缚,实现了诗体的大解放,但是,初期白话诗也存在过分自由的倾向,新月派的闻一多和徐志摩等人倡导的新格律诗运动,对新诗的形式起到了规范的作用。五六十年代,也曾就民歌体和建立现代格律诗问题,展开过激烈的讨论。在新诗的历程中,无疑形成两种基本的诗歌体式,即新格律诗和自由体。对于这两种诗体形式,孙克恒更加倾心于新格律诗,非常赞同鲁迅"新诗先要有节调,押大致相近的韵,给大家容易记,又顺口,唱得出来"的看法,强调诗歌应该具有音乐美,盛赞贺敬之的《放歌集》节奏急促、顿荡,读起来朗朗上口。除了从音节的角度探讨诗歌的节奏之外,他还从生活和情感的立场,对节奏作了独特的阐发,认为"诗的节奏,归根结底,是生活节奏的艺术反映,不过这种反映,在诗歌作品里,主要是通过作品抒情和叙事节奏的有机交织,并借助于情感、思想、画面、人物、语言格律及诗体结构等多方面的融汇、概括、提炼而得以外在表现"。"生活节奏"的论述体现了他对新诗美学特征的独到发现。在现代诗歌创作实践中,并没有能够据此建立一种为大家所共同遵循的诗体形式。他相信经过一定时期的努力,也许新诗能够找到合乎诗歌艺术规律的完美诗体形式。

最后,交代一下本书的编选情况。《陇上学人文存·孙克恒卷》的编选工作始于 2015 年冬天,当时我正在北京师范大学访学,赵逵夫先生来电提出了编选的建议,随后我着手资料的收集和整理。文存收录的论文包括四个部分,其中,第一部分为现代诗歌研究;第二部分为当代诗歌研究和评论;第三部分为西部诗歌及文学评论;第四部分为诗歌理论研究,比较全面地反映了孙克恒先生的学术历程和成就。在编选工作陆续展开的一年时间里,赵逵夫先生一直非常关心文存的编选工作,每次见面都会询及编选的情况,并将他手头查阅的孙克恒先生的论文全部复印,提供给我。在编选的过程中,对于一些自己比较疑惑的问题,他也给予耐心的指导和解释,并审阅了全部书稿。在此,非常感谢赵逵夫先生的关心、鞭策和热情无私的帮助。

孙 强

2017 年 2 月于兰州

开创期白话新诗漫谈

半个多世纪前,伴随着五四——这场具有划时代意义的、以反对旧道德提倡新道德、反对旧文学提倡新文学为两大旗帜的伟大文化革命,中国现代新文学诞生了。它的标志之一,就是一种崭新的现代白话体诗歌,经过与旧势力的反复较量,最后终于在现代文学史上确立了它的地位,并为以后直至今天的新诗创作及其发展揭开新的一页。

在长期历史发展中,我国传统的旧体诗词,已形成一整套自身特有的、但却日呈凝固化的格律与程式,它一向被某些人视作文学的正统,而小说、戏曲之类,则被认为是“下里巴人”的东西。在五四前后,小说、戏曲则可用白话,诗则不可,这种认识是相当顽固而普遍的。因此,文学革命一定要在诗的领域获得突破和成功,为建立一种白话新体诗歌而战斗,意义就尤为重大了。

白话新诗创作,早在五四前就迈出了第一步。胡适是最早“尝试”写白话诗的人,据《尝试集·自序》,他对白话诗的试验开始于一九一六年七月。新诗第一次刊见于《新青年》的二卷六期(一九一七年二月),载胡适《朋友》《赠朱经农》《月》《江上》等“白话诗八首”。次年,该刊四卷一期,又集中发表了胡适、沈尹默、刘半农三人的白话诗九首;同时,鲁迅写出了新诗《梦》《爱之神》《桃花》《他们的花园》及《人与时》等,郭沫若最早的一首白话诗《死的诱惑》据《沫若文集》第一卷作者“附白”,也写于一九一八年初夏。当时致力于白话新诗的,还有周作人、俞平伯、傅斯年、康白情等,他们多属《新青年》《新潮》《少年中国》中人。五四以后,随着文学革命的深入,现代诗话新诗的创作,就更以新的姿态、更加壮大的诗人队伍,蓬蓬勃勃地发展起来。

新诗运动,首先是从诗体形式的彻底解放开始的。诗歌,这是一种非常高超的语言艺术,要运用现代白话进行创作,必须冲破旧体诗词形式及格律的束缚,以适应表达新思想新精神的要求。"五七言八句的律诗绝不能容丰富的材料,二十八字的绝句决不能写精密的观察,长短一定的七言五言决不能委婉达出高深的理想与复杂的感情。"——胡适在他的《谈新诗》中不无偏颇但又表达了当时力主创新者的共同意愿时指出,"形式上的束缚,使精神不能自由发展,使良好的内容不能充分表现。若想有一种新内容和新精神,不能不先打破那些束缚精神的枷锁镣铐。因此,中国近年的新诗运动可算得是一种'诗体的大解放'。"①对此,后来茅盾说:"这一理论,是初期白话诗一根大柱"②,起到过积极作用。

冲破旧诗体韵文的传统风格,用白话写新诗,努力创造一种适应白话表达方式的新体诗歌,从而获得诗体大解放,确实在新诗的建立上迈出了可喜的一步,它的历史功绩是应该充分肯定的。但回顾这第一步的开始,应该说除鲁迅的新诗外,当时不少作品从思想、语言、甚至格调上,都带有明显的由旧诗词脱胎而来的烙印。即以前提胡适白话诗八首为例,像《赠朱经农》《月》(三首)《他》《孔丘》等,名曰白话诗,实则均落五七言古体诗与近体诗旧套,《朋友》曾是他的一首有名诗作:

---

①胡适:《胡适文存》(一),上海亚东图书馆1921年版。
②茅盾:《论初期白话诗》,《文学》第8卷,1937年第1期。

两个黄蝴蝶双双飞上天

不知为什么一个忽飞还

剩下那一个孤单怪可怜

也无心上天天上太孤单

原诗题下自注："此诗天怜为韵,还单为韵,故用西诗写法,高低一格以别之"。可见他重视了白话诗的形式,但格调和神韵上,却难脱旧诗词窠臼。一九二二年,胡适在《尝试集四版自序》中说:"我现在回头看我这五年来的诗, 很像一个缠过脚的后来放大了的妇女回头看她一年一年的放脚鞋样,虽然一年放大一年,年年的鞋样上总还带着缠脚时代的血腥气。"这话带有很大普遍性,可以说概括了当时不少白话诗作的实际情况。另外,在新诗语言上,往往单纯着眼"白话",缺乏应有的锤炼,给人以浅薄之感。

客观地说,初期新诗达到如此地步,也是来之不易的;诚如刘半农所说:"在民国六年时,提倡白话文已是非圣无法,罪大恶极,何况提倡白话诗"。[1]胡适因有"两个黄蝴蝶"之句,就曾被人讥称之为"黄蝴蝶",大骂白话诗文为驴鸣狗吠;况且在白话诗的初期阶段,诗人们就能利用口语的通俗、晓畅,作为自由抒写意境的工具,能随个人感兴而驱遣适当的诗体形式,什么有韵无韵自由诗体、散文诗体、仿古诗体等都能尽情运用,在形式上确是一派生机活泼、百花竞放的局面。

这时的白话诗作,大都为向旧文学示威,用来战取并巩固新文学阵地而写,因此,不仅语言采用白话,形式充分解放,而且思想内容面向现实,表现出时代所赋予诗人们的新精神、新倾向,其主导是现实

---

[1]刘半农:《初期白话诗稿·序》,《新文学史料》1979 年第 3 辑。

主义,他们明确主张所谓有什么话说什么话,话怎么说就怎么写,也就是"用具体的做法",不作一般抽象的表现;他们敢于面对种种社会现象和大量所谓人生问题,抒写诗人在现实生活中的直接体验或感受。当然,纵观初期诗歌,尽管有时披着一层薄薄的小资产阶级个性主义、初期劳工神圣或人道主义的纱幕,但其优秀篇什,确为现代新诗的现实主义传统做出良好的开端。

一类诗从人的意识的觉醒与个性解放要求出发,表达了在激荡的大时代中的真情实感,触及某些生活本质和许多尖锐的人生问题,其中尤以表现爱情题材的诗更为突出。这类诗作之所以值得注意,还因为:第一,它使诗歌创作恢复并真正建立在富于个性的感情直接抒发基础上,作品中充溢着心灵的呼唤,决不作无病呻吟,显示了诗情的活力;第二,它又是五四时代精神的产物,从不同角度表现了反封建的主题。如刘大白的《卖布谣》唱出由于洋布洋货的倾销,小生产的卖布者所遭到的不幸命运。康白情的《和平的春里》写出在绿色的春光里,"穷人底饿眼儿也绿了。和平的春里远燃着几团野火"的严峻现实。沈尹默在《三弦》里更透漏出古老的封建制度已走向没落的信息,而与此同时,新生事物却在崛起,显示出青春的蓬勃生命力。

周作人的《小河》、朱自清的《光明》等则代表另一种对社会本质与人生问题的探求。《光明》表达了青年一代对社会的愤懑以及对光明的憧憬。诗人问上帝"黑暗里歧路万千,叫我怎么走可好?"——

上帝慌着说:"光明?

我没处给你找!

你要光明,

你自己去造!"

全诗洋溢着青年一代改造社会的自觉,坚定的乐观进取精神。

在爱情诗的写作上,当时湖畔诗社的年轻诗人们,是很有代表性的。汪静之回忆当年的心情时写到，"我以胜利者的姿态，鄙视封建的道德礼教，无拘无束，自由放纵地唱起爱情之歌"①。这实际上也正是湖畔诗人们的共同写照。他们曾出版过诗的合集《湖畔》（1922 年）和《春的歌集》（1923 年），这是两部正像作者们的年纪一样的春天般的明朗和翠绿的诗。其中有不少作品表现了爱情的淳朴、真挚和由此而引起的心灵的颤动；它们摆脱了初期某些这类诗存在的缛丽、浓艳的士大夫气息，给初期白话爱情诗创作，吹来一股清鲜的风……

这是应修人的一首诗《到邮局去》：

> 异样闪眼的繁的灯，
> 异样醉心的轻的风。
> 我带着那封信，
> 那封紧紧地封了的信。
>
> 异样闪眼的繁的灯，
> 异样醉心的轻的风。
> 手指儿近了信箱时，
> 再仔细看看信面字。

一首构思含蓄、新颖的小诗。它通过几个有特征的细节，传达出寄信者细心而又担心的复杂、激动的精神状态。"繁的灯""轻的风"正与这种精神状态互为映衬，逗起读者的无限遐想——那是一封在感情的分量上有多么重的信啊！诗作收到了意在言外的良好效果。冯雪峰的《山里的小诗》，也充满生活情趣和活泼的想象：

> 鸟儿出山去的时候，

---

① 汪静之：《回忆湖畔诗社》，《诗刊》1979 年 7 月号。

　　　　我以一片花瓣放在它嘴里，

　　　　告诉那住在谷口的女郎，

　　　　说山里的花已开了。

　　他们的诗正像鲁迅致汪静之信所说："情感自然流露，天真而清新，是天籁，不是硬做出来的。然而颇幼稚，宜读拜伦、雪莱、海涅之诗，以助长之。"①

　　另一类诗，揭露社会上种种不合理现象，特别是贫富悬殊和不平等，新诗开始接触并注意反映被压迫、被剥削的工农的不幸生活遭遇，表达了对受苦大众的深切同情。这些诗，一般写得较冷静、理智，往往取"第三者"角度，尽管具有一定批判、暴露性质，但对生活却"缺乏深入的表现与热烈的情绪"，因此，在技巧方面似乎不及前类诗作，茅盾说，他们"似乎病在说尽，少回味。……换一句话，明快有余而深刻不足"（《论初期白话诗》），是很有道理的。我们可以刘半农的《相隔一层纸》为例：

　　　　屋子里拢着炉火，

　　　　老爷吩咐开窗买水果，

　　　　说"天气不冷火太热，

　　　　别任它烤坏了我。"

　　　　屋子外躺着一个叫花子，

　　　　咬紧了牙齿对着北风喊"要死！"

　　　　可怜屋外与屋里，

　　　　相隔只有一层薄纸！

这首诗在鲜明对照中，写出在严寒的冬日，穷人与富人的两种生活，

----

①汪静之：《回忆湖畔诗社》，《诗刊》1979 年 7 月号。

两副情态;仅仅一纸之隔,却呈现出一冷一热决然相反的两个世界,诗人的思想倾向还是很明确的。但是,由于诗作采取了第三者的旁观角度来抒写个人之所见所感,在诗人与诗所描述的对象间,似乎保持着一定距离,而没有融汇无间,所以大大减弱了诗的感人力量,它更多的是在理性上对我们产生作用。尽管如此,我们还是要肯定它的艺术的真实,《相隔一层纸》可以说是当时阶级对立社会的一个缩影。在这个时期,他的《面包与盐》《饿》《学徒苦》,以及刘大白的《卖布谣》《田主来》,陈独秀的《除夕歌》、朱自清的《小舱的现代》等,也都属于这类诗作。

充满五四时代精神的现实主义诗歌,是初期白话诗的主流。六十多年后的今天,我们的诗歌创作要解放思想,继续前进,也还需要继承并进一步发扬五四以后中国现代诗歌的现实主义传统,谱写新的历史时期的歌,争取社会主义诗坛的更大繁荣。

（《现代诗话》,青海人民出版社 1981 年）

"边鼓"催新人

提起初期白话诗，我们便会想到鲁迅这个时期的新诗之作。

鲁迅的诗歌——包括白话新诗，是这位伟大思想家、革命家、文学家整个战斗业绩的有机组成部分；在他现存近八十首诗作中，有八首白话新体诗，大都写于一九一八至一九一九年，即五四新文化运动前一年及其高潮时期。鲁迅的白话诗在初期诗歌运动中，完全是以全新的思想和形式出现的，甚至当时的胡适也承认，"我所知道的'新诗人'除了会稽周氏弟兄之外，大都是从旧式诗、词、曲里脱胎出来的"（《谈新诗》）。特别值得我们注意的是，他开始的三首白话诗《梦》《爱之神》和《桃花》，与现代文学史上的第一个白话短篇《狂人日记》，同期发表于一九一八年五月的《新青年》四卷五期上；后来，他把包括《狂人日记》在内的第一个小说集题为《呐喊》，说明写这些作品的目的，正是为中国人民反帝反封建的斗争事业服务的，他要为革命"喊几声助助威"，以鼓舞"奔驰的猛士，使他不惮于前驱"。而对于他的白话诗歌，他也说过，"只因为那时诗坛寂寞，所以打打边鼓，凑些热闹；待到称为诗人的一出现，就洗手不作了"（《集外集·序言》），也就是说，鲁迅是在用实际行动，支持并鼓励白话新诗的健康成长。他写新诗与写小说的革命精神，是完全一致的。

鲁迅的这些白话诗作，每首都具有新精神新意境，思想的睿智与造意的形象化达到了完美的结合，简直可以说是他的杂文思想的诗化；与他这个时期的小说、杂文写作一样，这些诗作是一个革命民主主义战士精神的艺术体现,它的思想与艺术,远远高出于当时某些浅薄之作,是白话新诗的突出成果。

在《梦》一诗中,开始就以"很多的梦,趁黄昏起哄"这单刀直入的一句,点明题意,实际上批判了资产阶级旧民主主义革命中所存在的种种脱离实际的理想与主张,特别是资产阶级的改良主义——尽管他们都"黑如墨"或"墨一般黑",根本不能解决中国社会的基本矛盾,可是却全都自诩为"看我真好颜色",以自欺欺人,诳骗群众。诗的最后,诗人大声疾呼:"你来你来!明白的梦"表达了诗人追求真理,向往未来,探求新的革命道路的热切愿望。在《呐喊·自序》里,鲁迅曾谈到他是基于这种思想才写出《狂人日记》等小说的,即"我虽然自有我的确信,然而说到希望,却是不能抹杀的,因为希望是在于将来……"这段话,几乎也可看作是为《梦》的主题所加的最好注脚。

在《爱之神》里,他借用古代罗马神话中爱神丘比特以箭射中一个青年的"前胸",表现当时青年人对爱情的觉醒与追求,反映了五四前后广大青年反封建的解放要求;可是尽管青年们的积极性很高,却没有彻底摆脱旧势力的毒害和影响,还不懂得什么是真正的爱情,他向爱神天真地询问:"但得告诉我:我应该爱谁?"应该说,与前首诗《梦》同样,《爱之神》不同于当时流行的一般爱情诗,它应属于"问题诗"(正像也存在所谓"问题小说"一样)的范畴,因为这首诗极深刻地发现并提出了当时在广大青年中存在的一个根本性问题:只有个性解放与爱情自由的意愿,还是远远不够的,他不理解,在争取实现这一意愿的道路上,还需要付出很多代价,经过无数曲折、复杂的斗争,这也就是爱之神那番回答的真正含意:

娃子着慌,摇头说:"唉!
你是还有心胸的人,竟也说这宗话。
你应该爱谁,我怎么知道。

　　总之我的箭是放过了！

　　你要是爱谁，便没命的去爱他；

　　你要是谁也不爱，也可以没命的去自己死掉。"

真正的爱情，必须冲破封建礼教的重重羁绊；争取婚姻自主，同时要有共同目标，不惜个人牺牲。诗的这一深刻寓意，后来鲁迅又通过"涓生的手记"，更明确地表述出来：在世上，人不能"只为了爱——盲目的爱，而将别的人生的要义全盘疏忽了。……世界上并非没有为了奋斗者而开的活路。"涓生认识到，"人的生活的第一是求生，向着这求生的道路，是必须携手同行，或奋身孤行的了，倘使只知道揸着一个人的衣角，那便是虽战士也难于战斗，只得一同灭亡"，因此，"爱情必须时时更新，生长，创造"。我们知道，这些话正是涓生付出与子君的爱情悲剧这一过高的代价，用血泪换来的（详见《伤逝》）。

　　《他们的花园》一诗，鲁迅又以邻家"有许多好花"的大花园为喻，热情颂扬了当时努力从外国，特别是近邻——十月革命的俄国学习先进科学文化思想的青年们，他们敢于"走出破大门"，追求真理，眼光开阔，志向远大，积极献身于新思想的传播；同时对污蔑好花"不干净"又遗屎其上的苍蝇之类反动封建势力，进行了轻蔑的讽讥，辛辣的揭露。政治、文化思想战线的新旧交锋，是很激烈的，但是，时代的巨轮滚滚向前，中国新一代青年不会后退，不能丧失生活理想和改造社会的决心；他们"说不出话，想起邻家：他们大花园里，有许多好花。"在此诗发表前后的许多随感录里（随感录四十八，三十三，五十九等），鲁迅多次论及，"外国的新事理"到中国反动统治者手中，则根本改变了样子，成为"学了外国本领，保存中国旧习"，亦即"本领要新，思想要旧。"因此，他深为感叹"中国自所谓维新以来，何尝真有科学"。鲁迅始终主张要"看看别国"，特别在"人类眼前，早已闪出曙光"的二十世纪。到一九三四年，他更响亮地提出"拿来主义"，对外国"我们要运用脑筋，放出眼光，自己来拿！""没有拿来的，人不能自成为新人；没有拿来的，文艺不能自成为新文艺"。《他们的花园》是鲁迅这一贯思想的集中、艺术的反映。

另外，像《人与时》强调要重视"现在"，而对一味留恋过去、侈谈未来的错误思想进行了批判。《我的失恋》针对当时自作多情、无病呻吟的失恋诗的盛行更予以嘲讽和抨击，诗作采用所谓"拟古的新打油诗"形式，使作品内容与形式巧妙统一，极大地发挥了白话讽刺诗的战斗作用。

鲁迅的这些诗作，在表现形式上，也都具有独特个性，着力于创新，在当时也是很突出的。在诗的艺术构思上，他极擅长使较抽象、深刻的道理，化为具体、形象的表现，比喻与拟人化手法的运用，恰好起到这种作用。《梦》的完整构思就是以梦为比，开始即以"很多的梦，趁黄昏起哄"领起，尤其形象、生动，开门见山地进入主题。贫血、苍白的所谓"改革者"理论脱离实际的虚幻性，他们无休止的吵嚷和空谈，以"起哄"表叙，更是传神之笔。《桃花》诗中采用拟人手法，赋予桃花以活生生的生命，它因为"我说，'好极了！桃花红，李花白。'（没说，桃花不及李花白。）"而敏感地"气红了面孔"。诗人以此严肃批评以桃花为代表的新文化运动中某些人自命"嫣红"而高人一等的倨傲自负心理。在语言上，特别注意根据不同内容而变换口语的色调，如《人与时》的含蓄而严谨，《我的失恋》的诙谐而夸张都是。在诗体形式上，这些诗较为自由，但不规则中有统一，具有一定的整饬性，一般都有较明显的节调，和谐的韵脚。这些，都是与三十年代他所说："新诗先要有节调，押大致相近的韵"，诗"须有形式，要易记，易懂，易唱，动听，但格式不要太严"相一致的。鲁迅的白话新诗，对初期白话诗创作中一度流行的极端散文化和构思、句式、词藻缺乏新意，有浓厚旧词曲影响等倾向，起到了示范与廓清作用。

（《现代诗话》，青海人民出版社 1981 年）

《小河》及其他

一

如同湖港河汊间，奔流着喧腾的大河，在五四前后的初期白话诗歌中，也有几首长篇抒情诗作引起我们的注意；几乎在白话新诗诞生伊始，就能有较长抒情篇什出现，这一事实本身就有力地说明，诗歌创作一旦冲破僵死形式的束缚而顺应了表现时代与真情实感的要求，便有可能显示出一种崭新诗体的多么巨大的潜能和活力。

周作人的《小河》，刘半农的《敲冰》和朱自清的《毁灭》，就是当时抒情长诗中较有代表性的几首诗作。

二

《小河》写于五四前夕的一九一九年一月，是白话诗歌史上最早的一首抒情长诗。

在现代政治、文化史上，周作人是一个复杂的存在，他经历了从前期新文化运动中的反封建的积极战士开始，而最后当民族危亡之时却以投敌当汉奸为归宿的发展道路。前期的周作人，作为五四新文化运动的代表人物之一，曾继胡适《文学改良刍议》之后，提出《思想革命》《人的文学》《平民文学》等更为明确的文学主张。他认为，"凡兽性的余留，与古代礼法可以阻碍人性向上的发展者，也都应排斥改正"，"用这人道主义为本，对于人生诸问题，加以纪录研究的文学，便谓之人的文学"。他的这种从人道主义出发,面向社会人生,充分发展与完善个性的观点,在抒情长诗《小河》中,得到了鲜明的体现。

三

> 一条小河,稳稳地向前流动。
>
> 经过的地方,两面全是乌黑的土;
>
> 生满了红的花,碧绿的叶,黄的果实。

长诗开始,便以朴实无华的语言,描写了流淌自如的小河,以及其周围一片生机蔚茂的美好风光,已经隐伏下天性要求自然舒展的主题契机。可是,紧接下来——

> 一个农夫背了锄来,在小河中间筑起一道堰。
>
> 下流干了;上流的水被堰拦着,下来不得;
>
> 不得前进,又不能退回,水只在堰前乱转。
>
> 水要保他的生命,总须流动,便只在堰前乱转。
>
> 堰下的土,逐渐淘去,成了深潭。
>
> 水也不怨这堰,——便只是想流动,
>
> 想同从前一般,稳稳地向前流动。
>
> 一日农夫又来,土堰外筑起一道石堰。
>
> 土堰坍了;水冲着坚固的石堰,还只是乱转。

这里,不仅表现了农夫筑土堰,继之又围以石堰,对欢畅奔流的小河,横加阻拦,而且着重反复地表现了小河只能在堰前洄旋、"乱转"的情景。加之这几行诗徐缓、和谐的节调,对小河那种前进不得、后退不能的焦灼无奈心情,起到很好的渲染作用。

在正面描叙之后,长诗主题进一步通过侧面烘托继续展开:田里的水稻,在为好友的命运担忧;田边的桑树,在为好友的遭遇和自己行将被"带到沙滩上,伴着他卷来的水草"而焦虑;田里的草和蛤蟆,

"也都叹气,各有他们自己的心事"……但是:

　　水只在堰前乱转;

　　坚固的石堰,还是一毫不摇动。

　　筑堰的人,不知到哪里去了。

四

《小河》是一首有明显社会思想寓意的抒情诗,它通过寓言色彩很浓的艺术构思,表现了五四时期反对封建专制,要求思想与个性解放的主题,表明诗人当时积极的、富于战斗力的一面。诗中的小河以及土堰、石堰的象征性含义,是极为清楚的,茅盾就曾指出,"我们在《小河》里看到了对于压迫自由思想和解放运动者的警告"(《论初期白话诗》)。这首诗的结局,使我们感到封建专制制度的根深蒂固与"毫不摇动"的强大,这当然是需要认真对待的;但诗中对此却流露出一定的绝望感伤情绪,小河在堰前毫无出路的"乱转"情景,也可说是诗人当时心境的流露,这恰恰暴露了以"人道主义为本"的作者软弱、消极的另一面。由此出发,我们评价周作人从早期到后期的生活与文学道路,也许更能得出较为全面又符合实际的结论。

五

刘半农的《敲冰》,长达二百五十行,原载《新青年》七卷五期(1920年4月);它有与《小河》几乎同样的内容,但在思想、艺术上却比《小河》向前跨进了更坚实的一步。

十分有趣的是,这首长诗的构思,也是围绕河而展开的。初读起来,《敲冰》会给我们以一首纪实诗的印象,而实则它也是具有深刻说理寓意的一首诗。长诗记叙了在"零下八度的天气",河上"结着七十里路的坚冰",阻挡了诗人"愉快的归路";面对险象重重的现实,诗人鼓动、联合撑船者"合着我们五个人的力",分班轮流敲冰,"对着那坚苦的,不易走的路上走!"在迎难而上的漫长征途中,他们克服了口渴、腹饥、恶劣气候;排除了"懒怠者"、"怯弱者"、"缓进者"的泄气论调,加深了对所谓"威权"、"痛苦"以及"希望"的体会,把痛苦的喘息化成豪迈的《敲冰胜利歌》,七十里路的坚冰,终于被五双坚强的手所征服,航道已经打通,胜利属于无畏的实践者:

　　"好了!"

　　无数的后来者,

　　你听见我们这样的呼唤么?

　　你若也走这一条路,

　　你若也走七十一里,

　　那一里的工作,

　　便是你们的。

"你应当奉你的木槌为十字架,你应当在你的血汗中受洗礼,……你应当从你胸臆中,迸裂出来一声究竟的'好了!'"在全诗最后,响起它振聋发聩的主题强音。

六

　　同样作为初期抒情长诗,与《小河》相比,《敲冰》有它独到的特色。

　　《敲冰》基调奋发、昂扬,洋溢着蔑视困难、乐观向上的蓬勃朝气,跳动着急骤的时代脉搏,充分反映了五四时期那种要突破一切前进障碍的决心与必胜信念。全诗以破冰七十里的过程为线索,加之融"我"入诗,藉我抒情,富于生活实感;主观情绪、场景描叙与哲理概括相渗透,使诗的象征寓意显得尤为自然、突出。

冰！

难道我与你，

有什么解不了的冤仇？

只是我要赶我的路，

便不得不打破了你，

待我打破了你，

便有一条愉快的归路。

这几行诗，便出现在面对坚冰，又必须踏上归程之后，既真切地抒发了诗人此时此地的如缕情思，又赋予它以只能知难而进的思想含义。又如，目的达到后，诗中生动描叙到"我和四个撑船的"在灯下同饮一杯"带着胡桃滋味的家乡酒"。此时，"人呢？——倦了。船呢？——伤了。木槌呢？——断了又修，修了又断了。"但是——

便是一杯带着胡桃滋味的家乡酒，

用沾着泥与汗与血的手，

擎到嘴边去喝，

请问人间：

是否人人都有喝到的福？

然而曾有几人喝到了？

整个这段诗，情景交汇，融情入理；正因为卓著成效是由自己的双手取得，这杯家乡酒就更与众不同，它鼓舞人们为完成更艰巨的社会革命而去痛饮那胜利后的欢乐！

早在五四前，刘半农就主张"增多诗体"，他认为"在诗的体裁上是最会翻新鲜花样的"。《敲冰》可以说是他诗体翻新主张的具体实践。这首长诗形式长短参差，短到一字一行，长到十六、七字一行，错综迭出，舒卷自如；语言通俗而纯净，类似"无可奈何"、"何苦来"、"刮破了"、"不打紧"、"乏了"……口头词语，均被大胆摄入诗中，增强了生活气息与语言的神韵；在诗的情绪节奏上，诗人还采用民歌的重叠或复沓的表现手段，像进入破冰的具体描写后，紧接有五处都以"敲冰！敲冰！敲一尺，进一尺！敲一程，进一程！"急促、有力的诗句重复领起，渲染出劳作的紧张，又与不断前进的行程紧相呼应。这些，都清楚地表现出诗人对白话新诗创作的勇敢创新精神。

七

朱自清的诗，也是五四那个时代的产物，他是当时"用了全力来写"的一位严肃的诗人。他的白话诗作，有的揭露现实的黑暗，抨击军阀对人民的剥削与戕害（《黑暗》《羊群》）；有的讽讥世态的虚伪与狡诈（《小舱中的现代》）；有的抒发对理想与光明生活的向往（《光明》《人间》《赠 A·S》），许多诗充满蓬勃朝气，洋溢着五四时期春天一样的清新气息。

他在一九二二年十二月，写出一首长诗《毁灭》——是他的一首力作，在诗首小记中，诗人写道："六月间在杭州。因湖上三夜的畅游，教我觉得飘飘然如轻烟，如浮云，丝毫立不定脚跟。当时颇以诱惑的纠缠为苦，而亟亟求毁灭。"长诗《毁灭》是诗人这种苦闷、彷徨，以至要寻求毁灭的心境的真实反映；它以其感情的真挚，直抒胸臆，把心灵间明与暗，进与退，绝望与追求的激烈搏斗，赤诚地袒露出来而深深打动我们。《毁灭》所反映的思想感情，实际上是五四落潮后，部分青年人在"两肩上的人生的担子"重压下，又被依然如故的社会种种诱惑所"纠缠"，因之陷入苦闷与幻灭心情的真实写照。

我流离转徙，

我流离转徙；

脚尖儿踏呀，

却踏不上自己的国土！

尽管如此,"我宁愿回我的故乡,回去!回去!"的召唤,仍在耳畔震响,给人以鼓舞,使诗人终于摆脱诱惑,坚定了脚步:

　　从此我不再仰眼看青天,

　　不再低头看白水,

　　只谨慎着我双双的脚步;

　　我要一步步踏在土泥上,

　　打上深深的脚印!

这种独特感情体验与心灵历程,在当时也是比较典型的;由于直接抒写自我而更赋予诗作以较为普遍的社会意义。

　　长诗《毁灭》与《小河》《敲冰》勾画出五四高潮到落潮间时代情绪的面影,也共同显示出诞生不久的白话新诗的崭新风貌,及其旺盛的生命力。

　　　　　　　　　　　(《现代诗话》,青海人民出版社 1981 年)

冰心与小诗

在新文学运动的第一个十年里，一种只有两行到四行左右的小诗，曾经颇为盛行，这种诗歌的代表作家是冰心。在中国现代文学史上，冰心不但是一位著名小说家、散文家，而且也以其两部短诗集《繁星》和《春水》，留下了她在初期新文学运动中的光荣业绩。《繁星》和《春水》收有她一九一九至一九二二年间的诗作，均于一九二三年初版。

小诗在当时之所以流行，是有多方面原因的。这种短小的诗歌形式，在我国可以说古已有之。我们只要翻翻沈德潜选的《古诗源》就会发现，传说中周代以前的歌谣，如《击壤歌》《卿云歌》等等，一般都很简单，不过三四句。《诗经》里许多叠句式的歌诗，除去重复部分，也应该说是小诗的一种变体。后来隋唐以降，近体诗的发展趋向复杂，但其中的绝句以及其后词里的小令，都可视作小诗的不同品种。可见五四后小诗盛行，是有其古典诗词的传统渊源的。

另外，五四以后，中国社会和思想文化领域，又是一个剧变、分化、大动荡时期；在诗歌方面，随着白话新诗的诞生、发展，各种新思想表现、新感情体验，需要在打破旧体诗词束缚之后，寻求一种崭新的适合内容的表达方式。诗歌，尽管可以用着叙事或说理，但其本质是抒情，是以抒情为主的。在日常生活中，我们会经受大起大落的洪涛巨澜般的感情袭击，但更多的却是相形之下比较平静、零碎的感兴，它倏然而起，稍纵即逝，像思想的闪电，形象的昙花一现……这些虽不足以聚成鸿篇巨著，但同样是真实的弥可珍惜的情感，能够显示人们刹那间内心生活变迁的轨迹。如果想把这些零星感兴记载下来，那么数行的小诗，也许是最适宜的形式了。

文学上外来因素如日本俳句，特别是印度泰戈尔诗作的影响，也是当时小诗流行的一个原因。

从以上几方面看，冰心的小诗都是比较典型和有代表性的。

《繁星》与《春水》是冰心在二十岁前后写成的，那时她"一口气"写了三百多段这样的"零碎思想"。五四运动高潮时期，冰心还是北京协和女子大学的学生，她深受新文化思潮以及雨后春笋般的新书报、新文学的影响，在几乎是贪婪的课内外阅读中，"遇有什么自己特别喜欢的句子，就三言两语歪歪斜斜地抄在笔记本的眉批上，这样做惯了，有时把自己一切随时随地的感想和回忆，也都拉杂地三言两语歪歪斜斜地写了上去。日子多了，写下来的东西也有相当的数量，虽然大致不过三五行，而这三五行的背后，总有些和你有关的事情，看到这些字，使你想起些很亲切很真实的情景，而舍不得丢掉"①。这些东西，经过一番选取，就是两部诗集中的诗作了。这些小诗，短小、"零碎"，但有一条鲜明的线索加以统贯：

> 造物者——
> 倘若在永久的生命中
> 只容有一次极乐的应许，
> 我要至诚地求着：
> "我在母亲的怀里，
> 母亲在小舟里，
> 小舟在月明的大海里。"

——《春水》105

---

① 冰心：《我是怎样写〈繁星〉和〈春水〉的》，《诗刊》1959 年第 4 期。

这首诗可以说是冰心诗作思想与意境的集中概括，诗人企求"造物者"施予的唯一一次"极乐的应许"是母爱、大海，以及它们相互沟通所隐匿的人生哲理。

> 母亲呵！
> 天上的风雨来了，
> 鸟儿躲在他的巢里；
> 心中的风雨来了，
> 我只躲到你的怀里。
>
> ——《繁星》159

对母亲，诗人倾注了自己最炽热的赤诚的爱，诗中激荡着一种发自天性的娇媚的使人感到温馨的暖流。

她歌唱大海，对大自然的美由衷赞颂。对大海的深情，不仅由于诗人的父亲曾任清政府海军练营营长和海军学校校长，而且大海几乎伴着诗人度过整个美好的幼年与童年时代。冰心曾随父移居山东滨海的烟台（芝罘），她说："我的童年是在海边度过的，我特别喜欢大海，在我早期的作品中经常有关于海的描写"。①在《冰心全集·自序》中她更详细地谈过，"我从小是个孤寂的孩子，住在芝罘东山的海边上。三四岁刚懂事的时候，整年整月所看见的，只是青郁的山、无边的海、蓝衣的水兵、灰白的军舰。所听见的，只是山风、海涛、嘹亮的口号、清晨深夜的喇叭。生活的单调，使我的思想的发展，不和常态的小女孩同其径路。我终日在海隅山陬奔游，和水兵们做朋友，虽然从四岁起，便跟着母亲认字片，对于文字，我却不发生兴趣。"童年的环境留下的烙印是深刻的，我们在——

---

①徐州师范学院编：《自传》，《中国现代作家传略》（二），四川人民出版社，1981年版。

大海呵,

哪一颗星没有光?

哪一朵花没有香?

哪一次我的思潮里

没有你波涛的清响?

——《繁星》131

可以倾听到大海在诗人心灵间激荡的美好回音。

在短小形式里,从大千世界捕捉、体味并表现某些人生哲理,寓理于物,语浅意曲,是冰心小诗又一特色。

墙角的花!

你孤芳自赏时,

天地便小了。

——《春水》33

嫩绿的芽儿,

和青年说:

"发展你自己!"

淡白的花儿,

和青年说:

"贡献你自己!"

深红的果儿,

和青年说:

"牺牲你自己!"

——《繁星》10

前者是对自我中心与利己主义的善意告诫，正面鼓励人们投身于生活的广阔天地；后者则表达了由芽儿、花儿、果儿的无私、向上而启发于青年人的人生真谛。从这类诗作，我们也许更能看出泰戈尔《飞鸟集》的影响。如像：

> 小草呀，你的足步虽小，但是你拥有你足下的土地。
>
> （63）

> "你离我有多少远呢，果实呀？"
> "我是藏在你的心里呢，花呀。"
>
> （86）

> 白天的工作完了。把我的脸掩藏在您的臂间吧，母亲。
> 让我做梦。
>
> （275）[1]

从情思、语言、直至哲理神韵，都能觉察到两者的联系。

小诗因为形式短小，而且我们在日常生活中常常会有突发的零星的感兴，所以往往被误认为简易便捷，容易驾驭，其实是大不然的。从《繁星》与《春水》可以看出，一首小诗的诞生，其内容需要有构成小诗的某些特质，尽管这些特质本来是一切诗作都应具备的，但在小诗中却尤为紧要，首先是它的真实、自然，意境与情思仿佛从心田深处不落痕迹地流出。冰心多次谈到，写那些小诗的时候，"并不是在写诗"，只是"把自己一些随时随地的感想和回忆"，拉杂地三言两语地写下来；在一九三二年为北新书局版《冰心全集》所写《自序》中，也写道："《繁星》《春水》不是诗，至少是那时的我，不在立意作诗"。真情实感的表露，不在人工的斧凿，而取之于天然，同时也就获得了它真实

---

[1] 泰戈尔：《飞鸟集》，郑振铎译，上海文艺出版社 1959 年版。

的自然的美。如像：

> 父亲呵！
> 出来坐在月明里，
> 我要听你说你的海。

——《繁星》75

> 小松树！
> 容我伴你罢，
> 山上白云深了！

——《春水》41

都妙在语言的直白、自然，在三言两语间包涵着耐人寻味的感情体验。其次，是内容的蕴藉和精深。形式短小，并不意味着本身就必定蕴藉、精深；它的艺术效果应是以小寓大，一以当十，在小品式的篇幅里，包含有弹性的集中，有耐人咀嚼的余味。它往往体现于诗人的情思燃烧到如此程度，以致使一般化为特殊，从平凡显出独创性，亦即歌德所谓"他们能够说出一些好像过去还从来没有人说过的东西"。记得周作人在论小诗写作时，曾引用过两首日本短歌，以作比较：

> 樵夫踏坏的山溪的朽木的桥上，有萤火飞着。

——香川景树

> 心里怀念着人，见了泽上的萤火，也疑是从自己身里出来的梦游的魂。

——和泉式部

同是咏萤的诗，第一首平庸、习见，是谁都可能道出的现象；而第二首因为描写了一种特殊的情绪和感受,含蓄、优美,就很感人。[1]

再次就是要善于捕捉并开掘心灵的些许颤动,一时一事一瞬间感兴的微妙含意,而且使这类带有自我主观色彩的情思富有普遍性,能触发读者所共有的生活体验的回忆,体味到诗所寄寓的某种道理,也就是说,在这两三行诗的背后,隐匿着读者也有可能联想到的亲切的真实的情景和意在言外的哲理性发现。冰心说,《繁星》《春水》不是诗,而是一些"零碎的思想";对思想的强调,也许正好说明她的小诗更偏重于对生活的思索和理性的提炼。可是与此配合,这些诗的语言表现技巧,应该说也是很高明的。

近几年来,在我国劫余复苏的诗坛上,特别在一些青年诗作中间,类似的小诗,似乎也在开始风行了。我们从冰心及其小诗创作,可以获得推动这种抒情诗歌形式进一步发展提高的有益借鉴。

（《现代诗话》,青海人民出版社 1981 年）

---

[1] 周作人:《自己的花园》,晨报社出版社 1925 年版。

《女神》论

二十世纪初期,中国近代诗歌的发展面临着一个关键时刻。鸦片战争以后,随着中国社会的半封建半殖民地化,在一批具有改良派思想的有识之士中间,倡导起了"诗界革命"。他们吸收西方近代资产阶级思想文化,以诗来为抵御帝国主义侵略,争取内政的改革服务,努力扩大诗歌题材的现实性及其意境,诗中流动着一种新鲜的要紧跟上时代潮流的迫切感。可是总的看来,他们的诗歌实践,偏重撷取西方文化思想的皮毛,缺乏与中国现实及自己独特构思的结合,表现出改良主义的不彻底性。

一八九八年戊戌变法失败,继之爆发义和团运动、八国联军侵入北京,这一系列重大历史事件宣告了改良主义的破产,而由资产阶级、小资产阶级革命派领导的以推翻清王朝统治,建立民主共和国为目标的新的强大运动蓬勃兴起。新的政治斗争形势,给进步诗歌的发展注入新精神、新风貌;许多革命者通过诗歌抨击时弊,抒发壮志,慷慨高歌,"南社"诗人们异军突起,用诗传播民主革命思想,扫荡封建正统诗坛的浊水污泥,他们诗作的鲜明立场,激昂格调,比之改良派的"新派诗"又向前迈进了一大步。

诗歌发展的独立要求,彻底摆脱清代以前陈腐诗风的觉醒,对旧诗形式束缚的叛逆,已形成一股势不可挡的滚滚洪流。时代、生活与诗歌发展的内在趋向,正等待着既具有崭新的革命精神,又站在时代和艺术的更高点的诗人来充当它的发言人,于是,《女神》应运而生。

《女神》是一座屹立于传统与现代诗之间的分水岭,无论在观念上、气质上、形式上都和旧时诗歌分道扬镳。它以觉醒的新一代抒情主人公的嘹亮高音,火山爆发般的反抗激情,表达了冲决一切封建束缚和因袭老套的战斗要求,在个性解放的疾呼中寄托着对中国再生的美好理想。它是在如火如荼的反帝反封建的新文化思潮激荡下,融汇古典、特别是外国浪漫主义诗歌的营养所唱出的时代高歌。它借助惠特曼的豪放与粗暴,创造出一种能充分直抒胸臆的白话自由诗作。

"郭老是我国文坛的彗星。收集在《女神》中的他早期的诗,大部分写于一九二○年以后,是五四运动在诗歌方面热情而豪放的反映,可以说是举世无双"(茅盾:《化悲痛为力量》),"五十九年前我读他的《凤凰涅槃》,读他的《天狗》,他那颗火热的心多么吸引着当时的我,好像他给了我两只翅膀,让我的心飞上天空。《女神》中的诗篇对我的成长是起过作用的"(巴金:《永远向他学习》)。茅盾、巴金的这些话,表达了五四后许多人的共同体会,是很有代表性的。

晨安!我年轻的祖国

在对黑暗中国的强烈诅咒中爆发出来的高昂爱国主义,是《女神》主题的突出旋律。

一个作家、诗人、艺术家同时代同社会的关系,不仅表现在时代和社会促使创作者形成自己的思想观点,是创作的对象与源泉,而且更表现在这个作家、诗人或艺术家对时代精神,对生活中正在涌现的新的社会要求和进步社会思潮的积极响应上。《女神》在由旧民主主义革命转向新民主主义革命的历史关头,在当时封建主义思想文化仍居优势的时候,能以"立在地球边上放号"的豪迈气魄,为救亡图兴,争取自由幸福华美的新的中国而热情歌唱,这应该说是时代脉搏的跳动,对当时社会新思潮的积极响应。

爱国主义是中华民族历史发展中的一股巨大的精神力量。五四运动正是中华民族新觉醒体现于爱国主义的标志。这种精神也在《女神》中得到集中的艺术的反映。

《凤凰涅槃》是《女神》中的一首代表作。这首长诗通过凤凰"满五百岁后，集香木自焚，复从死灰中更生，鲜美异常，不再死"的故事，发出对旧中国的猛烈抨击，表达了"五四"新一代的觉醒以及他们对祖国"更生"的热切期望。这首长诗的写作，原是作为诗人自我更生的主题而浮显于诗人构思中。诗人曾在致宗白华的信中写道："我不是个'人'，我是坏了的人，我是不配你'敬服'的人，我现在很想能如Phoenix一般，采集些香木来，把我现有的形骸烧毁了去，唱着哀哀切切的挽歌把他烧毁了去，从那冷静了的灰里再生出个'我'来！可是我怕终竟是个幻想罢了！"①事隔二日，在近于痴狂的激情状态下，他在一天里写出这首长达四百行的瑰丽诗章。正由于这首从自我出发的长诗与当时时代精神合拍，加以火凤凰形象所寄寓的明确象征性，因此诗作主题得以提高与深化。正如诗人后来所说：火凤凰"是在象征着中国的再生，同时也是我自己的再生"②。自我与祖国交融而为一体，从而赋予诗作以更典型的思想意义。

《凤凰涅槃》具有颂诗与交响乐结合的悲壮、华美、雄浑的感情特色。全诗由序曲、凤歌、凰歌、凤凰同歌、群鸟歌和凤凰更生歌六部分组成。"序曲"里，诗人描写一对凤凰唱着哀歌，衔着香木，飞翔在除夕将临的空中，因为"他们的死期将近了"，正为自焚做准备。在"凤歌"

---

① 郭沫若：《1920年1月13日致宗白华信》，《三叶集》，亚东图书馆1920年5月版。

② 郭沫若：《沫若文集》（第11卷），人民文学出版社1959年版。

中，诗人借凤鸟的哀鸣，对"冷酷如铁"、黑暗如漆"、"腥秽如血"的"茫茫的宇宙"，发出楚辞《天问》式的诘问，在否定旧世界的同时，唱出这样深沉、悲痛的歌声：

> 啊啊！
> 生在这样个阴秽的世界当中，
> 便是把金刚石的宝刀也会生锈！
> 宇宙呀，宇宙，
> 我要努力地把你诅咒：
> 你脓血污秽着的屠场呀！
> 你悲哀充塞着的囚牢呀！
> 你群鬼叫号着的坟墓呀！
> 你群魔跳梁着的地狱呀！
> 你到底为什么存在？

在紧接"凤歌"的"凰歌"里，凰鸟对自己以往的一生流露出更多的哀痛与忧伤；对"缥缈的浮生到底要向哪儿安宿"的疑虑和对五百年过去的否定，使整个"凰歌"充满浓重的与历史，也就是与封建制度彻底诀别的气氛。它留恋、怀念年轻时候的"新鲜"、"甘美"、"光华"、"欢爱"，表明理想的火焰并没有熄灭，预示"五四"一代新人对生活的严峻思考。"凤凰同歌"表现了一种庄严的英勇赴死精神，他们清醒地认识到旧的死就意味着新的生，所以把他们"身外的一切"、"身内的一切"无保留地奉献了出去。"群鸟歌"刻画出禽类的一幅丑图。在岩鹰、孔雀、家鸽、鹦鹉、白鹤之类身上，我们明显看到现实中改良派、空谈家、苟且偷安者、追逐权势者……的影子；通过鲜明对比，进一步揭示凤凰作为先觉者、叛逆者高超的思想境界，以及众禽的丑恶、卑下。

"凤凰更生歌"是全诗高潮。在诗人看来，更生的凤凰是个新的存在，具有火一样的力量，它能点燃一切，把世界包融于芬芳、和谐、悠久和欢唱之中,也就在这"火凤凰"形象中,寄托着诗人对中国再生的热望与美好理想。

《女神》的爱国主义,有其深厚的思想与社会基础。首先,第一次世界大战和十月革命以后在中国掀起的"五四"爱国运动,极大激发了当时进步小资产阶级知识分子改造中国、救亡图存的革命要求,他们对前途充满理想,力主改革,渴望中国以崭新态势屹立于世界并与外部的一切(包括物质精神文明)产生联系,与之沟通,对此,与《凤凰涅槃》同一月写出的《晨安》就很典型。《晨安》抒发了诗人清晨遥对祖国、面向世界所产生的一种胸襟开阔、激情澎湃、浮想联翩的感受:

> 晨安! 梳人灵魂的晨风呀!
>
> 晨风呀! 你请把我的声音传到四方去吧!

诗人从对"我年轻的祖国"、"我新生的同胞"的衷心祝福,转向视野与想象中浮显的世界——那是整个地域:帕米尔、恒河、金字塔、大西洋畔的新大陆、太平洋上的诸岛……;那是全部人类思想文化:泰戈尔,达·芬奇,罗丹的《沉思者》,华盛顿、林肯墓,还有太平洋一样的惠特曼……特别在对祖国、对整个世界的祝福、礼赞中,提及"我所畏敬的俄罗斯呀!"、"我所畏敬的先驱者"!在爱国主义中更透射出社会主义思想的朦胧微光。

其次,"五四"所呈现的蓬勃朝气与汹涌激荡的新思潮,又促使这些知识分子充满积极进取和自我献身精神;他们具有一代新人的品质——改造社会的责任感,渴望投身时代激流有一番作为,正同《浴海》一诗所说"弟兄们,快快! /快也来戏弄波涛! /……快把那陈腐了的旧皮囊/全盘洗掉! /新社会的改造/全赖吾曹!"

还有,就是对当时的年轻诗人来讲,他身处异邦所遭受的民族歧视与压迫,倍增对祖国的眷念与快富强起来的深切热望;这种切身之感在当时不少留日学生中是共同的。郁达夫就曾在他的小说《沉沦》

中,借饱尝异国歧视、冷眼的青年主人公之口,血泪飞迸地呼喊出:

祖国呀!祖国!我的死是你害我的!

你快富起来,强起来吧!

你还有许多儿女在那里受苦呢!

如果说郁达夫小说的爱国主义,掺有更多病态的感伤情绪,那么《女神》的爱国主义则是与健康、乐观、激情联系在一起。为了表达"眷念祖国的情绪",他写了《炉中煤》,以奇妙的构想使火红的胸怀具象化;出于对日本新闻界诬蔑"五四"学生为"学匪"的愤慨,他写出《匪徒颂》,翻其意而用之以示抗议。全诗以爱国主义为精髓,有着鲜明的论战性。

力的绘画,力的舞蹈,力的诗歌⋯⋯

洋溢在《女神》中的爱国主义,它那破掉旧传统、提倡新创造的精神,是与世界战后革命思潮的蓬勃兴起,与资本主义世界科学、技术物质文明的发展所带来的新的生活节奏,与对世界文化、包括西方战后新涌现的不同诗歌流派的学习、借鉴直接联系在一起的。因此,他的诗的整个精神,是现代的,他对生活的具体感受和诗的意象,也是作为一个现代的人从生活中产生的。闻一多这样说过:"若讲新诗,郭沫若君的诗才配称新呢,不独艺术上他的作品与旧诗词相去最远,最要紧的是他的精神完全是时代的精神——二十世纪的时代的精神"[1],这一见解是很深刻的。

《女神》所要摆脱一切束缚、发展自我的叛逆精神,就带有鲜明个性色彩和典型的时代性,因为诗人所面对的是几千年的封建禁锢与

---

①闻一多:《闻一多全集》(第3卷),开明书店1948年版,第185页。

蒙昧主义的包围，他以天狗的奇特形象表达自己博大的胸怀和囊括一切的想象（《天狗》），它不仅有吞吐日月之势，而且包含着"全宇宙的'能'的总量"，它"烈火一样地燃烧"，"大海一样地狂叫"，"电气一样地飞跑"……很显然，这是一个以现代科学思想武装的觉醒了的现代人的形象。《立在地球边上放号》与《天狗》有同一主题，但却以冲决一切的情感直接宣泄为其特点：

> 无数的白云正在空中怒涌，
>
> 啊啊！好幅壮丽的北冰洋的情景哟！
>
>
> 无限的太平洋提起他全身的力量来把地球推倒。
>
> 啊啊！我眼前来了的滚滚的洪涛哟！
>
> 啊啊！不断的毁灭，不断的创造，不断的努力哟！
>
> 啊啊！力哟！力哟！
>
> 力的绘画，力的舞蹈，力的音乐，力的诗歌，力的律吕哟！

太平洋的"力"感与滚滚洪涛的视像，唤起诗人周身难以遏抑的力量，清楚地反映出时代的巨大鼓舞。在《我是个偶像崇拜者》中，他响亮地宣称自己是偶像崇拜者，他崇拜自然界的一切伟大现象，崇拜人类社会中的一切伟大创造……"崇拜"精神，实际上就是对封建道德伦理、文化思想的反动。这里，个性主义通过泛神论的烛照，得到异常突出的展示。

《女神》中还欢跳着动的速度与力的节奏，这是工业社会、都市文明以及二十一世纪科技发展在现代人情绪上的反映。鲜明的现代感觉赋予《女神》以新的张力与粗犷、流动的诗风。他从初升的太阳竟联想到摩托车的前灯，说：

> 哦哦，摩托车前的明灯！

> 二十世纪的亚坡罗！
> 你也改乘了摩托车么？
> 我想做个你的运转手，
> 你肯雇我么？

——《日出》

这里，既歌颂摩托车这新鲜工业产物，称其为"二十世纪的 Apollo"，又反映了资产世界的社会关系（"你肯雇我么？"）。

《笔立山头展望》是一首很典型的诗。诗中突出表现了"大都会的脉搏，生的鼓动"，充满"打着在，吹着在，叫着在……喷着在，飞着在，跳着在……"的张力与运动，诗人更由此感受到生命的力量：

"人的生命便是箭，正在海上放射呀！"更值得注意的是《新生》，这首诗作显然受到西方新古典的立体派诗歌影响。诗人在一九二零年曾译过立体派诗人马克斯·维勃尔（MaxWeber）的诗《瞬间》，称其具有"时间的纪录，动的律吕"的效果①。他的《新生》同样充满向前疾进的速度，波折受短促的诗行排列，造成列车滚过铁轨的快速、铿锵节奏，表现了诗人奔向太阳的热烈情绪及其对大自然超经验的感觉。这正如诗人所说，"在火车中观察自然是个近代人的脑筋"②。另外，大量撷取科学名词入诗，亦俯拾可见：

> 我是 X 光线底光，
> 我是全宇宙底 Energy 底总量！

——《天狗》

---

①郭沫若：《1920 年 3 月 3 日致宗白华信》，《三叶集》，亚东图书馆 1920 年版。

②郭沫若：《1920 年 3 月 3 日致宗白华信》，《三叶集》，亚东图书馆 1920 年版。

否,否。不然! 是地球在自转公转。

——《金字塔》

我的一枝枝的神经纤维在身中战栗。

——《夜步十里松原》

这种表现增强了诗与现代生活联系的气息。但外文与科学名词过分的不适当的撷用,对语言的和谐与优美,将会起到破坏作用,这也是毋庸置疑的。

总之,《女神》的许多诗表现了从内容到精神的解放,诗人把新的声音、色彩、嗅觉、感触渗入诗中,使新诗拥有了前所未有的感情的辐射与诗意的健壮;他挥洒自如地运用口语,驱遣古典词汇,相信"诗的创造是要创造'人',换一句话说,便是在感情的美化",因而在形式上做到"绝端的自由,绝端的自主"①,开拓了一代诗风。

《女神》中还有着一种无产阶级的自豪感以及对工农劳动者的衷心赞颂,应该说这实际上是五四时期萌芽状态的社会主义思想同封建主义、帝国主义思想斗争在诗歌领域中较早的反映。在《女神·序诗》诗人响亮地宣称"我是个无产阶级者,因为我除个赤条条的我外,什么私有财产也没有"。尽管诗人后来说,当时"连无产阶级和共产主义的概念都还没有认识明白"(《创造十年》),但是"在诗集上公然写出'我是个无产阶级者','我愿意成个共产主义者',在当时还没第二人"②。在《地球,我的母亲》与《辍了课的第一点钟里》,他歌颂工农是

---

① 郭沫若:《1920 年 2 月 16 日致宗白华信》,《三叶集》,亚东图书馆 1920 年版。

② 茅盾:《回忆录》(五),《新文学史料》1979 年第 5 辑。

"全人类的褓母","全人类的普罗美修士",是人性解放的象征;通过短诗《夜》又表达了全人类的民主、平等思想,因为夜"把这全人类来拥抱:再也不分什么贫富、贵贱,再也不分什么美恶、贤愚"。

借着古人的皮毛来说自己的话

在《创造十年》里,郭沫若曾谈到五四前后诗作所经历的三段变化:五四前的泰戈尔式,五四高潮中的惠特曼式,以及接续而来的歌德式。他之开始作诗剧,"便是受了歌德的影响"。1919 年夏,他开始翻译《浮士德》第一部,接着写出《棠棣之花》、《女神之再生》和《湘累》等诗剧,收入《女神》的第一辑。这三篇诗剧比较集中地体现了《女神》的爱国主义、时代精神和诗人丰富的创作个性。

《女神之再生》采自《列子》《山海经》中有关共工氏与颛顼氏争帝及关于不周山的传说写成。诗剧开始即写出经过辛勤劳动以"练就五色彩石"补天的女神,听到不周山下颛顼与共工争帝的消息。"怕在这宇宙之中,有什么浩劫要再"的不祥预感,强烈地震动着她们。心地的善良与责任感驱使她们"不能再生这壁龛之中做神",在强暴与黑暗势力威胁下,她们唱出:

> 新造的葡萄酒浆,
> 不能盛在那旧了的皮囊,
> 我为容受你们的新热新光,
> 要去创造个新鲜的太阳!

颛顼与共工的战争,构成这篇诗剧的中心部分,他们自称"奉天承命"或"随着我的本心想做皇帝",各执一端而只得诉诸武力。诗中通过农叟、牧童的歌唱,表达了普通群众对战争的憎恶与仇恨,而"野人之群"则代表了发国难财的投机钻营、谋取私利者。一场恶战,以共工一方失败,头撞不周山,结果引起山崩地裂,颛顼之徒亦遭惨死而结束。

在胜利者与失败者同归于尽的一片混沌黑暗中,又传来女神"待我们新造的太阳出来,要照澈天内的世界,天外的世界"的歌声。全剧更在欢快、明朗、充满光明信念的合唱中结束:

> 太阳虽还在远方,
>
> 太阳虽还在远方,
>
> 海水中早听着晨钟在响:
>
> 丁当,丁当,丁当。

《女神之再生》是郭沫若的第一个诗剧,它为以后诗人剧作勾画出一个明确的基调,那就是在现实基础上,于我国古代传说与历史故事中汲取英雄的精神,壮美的感情,同时通过"借着古人的皮毛来说自己的话"这种歌德式的浪漫主义使其高扬、升华。在这部诗剧中,诗人以悲天悯人的胸怀,毁旧布新的理想,谴责了历代封建统治者的疯狂的自杀行为,也谴责了当时南北军阀混战,申诉出人民的苦难,抒发了要再造一个美的中国的愿望。

对于这个诗剧,诗人说它"是在象征着当时中国的南北战争。共工是象征南方,颛顼是象征北方,想在这两者之外建设一个第三中国——美的中国。但我自己的力量究竟太薄弱了,所表现出来的成果仅仅是一副空架子"①。所谓"空架子",我想主要在于该剧主题是从较抽象的象征意义进行艺术构思的,尽管它贯穿着善与恶、光明与黑暗、创造与破坏的矛盾,而诗人是坚定地站在善、美、光明、创造一边,可仍难掩住纯理性的概念化痕迹。

诗剧《湘累》写于 1920 年 12 月。作品的人物、情节比较单纯,它可以说是诗人"要表现自我,要本着内在的冲动以从事创作"的产物。

---

① 郭沫若:《学生时代》,人民文学出版社 1979 年版,第 70 页。

全剧主要由屈原与其姊女须的长篇对话构成:被楚襄王放逐后,屈原由女须陪同来到洞庭湖中的君山,听到舜妃女英、娥皇魂魄所化水中妙龄女郎的歌声,在此他抒发了对当时黑暗现实的愤懑和满腔激愤,表现了他孤傲而不随世俗的独立不羁精神;全剧弥漫着一种刚柔相济、政论与抒情交织的氛围,这主要是由屈原悲剧性际遇及其慷慨陈词,与妙龄女郎若断若续的悲哀的歌声交相映衬所造成。

《湘累》也是在歌德影响下写成的。对于如何处理历史题材,歌德在谈及意大利优秀诗人、悲剧作家曼佐尼时认为,"他太重视历史,因此他爱在所写的剧本中加上许多注解,来证明他多么忠于史实细节。可是不管他的事实是不是历史的,他的人物却不是历史的……"。他进一步说:"如果诗人只复述历史家的记载,那还要诗人干什么呢?诗人必须比历史家走得远些,写得更好些。索福克勒斯所写的人物都显出那位伟大诗人的高尚心灵。莎士比亚走得更远些,把他所写的罗马人变成了英国人。"①《湘累》可以说正是按照这一艺术原则来处理、调度屈原这个历史人物的。诗人从五四反帝反封建的战斗需要出发,通过浪漫主义的路,找到表达自己内在感受的诗情"喷火口",诚如诗人自叙:"……我委实自比过屈原。就在那一年所做的《湘累》,实际上就是'夫子自道'。那里面的屈原所说的话,完全是自己的实感"②。所以这篇诗剧本质上是主观的、抒情的、个性色彩浓烈的;它是借屈原之口讲出诗人自己在那个时代的特殊感受。因此,它不是历史剧,而是抒情诗。

---

①爱克曼辑录:《歌德谈话录》,朱光潜译,人民文学出版社 1978 年版,第 114 页。

②郭沫若:《学生时代》,人民文学出版社 1979 年版,第 69 页。

首先,诗剧借屈原被逐、"直以亡身"的悲壮遭遇,他激愤如火的大胆言辞,表现了诗人对旧中国社会政治,特别是半封建半殖民地中国黑暗现实的无情揭露与猛烈抨击,他说"我们所处的"是一个"混浊的世界",这里"凤凰要说是鸡","麒麟要说是驴马","圣人要说是疯子",整个是黑白混淆,是非颠倒的存在。

其次,通过屈原形象,突出反映了人性的觉醒和大胆创造精神;屈原的许多话,实际上也正是诗人五四时期浪漫主义的艺术主张,是对封建文化思想的挑战。诗人借女须之口说出,"我知道你的心中有无量的涌泉,想同江河一样自由流泻。我知道你的心中有无限的谐流,想同火山一样任意飞腾。……"在剧中屈原更热情表白:"我的诗便是我的生命";"我自由创造,自由地表现我自己";"我有血总要流,有火总要喷,不论在任何方面,我都想驰骋"!诗剧《湘累》是诗人的一篇形象的浪漫主义艺术宣言,而整部《女神》则是它的具体实践。

另外,在诗剧高亢、激越的基调中,又不时泄露出某些感伤、失望的矛盾情绪,这也是五四高潮后诗人思想状态的真实反映。剧中的屈原,一方面呼唤要"自由创造",感到周身充满力量;另方面则又难以掩饰"深心中不可言喻的寥寂",深感"破灭!破灭!"的悲哀。《棠棣之花》是诗人原拟写作的一部分幕剧中的一幕,诗剧描写了战国时聂政受好友严仲子之托去行刺韩相侠累,临行前与姊聂嫈在母墓前话别的情景。置个人安危于不顾,救群众急难于水火,盼望人人享受到"人生的真正的幸福"是这幕诗剧的主题,剧中特别通过聂嫈的慷慨悲歌:

> 去吧,二弟呀!
> 我望你鲜红的血液,
> 迸发成自由之花,
> 开遍中华!
> 二弟,去吧!

把这一主题与当时中国现实联系起来了。后来在《创造十年》中,诗人谈到"在《棠棣之花》里面我表示过一些流血的意思,那也不外是诛锄恶人的思想,很浓重地带着一种无政府主义的色彩"。这种检讨是深刻的。

《女神》中对诗剧创作的尝试,为诗人以后的创作道路,留下了有益影响。这不仅表现在思想与艺术风格的磨炼,而且也表现在创作题材的进一步扩大与发展。其中《棠棣之花》与《湘累》到四十年代初,都各自发展成大型多幕剧《棠棣之花》(1941年)和《屈原》(1942),在与国民党反动派的斗争中,发挥了它巨大的作用。

我本是"自然"的儿,我要向我母怀中飞去

面对大自然的抒情,是《女神》内容的一个重要组成部分。诗人幼年时代曾受中国古典诗歌的熏陶,古代关于大自然的著名诗作对诗人有着深刻影响。他特别赞赏陶渊明、王维,认为"他俩的诗有深度的透明,其感触如玉",给人以"立体的透明"感。加之写作《女神》这类诗时诗人正蛰居日本九州的博多湾,无边大海、十里松原、太宰府的梅花、微阴中的雨丝风片……泛神论思想正适宜于在这种环境中孵化为诗情,得以高扬与突显。"我本是'自然'的儿,我要向我母怀中飞去"(《西湖纪游》)这不仅反映了他的思想倾向,而且也是他汲取灵感的源泉。

在对大自然的抒情中,渗透着人生哲理,焕发着时代精神,同时充满人性、人情美的意趣,是这部分诗作的显著特点。像《日出》《笔立山头展望》《太阳礼赞》等诗,都从大自然的壮美中感受鼓舞,注入跃动的进取的信心。

　　　太阳哟! 你请把我全部的生命照成道鲜红的血流!
　　　太阳哟! 你请把我全部的诗歌照成些金色的浮沤!

是这种心境的写照。《光海》表现着在"到处都是诗,到处都是笑"的大自然怀抱中,享受着天伦的乐趣,返朴而归于天真!尽管蓦然死的阴影("我有个心爱的同窗,听说今年死了!")给心头抹上短暂而轻淡的哀愁,使诗人产生"……一只只的帆船,/好像在镜中跑,/哦,白云也在镜中跑,/这不是个呀,生命底写照!"但是全诗仍洋溢着达观的"逍遥游式"的盎然生机。

《梅花树下醉歌》是诗人与田汉同游太宰府时所作。诗中借梅花写出:

> 假使春天没有花,
>
> 人生没有爱,
>
> 到底成了个什么的世界?

这样的人生概括。据《三叶集》,田汉在读到诗中 1920 年 2 月 25 日抄寄的一首《独游太宰府》(按:《女神》中不载)诗时,曾热情回信道:"你的诗——《独游太宰府》的诗,处处都见你抒情的天才,……我对你的诗的批评,与其说你有诗才,无宁说你有诗魂,因为你的诗首首都是你的血,你的泪,你的自叙情,你的忏悔录啊。我爱读你这样的纯真的诗"。即使在对自然的抒情中,我们也同样感受到诗人燃烧的"诗魂"。

通过对大自然的抒情,再现热恋中的炽烈、复杂心境,大自然在诗人笔下熠耀着情感的灵光,是这些诗作的又一特点。一九一六年,诗人与安娜结识进而产生爱情,为安娜,他奉献出《新月与白云》《死的诱惑》《别离》《维奴司》等一系列抒情诗①。其中《新月与白云》借"月儿"与"白云"抒发爱情的力量以及对爱情的倾慕,艺术上含蓄、别致、新颖,充满情景交融的意在言外的效果:

---

① 郭沫若:《沫若文集》(第 11 卷),人民文学出版社 1959 年版。

> 月儿呀！你好像把镀金的镰刀，
>
> 你把这海上的松树斫倒了，
>
> 哦，我也被你斫倒了？

这是写"月儿"吗？它也许更是一种主宰诗人情感的爱情的象征。

另外，像《夜步十里松原》《鸣蝉》《霁月》《晨兴》《春之胎动》……又通过对自然美的描写赞颂，透露出诗人恬静、淡远、闲适的意境，诗人全心身都陶醉并融化在自然美之中。

《女神》中这类对大自然的抒情的诗，鲜明地显示出诗人感情生活与受惠特曼影响时期的狂飙突进、汪洋恣肆诗风迥然不同的另外一个方面。这些诗大部分写于"五四"前的早期，它有着泰戈尔式的清淡，还没有完全脱离中国旧诗格调；这些诗表现了诗人对自然美的敏锐感应与细密体察，而又被之以真切、丰富的想象，展示出诗人丰富多彩的创作个性的重要一面；它们一般比较短小简练，融情入景，意境鲜明，颇得王维、陶渊明诗之神韵。

当然，我们也应看到，在这类诗作中也反映出泛神论思想的某些局限性——它使人往往停留于大自然的表象，从而忽视对其本质的透视。正由于此，在《女神》中，既有对半封建半殖民现代中国社会丑恶现实的揭露，如《上海印象》，又有对近代资本主义大工业的盲目歌颂，如《笔立山头展望》；既有对军阀混战的清醒抨击，像《女神再生》，又有沉湎于所谓和平之乡，"人们如在梦中一样"的陶醉，如《黄浦江口》，这种不甚谐调的现象存在，就是极自然的了。

在中国现代新诗发展史上，英姿勃勃的《女神》不仅是初期白话新诗很快从"尝试"期跨向独立"创造"的标志，而且它响亮地宣告了像《女神》本身一样华美、新鲜的一代五四年轻诗人的诞生；它是一个奇迹，一座丰碑，正像惠特曼所说，"伟大的诗人的优点不在引人注目的文体，而在不增不减地表达思想与事物，自由地表达诗人自己"。

"我想说什么，就照它的本来面目说出来"，"我应该凭我的气质来经受，来描写，而又不带有我气质的一点儿影子"①。这种种特色在诗人的诗歌创作中，《女神》视为突出，遗憾的是《女神》之后，经过《星空》（1923 年），可以看出它在渐次减弱，以至消失，这是十分令人惋惜的。

一九八一年七月二十日改成

（《西北民族大学学报》1981 年第 4 期）

---

① 伍蠡甫主编:《西方文论选》(下卷)，人民文学出版社，1964 年版。

"雨巷诗人"——戴望舒

一

　　一个诗人,留在世间的作品并不算多,而且在较长时间里,人们对其抑扬迥异,或者干脆不屑论及,可是他却默默地、缓缓地,像冰层覆盖下的一股溪流,留下了他难以抹杀的印渍,这种情况,在文学史上是不多见的;戴望舒也许可以属于这类诗人中的一位。他曾是卅年代"现代派"的著名诗人,这个诗歌流派,是以其作品主要发表于一九三二年在上海创刊的文学杂志《现代》而得名。戴望舒出版过的创作诗集,只有《我的记忆》《望舒草》(它们后又大多收进一九三七年刊行的《望舒诗稿》一书中)和《灾难的岁月》等,总共八十八首诗作。新中国成立后,一九五七年至一九五八年,由艾青撰序,出版过一本薄薄的《戴望舒诗选》,两次印行近两万册。最近,一本《戴望舒诗集》(卞之琳序)也将问世。从二十年代到今天,半个世纪过去了,他的诗作断断续续地印着,说明依旧有人喜爱,没有被时光湮没,也还是在默默地缓缓地发生作用,作品的艺术生命,仍不失其活力。

　　不论思想或艺术上,戴望舒都经历过一个较曲折的发展过程。有极高的中外文化修养,有纤细而又敏感的心灵,同时极其忠实于对艺术的探求;面对复杂、污浊的社会现实,感到理想的幻灭,艺术的"象牙之塔"并不是可以长久苟安、逃避的避风港,时代的湍流教育并吸引了他们,使他们或早或迟地走向人生的正途——这几乎是处于社会矛盾不断激化的旧中国一部分知识分子作家、诗人的共同命运；《红烛》《死水》的作者闻一多是这样，现代派著名诗人戴望舒也是这样。抗日战争爆发后，民族解放的炮声，惊醒了他寂寞、抑郁的梦。后期的戴望舒，特别在日军占领香港后的那些灾难岁月里，以深挚的爱国主义情怀，抒发了对祖国受难的土地和人民血肉相连的感情。他认清了现实，理解了"人民"、"自由"、"解放"。一九四九年，尽管患有严重气喘病，他还是毅然投向真正解放了的土地，参加了革命工作。

二

戴望舒开始写新诗，大约在一九二三年前后。他的诗作深受中国旧诗，特别是晚唐、五代诗词艺术的影响，同时又借鉴西方诗歌，主要是法国象征诗派的表现艺术，在意境创造与词汇选择上，讲究所谓"全官感或超官感的东西"，以此细腻地表现个人寂寞与感伤情绪。他"恋恋地徘徊"于"夕阳下"，那里是：

　　　　荒冢里流出幽古的芬芳，

　　　　在老树枝头把蝙蝠迷上，

神往于"古神祠前"，那"思量的轻轻的脚迹"终于"绝望地，它疾飞回到我心头，在那儿忧愁地蛰伏。"在这些诗里，颤动着类似"世纪末"迷惘、颓废的哀吟，而在形式上，则注意"音律的美"，强调诗的音乐效果，采用较规则的押韵。这类诗的代表作品是《雨巷》。

《雨巷》是戴望舒的成名之作，当时编辑《小说月报》的叶圣陶，很赞赏它语言的音乐美，认为替新诗的音节开了一个新的纪元，戴望舒也由此而得到了"雨巷诗人"的称号。《雨巷》全诗七节，每节六行，长短错落，在一定间隔重复一个韵尾；诗中表现了一种"梦幻曲"般的意境：撑着油纸伞，孤独的诗人在"悠长又寂寥的雨巷"彷徨，因为他希望逢到一位"丁香一样"的姑娘，她与诗人同样"结着愁怨"、"冷漠"、

"惆怅"。她走近了，又沉默地远去：

> 在雨的哀曲里，
>
> 消了她的颜色，
>
> 散了她的芬芳，
>
> 消散了，甚至她的
>
> 太息般的眼光，
>
> 丁香般的惆怅。

《雨巷》像一个徐缓的"淡入"、"淡出"镜头，弥漫着浓重的虚幻、迷茫情绪。如果说，"丁香一样"的姑娘形象寄寓着诗人的某种生活追求的话，那么，它也只是个轻纱一样的梦，一声绝望的叹息。这首诗所表达的情思，在他后来有些诗中，也许看得更为清晰。他说：

> 从一个寂寞的地方起来的，
>
> 迢遥的，寂寞的呜咽，
>
> 又徐徐回到寂寞的地方，寂寞地。
>
> ——《印象》

而诗中的姑娘形象，实际上也正是"你去追平原的天风吧！我呢，我是比天风更轻更轻，是你永远追随不到的。"（《林下的小语》）思想的具象化，是在幻觉的镜面上映照出来的诗人自己的影子。细雨、丁香、哀愁……类似的构思与意境，使我们想到"青鸟不传云外信，丁香空结雨中愁。回首绿波三楚暮，接天流。"的名句。可是它缺乏李璟词"回首"以下的开阔与警策；"彷徨"、"惆怅"、"迷茫"的凑韵脚，词藻也嫌陈旧。尽管如此，《雨巷》以回荡的旋律和流畅的语言节调，传达出一种流动的情绪的节奏，确实给人以清新、涵蕴之感。

总之，上述情况的出现，既与生活天地的狭小所造成的精神世界日益窄隘而困顿有关，更与他前期艺术观直接相联。他认为诗是"由真实经过想象而出来的，不单是真实，亦不单是想象"（《诗论零札》十四）。他的挚友杜衡也曾谈到，年轻时他们从写诗"体味到诗是一种吞吞吐吐的东西，术语地来说，它的动机是在于表现自己与隐藏自己之间"；他喜爱西方象征派诗人，"而象征诗人之所以会对他有特殊的吸引力，却可说是为了那种特殊的手法恰巧合乎他的既不是隐藏自己，也不是表现自己的那种写诗的动机的缘故"（《望舒草·序》）。不单是真实，亦不单是想象；既不是隐藏自己，也不是表现自己；在他的诗作里，通过隐秘的心灵一隅的泄露，呈现出梦一般的朦胧，就是很自然的了。

从经他自己编定的包括一九二七年至一九三二年间几乎全部诗作的《望舒草》看，这种情绪也许表现得更为明显。大革命失败后避居乡间的心迹，不仅可以从一系列诗作标题，如《独白的时候》《烦忧》《单恋者》《老之将至》《秋天的梦》《夜行者》《妾薄命》《寻梦者》……略窥端倪，而且在诗的实际表达上，也的确使我们倾听到一个受伤的幽闭的灵魂自怨自艾的低诉：

> 什么是我们的好时光的纪念吗？
> 在这里，亲爱的，在这里，
> 这沉哀，这绛色的沉哀。
>
> ——《林下的小语》

> 但是我是怕着，那飘过的风
> 要把我们的青春带去。
> 我们只是被年海的波涛
> 挟着飘去的可怜的沉舟……
>
> ——《夜》

最为典型的，是那首题作《单恋者》的诗。这里，不但有着"我觉得我是在单恋着，但是我不知道是恋着谁"的莫名苦痛，而且他率直地表白：

"我是一个寂寞的夜行人，而且又是一个可怜的单恋者"——一个既丧失生活目标，也失掉心灵寄托的可悲形象。

二十年代后期到三十年代初期，在中国社会政治生活中，是以轰轰烈烈的北伐革命以及这场革命的中途夭折等许多重大事件，而载入现代史册的。如果说时代在戴望舒诗作中，尚留下某些微弱的回音的话，那主要反映在以下方面：尽管充满幻灭感的莫名怅惘，但却不时泄露出思想深处的矛盾和难以摆脱的不安。他说"我是青春和衰老的集合体，我有健康的身体和病的心"（《我的素描》），"我渴望着回返到那个天，到那个如此青的天"（《对于天的怀乡病》）。某些诗中更有着生命火花的闪烁——为纪念他的一位为革命事业献出生命的朋友，他写了《断指》，从还染着油墨痕迹的"断指"上，诗人看到"赤色的"、"可爱的光辉"和"他责备别人懦怯的目光"；"断指"纪念着朋友的情谊，更给诗人以驱散因"琐事而颓丧"的鼓舞力量。而在如下诗节中：

> 她度着寂寂的悠长的生涯，
> 她盈盈的眼睛茫然地望着远处；
> 人们说她冷漠的是错了，
> 因为她沉思的眼里是有着火焰。

——《百合子》

百合子似乎就是诗人自己的化身，他热切期望寻求人们的理解，获得情感的温暖。在社会斗争剧烈、动荡的时代里，他生活着，沉思着，追求着，甚至彷徨、苦闷过，但终究并没有站到敌对力量一边；在他茫然、冷漠的表面深处，内心依然有一团火焰在燃烧，有一个忠实于生活指针指引的正直的灵魂。

另外，当他一旦些许摆脱自我感情生活而转向外部世界托寄诗兴的时候，思想就显得较为开朗，格调也随之明快起来，像《村姑》《野宴》《二月》《款步》（一）等，就是这样。

> 春天已在野菊的头上逡巡着了，
>
> 春天已在斑鸠的羽上逡巡着了，
>
> 春天已在青溪的藻上逡巡着了，
>
> 绿荫的林遂成为恋的众香国。
>
> 于是原野将听倦了谎话的交换，
>
> 而不载重的无邪的小草，
>
> 将醉着温软的皓体的甜香。
>
> 于是，在暮色溟溟里，
>
> 我将听了最后一个游女的惋叹，
>
> 拈着一枝蒲公英缓缓地归去。
>
> ——《二月》

青春的欢快呼吸，结合以对丑恶事物（"谎言"）的鄙弃，充满纯洁"无邪"的情趣，这里同样显示出诗人的独特个性。

三

朱自清在总结初期白话新诗的发展时，曾谈到"若要强立名目，这十年来的诗坛就不妨分为三派：自由诗派，格律诗派，象征诗派"，而新诗的进步，首先就表现在它一派比一派强上（《新诗的进步》）。戴望舒诗的成就，正在于他能在自由诗派、格律诗派基础上，独树一帜，自创一格。白话新诗创作到他手中，已经成熟到敢于回过头去，大胆继承中国古典诗词的诗风，使其不落痕迹，又保有它活泼的神韵；同时更融汇以现代世界诗艺变化的潮流，用以极大丰富用现代白话写诗的表现手段。他极端忠实于自己的内心感受和生活体验，因此孤独的寂寞感,梦幻中的悒郁、哀怨与悸动,几乎成为他诗中反复呈示的主导旋律。但是在新诗艺术上,他却永不满足,执着地进行探索,有所追求。特别从《我的记忆》开始,一种在日常用语的自然调子中,雍容舒卷,回旋自若,长于表达现代生活情绪的自由诗体,成为他熟练驾驭的一种诗体形式;它既不失其新诗的民族性,又体现出现代的独特诗风。这应该说是新诗的一大进步,它使戴望舒成为三十年代一位有较大影响的、艺术个性十分鲜明的诗人。

尽管《雨巷》是一首成名之作,可是不久诗人又写出一首被他称之为"我的杰作"的诗——《我的记忆》,这首诗是他当时艺术主张的具体实践:

——诗不能借重音乐,

——诗的韵律不在字的抑扬顿挫上,而在诗的情绪的抑扬顿挫上,即在诗情的程度上。

——为自己制最合自己的脚的鞋子。

他对《雨巷》也不满意了,进而对此前诗作进行勇敢的矫正,在笔下泻出"它的拜访是没有一定的","但是我们是老朋友"那样自由的口语式诗句。

《我的记忆》通过"记忆"的人性化,生动地勾画出诗人的生活、癖好及其对过去的留恋。记忆活跃着生命,它生存在诗人触及的一切日常事物:"燃着的烟卷"、"绘着百合花的笔杆"、"破旧的粉盒"、"酒瓶"、"诗稿"……它又很有个性,"胆小","声音是低微的","音调是和谐的"……本属较抽象的思想活动,这里却被赋予具体可感的人性形象,从而构成事物间的一种特殊关系。"记忆"与"我"这混为一体的东西,却物化而为另一个活生生的存在,倍增诗情的亲切感。现代派诗人们,往往能在一般人以为同一的或不同的事物中间,找出它们的微妙关联,并且用最经济的方法,特别是比喻与想象,将这种关联组织成诗,让读者发挥想象力为这种关联做沟通。《我的记忆》正是这样。可是透过这一切,我们看到的毕竟只是一个在幽闲的书斋中讨生活的人所经常陷入的心理状态。尽管从记忆中搜寻精神慰藉,那心境可能会是平静而安适的("我永远不讨厌它"),但它也会是"很琐碎","还夹着眼泪,夹着太息",骨子里依然被苦涩所浸透,这还是一个难以解脱的矛盾。

看来诗人需要一种能超脱自身的强大外力的推动和冲击!

四

抗日战争的炮火,唤起了整个民族的觉醒,更吸引着各阶层人民投入浩荡的爱国主义激流。曾诵唱过"冲过横在路头顽强的石,溅起来,溅起浪花来,从它上面冲过去!"(《流水》)的戴望舒,开始面向时代,他的脉搏也在与整个民族的脉搏连通起来。作为一个诚实敏感的知识分子诗人,他参加了中华全国文艺界抗敌协会,在香港主编报刊,从事抗日宣传的实际工作,翻译出版了《西班牙抗战谣曲》。

诗集《灾难的岁月》留下了诗人抗战时期生活与感情世界的真实面影,与前期诗作相比,它的整个基调随着生活的声响的增强,发生了很大变化。一九三九年元旦写出的《元日祝福》,是他诗创作新阶段开始的先声:

新的年岁带给我们新的希望。

祝福!我们的土地,

血染的土地,焦裂的土地,

更坚强的生命将从而滋长。

新的年岁带给我们新的力量。

祝福!我们的人民,

> 艰苦的人民,英勇的人民,
> 苦难会带来自由解放。

在这首短诗里,诗人以激动的欢快心情,向"我们的土地"和"人民"祝福,表达了他对从苦难走向新生,在斗争中获得自由、解放的新的希望。抗日的爱国热情,荡涤了诗人的心胸,从中迸发出重获生命一样的乐观的歌唱。一九四一年日军占领香港期间,特别在遭到敌人逮捕,身陷囹圄,身心受到严重折磨的日子里,他又写出《致萤火》《狱中题壁》《我用残损的手掌》《心愿》《在天晴的时候》等一系列诗篇,抒发他对敌人的"深深仇恨",对战斗的祖国的怀念,以及与人民心心相连的感情;即使在生命似乎已经绝望的时刻,仍保持着祖国儿女的高尚情操,愿为胜利而献身。他期望:

> 用你们胜利的欢呼
> 把他的灵魂高高扬起,

> ——《狱中题壁》

> 当你们再来,带着幸福,
> 会在泥土中看见我张大的眼。

> ——《等待》(一)

他表示:

> 做你们的耳目,我曾经生活,
> 做你们的心,我永远不屈服。

> ——《等待》(二)

这里已与颓丧、悲哀完全绝缘,在恬淡的沉痛中绽放着强者的乐观主义。

《我用残损的手掌》是一首较长的自由诗,为了表达自己以全部心灵与祖国拥抱的挚爱之情,在构思上全诗以"我用残损的手掌,摸索这广大的土地"领起,由诗情的发展自然构成两个部分。诗人展开想象的羽翼,重温着祖国蒙受灾难,却仍是那样熟稔、亲切的一切:繁花似锦的江南水乡,长白山的雪峰,岭南的荔枝花,"南海没有渔船的苦水"……珍爱掺揉着苦痛。很快,诗人的神驰心往集中于一点,祖国"那辽远的一角",转而对以延安为中心的解放区,进行热情的礼赞。那里是"爱和一切希望"之所在,是"永恒的中国"的象征。尽管全诗后一部分写得较为概念,但具体地对戴望舒这样的诗人来讲,这已是很为可喜、可贵的了,因为这是重要的进步。

短诗《偶成》写于抗战即将胜利的前夕。如果说在其他诗中,诗人对民族战争的胜利,只是充满希望和焦灼的期待的话,那么,写于一九四五年五月底的《偶成》,则已变为对胜利的确凿无疑的预感。诗中蹦跳着灾难定会消去,梦想就要实现的确信;诗人终于迎来了"生命的春天重到","像花一样重开"的一天。

像生活本身一样,戴望舒的思想与艺术个性是较为复杂的,但却并不是不能理解,不能为我们所接受的。事实上,从三十年代的诗坛,到四十年代如《诗创造》《中国新诗》的许多诗人们,甚至从近两三年涌现的一些青年诗作中,都可以觉察到以戴望舒为代表的现代诗派诗风的某些影响,或者说与其潜在的联系。一九五〇年,卞之琳在悼念诗人的文章中,曾提到戴望舒的诗"还值得我们作历史的衡量和批判的估计,虽然那还是等到我们新基础上的新文学长得成熟到一定时候了再回过头来看才更有用处"。在今天,也许已经是条件具备的合适时候了。

(《现代诗话》,青海人民出版社 1981 年)

主体感应的变异:《现代》及其诗人群

　　文学的进步，总是以其对生活的审美感应和艺术自身带来新的拓展为标志的。关于中国现代诗歌，记得朱自清先生在回顾新文学第一个十年的新诗运动时，曾在《中国新文学大系·诗集·导言》里，总结性地提出:"若要强立名目，这十年来的诗坛，就不妨分为三派:自由诗派，格律诗派，象征诗派"。1936 年他又进一步说:"这三派一派比一派强，是在进步着的"(《新诗的进步》)。我们或许会感到，对这三派名称的归纳尚不甚惬意、准确，但是他以发展的眼光审视初期新诗的整体变化，却是很有见地的。

　　中国新诗发展的初期阶段，尽管在内容或形式上，曾呈示出颇为斑驳、丰富的多样化倾向，但是就纵向剖面看，从创造社诗人群到"新月诗派"诗人群，直至三十年代初，新诗运动的实绩及其内涵，的确在自身不断更新与充实的同时，更大地扩展了它与中国现实的多方面联系，二十年代末对于革命文学的理论倡导，对强化这种联系也起到了催化作用;而在诗的语言和诗情结构上，我们也看到某些新探索和新观念的萌动。作为时代在诗人心灵的回声，新诗在三十年代开始走向成熟，更能够充满自信地走向二十世纪开放性吸收的现代道路。表现之一，便是惹人注目而又长期被评论界毁过于誉的《现代》及其诗作。

一

"九一八"的炮火和"一·二八"上海事件,震动着祖国大地。侵略者的凶残,更加激起举国上下的满腔义愤和反抗怒潮。二十世纪三十年代的中国现代史,伴随着内忧外患的进一步加重,社会各阶层的深刻动荡以及对国家安危、民族存亡的神圣使命感的高扬,而拉开它波澜壮阔的帷幕。大型文学月刊《现代》,正是在这一复杂、严峻的时刻,于 1932 年 5 月创刊问世的, 该刊每卷六期,自创刊号至六卷一期(1934 年 11 月),共刊出三十一期,历时三载。从六卷二期始,主编易手,"改为综合性的文化杂志",出三期而终①。

《现代》由于创刊适时,是"一二八"战后上海推出较早的一份大型文艺杂志,因而膺得当时许多革命作家和进步作家的大力支持,像鲁迅、茅盾、郭沫若、适夷、老舍、周扬、靳以、丁玲、张天翼、李健吾、郑伯奇、沙汀等,都有论文、小说、诗歌、戏剧力作发表;加之,在加深与现代中国社会的联系和开拓现代艺术思维的同时, 刊物办得较有个性,尽管它以"非同人化"标榜,但整体上又体现了一定文学流派的特色,因此,在当时以及后来长时间里,曾产生过较大影响,尤其是构成一份文艺刊物主体的小说与诗歌,为不少现代文学史论著认作表明新文学中一个诗歌流派——现代派的诞生。

----

①施蛰存先生在《〈现代〉杂忆》(《新文学史料》1981 年第一期)谈及,《现代》自六卷二期起,"徐朗西请汪馥泉接手主编《现代》,只出版了二期,因现代书局歇业而停刊了"。经查西北师院图书馆馆藏期刊资料,主编易人后,《现代》又出了三期,即《现代》革新号,六卷二期,1935 年 3 月 1 日出版。该期《编辑后记》说明:"《现代》原本是文艺杂志,现在因了读者的需要,改为综合的文化杂志"。六卷三期,同年 4 月 1 日出版,该期为"反'读经','存文'特辑"。六卷四期,同年 5 月 1 日出版。

新诗在《现代》各期栏目中,应该说所占比重并不大,但它却以体现刊物特色的一个重要部分,而引起诗坛的注目。另外,尽管该刊诗作者除上海外,远及北国、南疆、中原,但基本上拥有一个较稳定的诗人群体。从创作历程看,包括两部分诗人:一系在新文学的头十年里,即已发表诗作且闻名诗坛,如郭沫若、朱湘、李金发等;但更主要的部分是一批 1930 年前后涌现出的诗坛新人,像戴望舒、莪伽(艾青)、臧克家、林庚、陈江帆、李心若、金克木、路易士(即现在美定居的台湾诗人纪弦——笔者)、何其芳、徐迟等。他们中不少人的创作道路的起点,是与《现代》分不开的,到了三十年代后期和四十年代则成为中国诗坛有影响的著名诗人。从刊发诗作的频率与数量看,在《现代》的三年间,较集中而突出的有戴望舒(计 15 首)、莪伽(艾青,计 11 首)、李金发(计 10 首)、李心若(计 12 首)、宋清如(计 10 首)、金克木(计 13首)、林庚(计 7 首)、陈江帆(计 8 首)、玲君(计 8 首)、施蛰存(计 8首)、杨世骥(计 6 首),可谓这一诗群的佼佼者。正在这个意义上,可以说,《现代》诗作的总体风貌,是由这批诗人的作品所共同体现的。

值得一提的是,《现代》诗作还为我们保留了几位在三十年代初曾从事新诗创作,而后则改从中国古典文学、民间文学、东方语言研究或文学翻译的专家、教授的作品,除金克木、林庚二位外,如严敦易有《索居》《费话》(一卷四期),钟敬文有《送砾子南归》等,为我们提供了他们早期文学活动的珍贵资料。

作为一份综合性文艺期刊,《现代》可谓"五四"以后并不多见的不属社团性的非同人杂志,不像创造社的《创造季刊》《创造周报》、新月社的《新月》或太阳社的《太阳月刊》那样,但这并不意味着刊物自身不具有某种总体倾向——不论在思想性质或是艺术追求上,这是为中国现代社会严峻的政治现实所决定的;特别是难以脱离当时国民党政府统治下的高压政策,创办刊物的商业性盈利契机,还有编者所谓"个人的主观为标准"①诸因素的支配。上述诸因素的综合,就表现为《现代》思想上明显的自由主义色彩,而在艺术上则为一种鲜明现代意识的实践与探求。

二

《现代》的主干诗人可首推戴望舒,这不仅由于他在该刊三年间所发诗作频率较高,他的诗体现着一种统一的现代诗风和自由诗体形式;而且他是经编者精心整理抄录,在《现代》刊布新诗理论《诗论零札》十七条的唯一诗人——尽管当时他已去法国。

另外,《现代》还以较大篇幅发表了他对法国后期象征主义诗坛巨擘亥迷·特·果尔蒙诗集《西茉纳》的全译②。果尔蒙的诗内在流动的韵律和流畅的乐感,美丽、透明的氛围和深沉的忧郁——在西茉纳那座"已很古了,它的轮子/满披着青苔,在一个大洞的深处转着:/人们怕着,轮子过去,轮子转着/好像在做一个永恒的苦役"的老旧磨坊形象里,使我们想到戴望舒心灵上的"乐园鸟":

> 飞着,飞着,春,夏,秋,冬,
>
> 昼夜,没有休止,
>
> 华羽的乐园鸟,
>
> 这是幸福的云游呢,
>
> 还是永恒的苦役?

从《西茉纳》我们不难看出它对戴望舒创作产生的影响。

1932 年,经作者亲手编定包括 1927—1932 年间诗作的诗集《望舒草》,正式出版。应该说,《现代》时期,正是他前期创作处于巅峰的

---

①施蛰存:《现代·创刊宣言》。

②亥迷·特·果尔蒙:《西茉纳》,《现代》第 1 卷,1932 年第 5 期。

时期。

戴望舒在《诗论零札》中说:"不必一定拿新的事物来做题材(我不反对拿新的事物来做题材),旧的事物中也能找到新的诗情。"就《现代》所发诗作看,他写游子,写"妾薄命",写"我的梦和我的遗忘中的人",写"从黑茫茫的雾,到黑茫茫的雾"的"夜行者"……不论感情幅度或题材范围,无不显得境界狭窄,情思沉郁,留下中国传统诗词的明晰投影;但与此同时,它的魅力却在于能拥托出一片"新的诗情"。

《印象》是抒写在残阳夕照下寂寞的近于空灵的心境,可是它在自由联想的无限空间里,"找到"了一种听觉的("幽微的铃声")、视象的("小小的渔船")、甚至光与影对比的比喻含义("已堕到古井暗水里"的"青色的珍珠")等等的综合,从而使一种迟暮之感的心象,化着"全官感或超官感的东西"(《诗论零札》·八)。《款步》同样通过极贴切而形象的明喻,以抒发心灵深处的一种实感——追求一种更具阔大境界的爱的心迹;他期待江边"永远的波浪"会"撼动你抿紧着的嘴唇":

> 而这里,鲜红并寂寞得
> 与你的嘴唇一样的枫林间,
> 虽然残秋的风还未来到,
> 但我已经从你的缄默里,
> 觉出了它的寒冷。

当然,我们从"飞着、飞着","昼夜,没有休止"的乐园鸟形象(《乐园鸟》),既看到了迷惘与矛盾,又交织着一种欢快、明朗的对"天上的乐园"的追慕;"这是幸福的云游呢,还是永恒的苦役?"诗人在苦苦寻求人生的答案。

戴望舒前期创作心理倾向于婉约、明丽、牧歌式的乐感,他长于表达各种内在的微妙的情绪,具有诗情的深度;他对使特殊心境具象化的想象力,同传达它的语言表现力,都有极高的造诣;他的诗歌语言,如同清澈的溪流,汩汩地天然地从心灵涌出,诗好像不是一行一行地写出来,而是一种诗美的整体呈现,因而常常冲出一般狭窄诗体形式的河床,进入审美意义上的音乐的浩瀚海洋。这是他为当代诗歌所带来的新贡献。

李金发早于 1920 年就开始写新诗,二十年代,他已因诗集《微雨》(1925)、《为幸福而歌》(1926)和《食客与凶年》(1927)的相继出版而闻名。他的诗作深受波特莱尔、魏尔仑、玛拉美、邓南遮等西方象征派诗的影响①,以至成为"五四"后新诗坛上的"一支异军"。他认为"诗是文字经过锻炼后的结晶体,又是个人精神与心灵的升华,多少是带着贵族气息的"。"作诗全在灵感的锐敏,文字表现力之超脱,诗人那时那地所感觉到的,已非读者局外人所能想象,故时时发生理解的隔阂"。"我作诗的主观很强,很少顾虑到我的诗境是否会令人发生共鸣……"②。他的诗情绪、印象、感觉的主观性,迷离、恍惚的神秘感和隐喻、象征所制造的跳脱和暗示,曾为二十年代诗坛带来一股陌生而奇异的诗风。朱自清在《中国新文学大系·诗集·导言》中说:"他的诗没有寻常的章法,一部分一部分可以懂,合起来却没有意思。他要表现的不是意思而是感觉或情感;仿佛大大小小红红绿绿一串珠子,他却藏起那串儿,你得自己穿着瞧。这就是法国象征诗人的手法;李氏是第一个人介绍他到中国诗里。"

1925 年,李金发由法返国后,由于置身于旧中国动荡的现实中,

---

① 邓南遮:《邓南遮诗抄》,李金发译,《现代》第 6 卷 1 期。
② 丘立才:《李金发生平及其创作》,《新文学史料》1985 年第 3 期。

他的诗作开始减少,但从《现代》所载可以明显感到其诗风的变化。首先,逐渐摆脱了以前的感伤、颓唐、怪谲的色彩,对社会现实问题的关注开始增强,情绪上有时甚至呈现亮色。如像《剩余的人类》,描叙一个曾在军营里做过卫队的士兵的堕落,如今只得靠捡破烂——铜片、玻璃瓶、铁丝等维持生活,最后"想死在离别四十年的故乡"而不可得。这首诗使我们联想到波特莱尔《巴黎的忧郁》中许多被社会扭曲的类似形象(如《卖艺老人》);但他只是在客观地述说、描写,缺乏社会性的深层开掘,他似乎是在通过对丑恶的揭示而唤起一种人性的尊严感。还有那首自我心理写照的诗《太息》,在抒写内心陷入的一连串"以生命作尝试"的挣扎的同时,从中更可倾听到一种对生命热爱的感人呼吁:

> 我太眷恋这宇宙的光华:
>
> 已熄灭的火山口,浮出地面的矿物,
>
> 长林的巨树,旋舞着如臂的枝条,
>
> 海鸥的夜哭,引起妻死的鳏夫失眠。

痛切中有狂乱的充满力度的意象。这些诗作与波特莱尔的社会艺术观,都有明显的契合。

其次,诗情表达上转向较为自然、流畅、多用直抒胸臆式的自我情感铺陈,比前期的诗有更大的可读性和艺术感染力,如《太息》《月夜》《初恋的消失》等。当然,情思的溅泻与激情的宣叙性倾向,往往盖过对诗美的感应与凝聚力,造成某些散文化的直白的弱点。其中《初恋的消失》沿袭前期三部诗集异国风情及爱情的内容,结构与表现都较为完整,属优秀之作,这也许正系李氏之所长的缘故。

最后,语言上尽管仍存在怪诞、奇峭、欧化的缺点,类似"我便骨根在躯体中作响"(《月夜》),"看蛞蚧在讥笑我们"(《罗浮山》)等句,但大多是易于理解和便于接受的。特别像以下诗句:

雪在封尘的鞋底

如竹叶儿相碰地作响，

法兰西北部之隅，

一夜尽够吹冻湖水的风尖，

躺避在我初暖的襟内。

没有半点儿生物的声息，

灯儿在射出阴险之光，

雪压下的野树，

仅有微青的影子。

——《初恋的消失》

雪夜赶路、风寒彻骨的感觉与意境，传达得逼真、形象。

遗憾的是，这种诗风转变的势头，由于诗作太少而难得保持。直至1942年在《异国情调·卷头语》中，他追忆道："记得自一九三二年以后，就没有再出版什么诗文集，自己也不知是什么缘故"。"象征派诗出风头的时代已过去，自己亦没有以前写诗的兴趣了。"应该说，革命的中国现实使它的每个成员都面临着要有明确的生活抉择，而象征诗派在切入生活时又缺乏更新与超越，这两者对诗人来讲，都未得到适时的解决，那么才情渐趋枯竭，当是极自然的了。

同样在法兰西，历经近三年困厄中的颠沛，而精神上反得磨炼和充实的艾青，于1932年"一二八"的炮声中，踏上了归国的途程。他在诗集《大堰河》（1936）出版前的部分早期诗作，曾发表于《现代》（署名莪伽），也许并不是偶然的，因为这些诗丰沛的现代感觉和意象，与《现代》张扬的"现代的诗"完全吻合。它们有的写于法国或由法返国途中，如《当黎明穿上了白衣》《阳光在远处》和《那边》，三首诗通过感情的自由表达，对一颗漂泊的心的归宿，悒郁与希冀参半的预感，均有清晰、形象的呈示；航行在苏伊士河上，他吟道："暗的/旅客的心啊。/——阳光嘻笑地/射在沙漠的远处"。对殖民统治下的越南,透过暗黑的空间和"千万的灯光"、"警灯",想象驰向那"人世的永劫的灾难"、"永远在挣扎的人间"……这些诗特别表现出一个画家——诗人所独具的、对情绪的背景衬托和对色彩敏锐把握的感受力,这里几乎没有什么具象,整个世界溶解于迢遥的远景下物象与色彩的浑然一体——这也可以说是从视觉导向知觉的艺术顿悟。"一首诗里面,没有新鲜,没有色调,没有光彩,没有形象——艺术的生命在哪里呢"?[1] 诗人在创作开始,就实践着这样的主张。

另一些诗则写于上海租界的狱中,包括《病监》《芦笛》及以《黎明》为题的一组诗。身陷囹圄的铁窗生活,使艾青决定性地走上从绘画到诗人的人生道路。他说,在这种特殊境遇下,"只要有纸和笔就随时可以留下自己的思想感情。我思考得更多、回忆得更多、议论得更多。诗比起绘画,是它的容量更大。绘画只能描画一个固定了的东西,诗却可以写一些流动的、变化着的事物"[2]。

《病监》充溢着波特莱尔式的冷峻和严酷,但在意象的自由浑洒中间,却使我们感到有一股难以遏抑的不平。以《黎明》为题的组诗,呈现出在特殊写作环境下诗人想象、怀念、思绪的朦胧的多维流动。它通过一系列象征性思想对应物去接近诗人在不眠的雨夜里的绵延思念(《泡影》);它的意象系列,又多凝聚于夜、灯、黑暗的路等外部客体,既饱含低调的阴郁、哀感(《黎明》),又闪烁着生之热烈追求(《辽阔》《灯》)。总的说来,他的诗更使我们感受到人生的一角,还有诗人对自我和社会所做出的悲剧性反应。

---

①艾青:《诗论》,人民文学出版社 1980 年版,第 192 页。
②杨匡汉、杨匡满:《艾青传论》,上海文艺出版社 1984 年版,第 55 页。

早期最具代表性的诗作之一是长诗《芦笛》(载《现代》三卷一期。署名艾青),这是一首从主体感应出发的自由体抒情诗。全诗喷涌着沸腾的激情,对白里安和俾斯麦的欧罗巴的愤怒,对它另外一面的进步艺术的深情、执着的爱,这不仅因为"同着它/我曾在大西洋边/像在自己家里般走着",而且:

> 我耽爱着你的欧罗巴啊,
>
> 波特莱尔和兰布的欧罗巴。
>
> 在那里,
>
> 我曾饿着肚子
>
> 把芦笛自矜的吹,
>
> ……

事实上,这股炙人的感情洪流,更由于它产生于黑暗的中国现实、失却自由的一角囚室之中——"芦笛并不在我的身边,/铁镣也比我的歌声更响"——因此,在这支只属于"我的歌"里,我们才强烈地感应到一种"漂泊的"心怀,更认同了那一颗"健旺的心",而"健旺的东西原是潜在大众里面,当不会使他孤独的"①。《芦笛》是一曲"对于凌侮过他的世界的毁灭的咒诅的歌"——

> 而且我要将它高高地举起,
>
> 以悲壮的 Hymne,
>
> 把它送给海,
>
> 送给海的波,
>
> 粗野地嘶着的
>
> 海的波啊!

①《吹芦笛的诗人》,《胡风评论集》上卷,第422页。

它使我们想起写这首诗前两个月,他的另一首著名诗作《大堰河——我的保姆》所表达的"我是在写着给予这不公道的世界的咒语"的同一主题。尽管两诗的抒情艺术处理各有侧重(或重主观,或重客体),但《芦笛》和《大堰河——我的保姆》,同样是奉献给广大人民和三十年代深深搅动着的中国现实,从中表示出诗人坚挺的人生和向社会转向的艺术追求,它们连通着诗人对中国与西方社会的切肤体验和反思,是他向现实主义诗歌艺术大步跨进的路标。

艾青《现代》诗作艺术格调清新、富于色彩明暗的对比感,但略嫌驳杂,在传达情绪、印象及其对现实关系的方式上,给我们以更多现代主义的印象,但从中已经透露着现实的嘈囔音响。他的诗风的蜕变期比之戴望舒完成得更早,离开《现代》后,很快就走向"北方",走向革命的深层,走向"黎明的通知"。

三

金克木与林庚,也是《现代》诗苑两位活跃的诗人。他们早年在北京度过学院生活,因而给商业化的南方吹来一股北国的沉郁、萧索和黯然的风沙气息,他们在作品风格上有许多共同点。如像:

——诗作意境与情致的幽深、委婉、蕴藉,与中国古典诗歌传统有明显的沟通。

——哲理意味的内涵,往往化为诗作意象整体的体现。

——采用现代自由诗体形式写作(1934 年出版《春野与窗》后,林庚转向格律诗)。

1931 年的"九一八",日本侵略者以炮轰沈阳为开端,开始了他蓄谋已久的对中国东北的大举进攻。在国民党政府消极对策下,短短三个多月,侵略者就占领东北全境,危及整个华北,中华民族的存亡,濒临紧急关头。这种严酷的生活现实和集聚心头的忧患、凄冷、甚至失落情绪,在爱国的有良知的诗人——金克木、林庚笔端,都有曲折的诗意的反映,正同林庚所说:"从'九一八'后实际上已处于类似边城的地位,一种内心深处的荒凉寂寞之感,萦绕着理想与现实的矛盾,便构成这一阶段我写诗的主要生活背景。"①因此,他们为《现代》诗作总体意识的现代感,增添了别一种苍茫、宏阔的北国信息而又呈较冷色调的抒情诗风。

当然,这种较冷色调,绝不意味着悲观和消沉,因为它是与诗人强烈忧患的主体感受俱来,同时在现实矛盾的透视中又闪亮着严肃的理想之光。于是我们从金克木诗中读到:在"惟有寒潭里依然安息着/冷冷的缺月"的冷峻缺陷中,仍执着向往"何时再见暖暖的烟雾呢?"(《愁思》)。在"枯树"、"土城"、一片落日西风的颓败中,诗人倾听到:

> 是边塞的笳声吗?
>
> 叫破这无穷的寥寂,
>
> 唤起草舍里的儿啼,
>
> 且惊飞三两乌鹊,
>
> 从岸然站着的古钟楼之顶。
>
> ——《晚眺》

悲壮、励人的号角——是在呼唤抗争之声吗? 赋予古老大地以生机,震颤着新的生命。另外,像辛苦跋涉中"摸索"前行的"旅人"形象(《旅人》),《愁春》从被"幽黑的遥夜"折磨着的老人,"肺病的女儿",以及枯茎、老树、鸦啼、"风的萧骚"、"雨的霖铃"……这北国的残春颓景,而发出的 "愿北征的燕子/将南国的春信携来/给这忧愁的大地吧"的深情呼唤,莫不折射着在那个特定时代发自北国的心灵的颤动。

---

① 林庚:《林庚诗选·后记》,人民文学出版社 1985 年版。

如果说,金克木多从古典诗歌传统的时空和意境造型,附丽以灵感,而蜕化出现时代意识、诗的审美意趣,那么,同样托寄于宏阔的北国背景,在诗情的清丽、幽邃,语言的跳脱、意象的错落,以及内涵的多重复调性上,却是林庚诗作的特性。他的诗风与李金发、戴望舒有某些契合,但比李氏洒脱,比戴氏又显醇冽,这也许是很值得重视、探讨的现象,前者可以《风沙之日》为例,后者则有《破晓》和《春天的心》为代表。

《风沙之日》的意象系列和几近荒诞的主体感应,使我们很容易地把它与《现代》所载李金发的《太息》等诗联系起来,但其诗理的含义显然大大超越了狭小的自我,而更具有那个荒唐的时代的特征。这首诗的主导构想是现实给人的视觉、听觉及诸种现象间的矛盾和错位:张皇疾行的路人,与毫无知觉的"石像矗立";风沙蔽日的气候骤变与"善观气象"的卜卦人;还有永远为人所不能明白的"房上的瓦一片一片吹落了/乃听见屋里有清脆的笑声";以科学与进步为表征的二十世纪的眼睛,竟变成"白惨的",隐匿于"云层背后"……这一切都有力地拥托出那个时代的荒谬,描画了处于动荡的北国知识分子的良知和心态。

至于《破晓》和《春天的心》,则展现了诗人诗风的另外一面,即在跳脱的意象并列或意象序列地展开中间,抒发对新鲜印象的敏感,或对青春向上的展望,这类诗顺应语言的自然节奏,明丽而晓畅,题旨蕴藉于意象和情绪的整体烘托之中,因此极富含蓄、朦胧之美,且多警句呈现。像短诗《破晓》,诗人曾几易其稿,也曾详尽地叙述过它的构思、写作经过[1],但即便我们从未读过《甘苦》一文,同样可能从整体

① 林庚:《甘苦》,《问路集》,北京大学出版社1984年版。

上感受它的意象美,它所传递的在破晓晨醒前纷至沓来、似梦非幻的心象:既有"天傍的水声","在鱼白的窗外鸟鸣",又杂以视象的"深山中老虎的眼睛"……而最后知觉意识逐渐明朗为:

> 如一曲初春的解冻歌
>
> (冥冥的广漠里的心)
>
> 温柔的冰裂的声音
>
> 自北极像一首歌
>
> 在梦中隐隐地传来了
>
> 如人间第一次的诞生

这是一首由幻象、联想与理智交混的情绪——心理的诗,寄托着人——人间获得一次新生的清醒的欢愉。类似这种情绪的心理的诗,在现代诗歌中尚属少见,是诗人带进的新东西。另外,像《春天的心》那种"春天的心如草的荒芜/随便的踏出门去/美丽的东西到处可以拣起来/……"跳动着欢快、明朗节调的诗句和印象,也使我们想起戴望舒"我的记忆是忠实于我的,忠实甚于我最好的友人"(《我的记忆》),"再过几日秋天是要来了,/默坐着,抽着陶制的烟斗/……"(《秋》)等句;平实、自然的真情流露,"春天的""随便的""美丽的""含情的""潮湿的""天上的"……修饰语的大剂量采用,都与戴望舒有相似之处,但林庚的诗却拥有属于自己的一个更为博大的自然与人生境界。诗人在一九三二年写道:

> 美是青春的呼唤。
>
> 星星之火可以燎原,
>
> 太多的灰烬却是无用的,
>
> 我要寻问那星星之火之所以燃烧,
>
> 追寻那一切的开始之开始!

其中同样凝聚着他的诗学观及其审美追求。

在《现代》诗人群中,还有陈江帆、李心若和玲君,值得我们注意。他们总计发表诗三十八首,在《现代》诗里占有较大比重。这三位诗人风格上接近戴望舒,长于语言的自由表达,但又各呈不同特色。玲君的诗在轻柔而细腻的类似长笛的悠扬乐感里,编织着变化的情感和对色彩、具象、幻觉的印象,不少诗更渗透着显然来自北国的凄凉、寂寥和忧郁,可是却柔中寓刚,荡漾着一种粗犷的罗曼蒂克的恋情。像:

> 亚细亚寒带的飓风,带来了
> 遥远鼓噪的原始人的舞乐
> 野火烧耀着,这黄金之林
> 会告我藏着遗失了恋歌的宝地吗?
>
> 《二月的 nocturne》

就是十分典型的。与玲君比较,陈江帆的诗则散发着一种南国的清新、幽婉、沁人心脾的馥香。他写游子思乡的漂泊感(《端午》《南方的街》),抒发对南国少女的恋情(《夏的园林》《恋女》),同时更倾心于对古老质朴的田园风光的陶醉(《缄默》)……

> 月色浮上百合桥,
> 今夜,是我村的社日。
> 单纯调的二簧低唱着
> 有感冒性的忧悒开始了.
> 是海色的鳗鱼阵吗?
> 乌桕路只见少妇的市集。
> 我遂有黯然的恋了。
> 载着十年的心和老的心。

这首《百合桥》通过特定声、色、物的集纳,感情色彩的渲染,以及集市所呈现的幻象,异常真切地托出游子返乡的复杂情怀,它给读者的是情绪的撩拨,是人生经验的复活,这类诗是以细腻地传达印象和情绪见长的。他的另一类诗反映了半殖民地工业化世态的畸形,因而颇具时代性。我们看到,经济萧条下的都市在"大减价"声中的痉挛(《减价的不良症》),还有对疲惫不堪的劳动者遭遇的描写及同情:一面,午夜的海港仍然一片喧嚣;一面,又为"林荫道,苦力的小市集,/无表情的煤烟脸,睡着。/果铺的呼唤已缺少魅惑性了,/纵然招牌上绘着新到的葡萄"(《海关钟》)。陈江帆的诗表现为对畸形现代工业社会的厌恶,他的心灵更扑向古老、淳厚、自然的海韵和乡风。

以对人生较理智的探究和感悟为支撑,诗情的触角向现实直接楔入,是李心若与玲君、陈江帆诗的明显不同。他同样通过自由诗形式予情感以自由表达,但在意象和意境的内在意蕴上,却更多强调疑问或感喟:——"能不太息吗?""这儿的山水多可爱可恨哪"(《堤上》),"果是音乐风的吗?"(《音乐风》),"我也是动物,且是被吮血的!"(《无题》),"世界不过是一自由的监狱啊,可是离去它的勇气呢?"(《失业者》)如此等等。他的诗对现实矛盾诸色象,也有大量触及和反映,但同时思想深处又存在着难以解脱的冲撞,因而陷入二元的悲凉与苦闷之中。听到"午夜的寂寞"的更声,他描叙道:

> 于是像指路碑站在我目前:
> 列宁与释迦。
> 我听到在跳跃的心的更声了——
> 像木鱼的沉凄,像肇鼓的激越哪!
>
> ——《更声》

诗人是矛盾的,困厄于人生的十字路口。

这三位潜力甚大的诗人,在《现代》之后,就很少见到他们的作品了。

四

"五四"新文化运动,也是一场清醒的现代中国民族文化再造运动,是大批爱国有识之士对近代中国政治、经济、文化的衰败和重重屈辱的痛苦反思的必然结果,也就在这场绵延持续的思想启蒙和文化革命的倡导中,绽开了辉煌的划时代的新文学的奇葩,而现代白话新诗,则是其中色秀质丽的一簇。

同任何新事物的成长过程一样,白话新诗诞生伊始,同样经历了与传统的母体脱离的阵痛。从强大的旧体诗歌营垒中挣脱,以绝对自由和增多诗体的创造意识,建立一种在现代白话基础上的崭新的诗歌形式,获得诗体的大解放,是它必须迈出的第一步。这,一方面固然由于服从当时向传统封建思想及其文化形态宣战的时代的需要,因此,新诗运动在其开始,就具有面向社会、干预人生,在感情领域表现为鲜明爱憎倾向的特色,但另一方面,不能不看到,这一运动本身,也是对诗的美学观念及其艺术方式进行探索、更新,并逐步确立现代新诗的个性与健全的主体意识的艰辛过程。正基于此,才使得对陈旧传统文学观念的扬弃,对域外新诗潮的吸收、借鉴,以及在兼收并蓄中对新诗个性的恢复与张扬,就成为关系这场诗体革命成败攸关的问题了。

这种情况,会使我们想到当年胡适说过的一段话:旧诗"形式上的束缚,使精神不能自由发展,使良好的内容不能充分表现。若想有一种新内容和新精神,不能不先打破那些束缚精神的枷锁镣铐。因此,中国近年的新诗运动可算得是一种'诗体的大解放'"(《谈新诗》1919年)。这里,他主要从社会的进步,新内容、新思想的自由表达上,论述到创立与之相适应的新诗体的必要性。与此同时,闻一多早在清华就读时,就写出了新诗评论的代表性力作《冬夜评论》,他又从诗的艺术特性出发,予初期白话诗的实践以指拨。针对当时"尝试"阶段的问题指出,白话诗首先必须是"诗",它的力量在于体现为一种"诗的艺术",而绝不只是内容的"平民的风格"或为此而采用的"粗率的词调底词曲的音节"①。

思想的活跃,观念的布新,加之语言工具的新鲜(从文言到白话),使新诗运动在第一个十年里,呈现一派兴旺景象;与各种文学社团蜂起同时,现实的诗,浪漫的诗,以及象征的诗,都活力十足地得到一显身手的机缘。

进入三十年代,新诗开始面临新的挑战。这首先来自决定其自身存在的价值的社会现实。三十年代的中国,一方面是商业资本主义经济的畸形发展,市民文化意识的日益增强,造成都市政治、经济、文化的进一步半封建半殖民地化,而广大农村,又濒临普遍贫困的境地;另一方面,"九一八"后,日本侵略者的长驱侵入,把灾难频仍的中国又推向民族矛盾和社会动荡愈烈的危机之中。如此尖锐而严峻的社会现实,当然要求它的文学对此做出应有的多方位的艺术反映。从这方面看,《现代》的文化自由主义立场,当然大大限制了它的诗作的生活视野,其声音也许更显微细和纤弱。但从一种新的现代意识诗化为艺术感觉看,它们却是引人注目的,尤以传达现代都市景观及其文化心态的作品,更为突出。

伴随时代的变化,人们的感应能力与思维方式及其相应的审美意趣,也都在嬗变之中。《现代》诗作表明,新诗由前期更注重对外部客体的铺陈直叙、直抒胸臆,开始转向侧重内心体验与个性的自我观

---

① 闻一多:《冬夜评论》,《闻一多全集》第三卷,三联书店版1982年版,第317页。

露,以求获得感情内涵的厚度和张力,因而也就在审美的更高层次上,在题材的多角度开掘上与现实产生联系。其实,新诗的这一内在发展动向,在二十年代后期已见端倪:我们从殷夫的《一个红的笑》《上海礼赞》《春天的街头》等诗的荒诞意象,即可见一斑。艺术产生的精神源泉说明,"失调始终是表现的基础"。"任何情感都以失调作基础。……感情是心力的调节器。当着必须恢复被打乱的平衡的时候,感情便出现了。"所以"艺术创作是心灵对只能由创作努力来解决的失调问题所采取的总态度"①。应该说,这一心灵的"总态度",同样反映在《现代》诗人的创作中。它们或者表现为矛盾、悒郁中的不平;或者流露出对人生价值追寻中的迷惘;或者通过内省,凝结为对生活的顿悟;或者由内而外,对现代畸形世态予以揶揄、夸张……总之,我们依然看到作为心灵解决现代生活的"失调"所作出的紧张努力。

所谓现代诗感,不仅应当从整体上体现出时代的气质和风貌,而且也会启迪并影响广大读者的审美选择,——在力求内容和情感的深度的同时,向我们提供生活发展在同代人中的反应;它既是时代的精神的可靠信息,又有透过表象发现其内在含义的持久的艺术魅力。《现代》的诗,感应着变动的现实所给予人们审美心理的变化,对现代诗潮做出了敏锐的反应。

新诗语言工具的效能,到三十年代,也面临着艺术自身要求发展、超越的挑战。一般地说,人类语言总是包括两部分资源,一是语言中直接说明性的实用部分,一是感情内涵的表现部分。当我们的语言一旦倾向后者,并从中找到可以表现心灵的或情感流动的奥秘时,这

①利·卢苏:《论艺术创作》,《世界艺术与美学》(第四辑),文化艺术出版社1985年版。

种语言就进入了艺术的疆界。《现代》诗人群的意义,也表现在对语言情感资源的开掘上,这应该说,是新诗迈入第二个十年的一大进步。概括来说,大约有以下方面:

(1)更为重视诗歌艺术自身的价值及其体现,语言上转向侧重内向性的抒情,同时强化了抒情诗的心灵的戏剧性。

(2)诗情的旋律与乐感,对内心世界的表抒更为绵密、繁复和委婉。题旨的复调含义。想象、自由联想成为沟通意象之间的桥梁。在古典诗词锤字、炼句基础上,拓展为整节诗、整首诗意蕴的整体凸现,因为"单是美的字眼的组合不是诗的特点"(戴望舒)。

(3)在抒写现代都市生活、感觉、印象方面,开拓了新诗题材的表现领域;充溢于这类诗中的现代感,是值得注意的。

(4)基于新诗应有新的情绪和表现形式这一认识,他们废弃用韵和格律,更注重新诗语言的自由组建,采用自由诗形式。

(5)在对待中国古典诗歌语言传统与西方现代诗歌流派上,更倾向于后者,特别对象征主义、后期象征主义诗歌,有明显的认同或契合。这种情况和"五四"初期诗坛大相径庭,但也可发现他们与郭沫若、闻一多、徐志摩等创作的精神联系,尽管更多的是勇敢地反拨与扬弃。

《现代》诗人群的意义还在于,适应现代生活节奏(尤其是城市生活)与审美意识的变更,他们的诗作实际上向读者提出了,必须改变传统的鉴赏心理、接受习惯的问题。文学创作总是通过作家(诗人)——作品最后对读者(或观众)的审美接受产生影响。新诗在其最初阶段,毋庸讳言,诸多作品仍然给我们留下说理意味或理念色彩较浓的印象,正因为当时是从一种反封建、反传统、改造社会的责任感出发,表现为思想上的健全,是可以理解的。对于这些作品,在阅读时,只要把脑力用在把它改变成一种思想中的散文去理解,就可畅通无阻了。现今,在《现代》诗人手中,他们却主要把心智上的概念改造成暗示性的描述,或者成为"全官感或超官感的东西";这种暗示的力量,甚至不必使自己合乎常规逻辑,表现得不一定明澈、清晰,它往往通过自由联想、混合联想造成诗的多维空间。面对新诗的如此变化,习惯性的鉴赏方式当然难以适应,阅读这些诗,关键还在于要努力调动自己的感受力,用自己的生活体验和想象编织自由联想间的纽带,因为诗人写诗的目的, 就是要在读者心中产生诗人所要求产生的那种效果和印象。

中国现代诗歌史上三十年代初的这股现代诗风, 很快由于阶级对立的深入和民族救亡运动的高涨而淡化了。曾在《现代》发表诗作的不少诗人,像艾青、戴望舒、臧克家、何其芳等,在这大时代的激流面前,开始自觉地把自己的艺术追求,融入更加壮阔、宏伟多彩的外部世界;他们的诗,不仅明确地转向现实,而且以其现代审美意识的深博造诣,丰富了浩荡的现实主义诗潮的艺术建造。

所以,我以为"新诗的现代倾向,不应该被理解为对现实的诗和浪漫的诗的一种反动, 实际上它正是牢固地扎根于我们发展着的社会生活及其文化之中的一种更为执拗、更为深刻的诗歌美学的继续和延伸,尽管一个时期里它可能只是潜在的内向的流动"[1],《现代》诗人群的现代视角、内在感应的变异及其在现代诗学上的体现,我们从四十年代后期《诗创造》《中国新诗》诗人群,以至八十年代初新时期年轻一代诗人的新潮诗作中,仍然能够倾听到它清晰的回声。

---

①在《当代文艺思潮》编辑部召开的讨论会上的发言,《当代文艺思潮》1983年第 2 期。

试论中国新诗的传统及其发展

一

所谓白话新体诗歌，和现代小说、戏剧一样，都是现代中国社会伟大变革的产物，是伴随着现代中国一场猛烈的社会与文化革命风暴而诞生的。如果从五四运动算起，它已有六十多年曲折而光辉的发展历程。

新诗运动在二十世纪第一个十年兴起，是被多方面因素所促成的。应该说，它首先是中国近代进步诗歌运动的继续与发展。近代诗歌随着政治上改良运动的开展，曾提出过"诗界革命"的口号，有过"新派诗"的实践，直至南社诸人的慷慨高歌，悲壮陈志。"意境几于无李杜，目中何处着元明"（康有为），语间不无自豪；"诗之外有事，诗之中有人"，"以我之手，写我之口"（黄遵宪），所见更属精辟。但古典格律形式毕竟是一道坚固的樊篱，他们都难以跨越这关键性的一步。进入二十世纪以后，随着民主革命运动的高涨（它的高潮就是辛亥革命）以及以科学与民主为旗帜的新文化思想的广泛传播，诗歌发展要彻底挣脱古典诗词因循、顽固诗风影响，它对旧诗体形式束缚的反叛，对用鲜活的口语、白话，以自然音节来自由抒写真情实感的呼声，已经成为近代诗歌运动猛烈前进一步的必然趋势，时代、生活和诗歌艺术自身规律都在孕育着一种崭新诗体形式的诞生。

新诗运动又是在科学与民主的新社会思潮激荡下，反帝反封建的民主革命进一步高涨在文化上的反映。一般说来,思想的文化的运动,往往走在社会变革的前面。辛亥革命后中国社会所濒临的严重灾难,特别从遥远的北方传来的十月革命胜利的炮声,都促使先进的中国人开始觉醒,极大地唤起他们反抗旧世界、振兴新中华的爱国主义热忱。郭沫若《女神之再生》中迸发的热情诗句,在当时是极为典型的:

> 姊妹们,新造的葡萄酒浆
> 不能盛在那旧了的皮囊。
> 为容受你们的新热、新光,
> 我要去创造个新鲜的太阳!

先进的知识阶层,在新文化思想的传播中,起到了冲锋陷阵的作用。他们继承了清末民初新志士和民主主义者的战斗传统,更受到西方近代先进科学、文化思想的洗礼,通过《青年杂志》(第二卷改为《新青年》)的创刊,高张科学与民主的大纛,倡导文学革命,向封建思想、文化、道德发动了猛烈的进击。

对于白话诗的刊布,最早见于《新青年》二卷六期(1917年2月),它在标明"白话诗八首"栏下,揭载了胡适的《朋友》《赠朱经农》《月》《江上》等八首诗作,这实则为稍改头面的古体诗,接着次年的《新青年》四卷一期,又集中发表了胡适、沈尹默、刘半农三人的白话诗九首。与此同时,鲁迅写出新诗《梦》《爱之神》《桃花》《他们的花园》等,郭沫若的《死的诱惑》亦写于一九一八年初夏。当时致力于新诗写作的还有周作人、俞平伯、傅斯年、康白情等。据北社编一九一九年《新诗年选》,就选有这年(包括1919年前)四十位诗人的白话诗作九十首;"五四"以后,新诗在巩固的阵地上,为开拓更加广阔的天地而继续奋进。

文学是语言的艺术,它的自身就是一个完整的世界。初期白话诗人们的首要功绩也许正在于，他们从语言的基点出发，进而突破旧体诗词形式，获得诗体的解放。胡适说：

> 旧诗"形式上的束缚，使精神不能自由发展，使良好的内容不能充分表现。若想有一种新内容和新精神，不能不先打破那些束缚精神的枷锁镣铐。因此，中国近年的新诗运动可算得是一种'诗体的大解放'"（《谈新诗》）。

康白情在他的《新诗短论》中也说：

> "新诗以当代人用当代语，以自然的音节废沿袭的格律，以质朴的文词写人情而不为地方底故事所拘，是在进化底轨道上走的——进化非人力所能挡得住的。"

可见他们还是立足于社会发展、进步的观点，要表达活泼而充实的新精神、新思想，去自觉地运用现代白话写诗。

当然，一种旧体形式的破坏，而其自身又缺乏足够经验去创立另一种新体的时候，借鉴或吸收外来形式，就成为极其自然的了。鲁迅谈及新文学的兴起原因时曾认为，"一方面是由于社会的要求的，一方面是受了西洋文学的影响"（《且介亭杂文·〈草鞋脚〉小引》）。应该说，对于新诗尤为如此。诗歌是"五四"新文学中受外来影响最显著、最快速的部门。这不仅在理论上早有鲁迅的著名论文《摩罗诗力说》（1907 年），他"别求新声于异邦"，"奉一切诗人中，凡立意在反抗，指归在动作，而为世所不甚愉悦者"，热情介绍于国人面前，而且早于上世纪末，随着西方科学、文化思想的输入，欧美诸国以及印度、日本等东方国家的诗歌，特别是自由诗，也开始见于国内，那正像"看惯了满头珠翠，忽然遇着一身缟素衣裳，吃惯了浓甜肥腻，忽然得到几片清苦的菜根，这是怎么样的惊喜！由惊喜而摹仿，由摹仿而创造……"（康白情：《新诗短论》）。于是，对外国诗体的摹仿，加以从古典诗词躯壳中蜕化而出的意境，又利用口语的通俗、晓畅作为自由抒写感兴的工具,的确成为新诗"尝试"阶段的特点。胡适在他的《朋友》(1916年8月)一诗题下自注:"此诗天怜为韵,还单为韵,故用新诗写法,高低一格以别之"。古典律绝的尾韵与西诗分行的结合,显然给诗人试验新诗体形式以有益启发。在当时社会思想极其活跃,艺术创造又较解放的气氛下,"增多诗体",任诗人对生活的感兴而自由驱遣各种形式,也就成为极普遍的现象。这样,以自由诗为主的什么仿古诗体,散文诗体、短句式小诗……一时间,竟如雨后春笋般兴盛起来。

二

白话新诗所以能在夺取旧文学阵地的战斗中,站住脚跟,并最早获得创作业绩,原因在于:它使诗歌恢复了真情实感的自由抒写,决不做"无病呻吟",显示出抒情诗内蕴的"情"的活力;它敢于面向社会,直对人生,从不同角度抒发反封建的意念,表现出一个新时代的黎明时期所赋予人们的新思想、新精神、新感受。这里有着鲜明的现实主义倾向:现实的诗在新诗运动开始时便以主流的面目左右着诗坛。

刘半农在新诗形式、新诗语言上曾进行过大胆探索与创新。他的一些取材于社会上贫富对立、表现对受苦者的同情,而在写法上又近于白描的民谣风的诗——如像《车毡》《卖萝卜的》《学徒苦》《拟儿歌》《相隔一层纸》等,给我们留下一幅幅社会的真实画面,它是现实矛盾日益尖锐化的缩影。

刘大白的诗多以农村现实为题材,在通俗明快的谣曲式节调中,拥托出生活的严峻面影,表现出鲜明的爱憎。他与沈玄庐一样,同以诗的现实感而闻名。

另外,像《除夕歌》(陈独秀)、《女工之歌》(康白情)、《送报》(卜生)及《东京炮兵工厂同盟罢工》(周作人)……有的触及工人生活,有的描写送报者对"劳工主义"意识的喜悦,有的反映工厂的罢工,这些都可以说是初期白话诗对重要现实题材极有意义的开拓,而要如此亲切地表现这样充实的思想内容,却是旧体诗词所难以企及的。

勇于正视现实,对生活的不合理、非人道进行揭露,对劳苦者寄予同情,充溢着比较鲜明的反封建的民主主义思想,是初期新诗现实主义倾向的主要特征。在艺术上,则不论说理色彩较浓的诗,白描式的直叙的诗,或通过第一人称"我"直抒胸臆的诗,似乎都能传达出由白话所带来的亲切、晓畅、扎实的诗情。一般说来,初期现实的诗理念的或说理的意味较浓,这也许是很自然的,因为当时的诗人们正是从一种强烈的改造社会、进行文学革命的责任感出发,来从事新文学创作的。因此,至少它在精神上是健全的、可取的。

当然,诗歌,这是艺术,是一个给人以美感和精神陶冶的奇妙世界,也是精湛的思想、意念与真诚的独特感受结合的优雅形式。它是那样精细、敏感,一个形象、一句话、甚至一个不够准确的词,都会有损其印象的完整性,破坏整个作品的诗意与诗情。综观上述诗作,有的就体验比较浮浅,内容尚欠深刻,尤其语言上"自由"而缺乏应有的约束,晓畅又缺乏必要的锤炼,读后使人很少有回味、留恋之感。事实上,初期新诗体伴随日渐增多的自由诗写作,已经出现了如何克服直露与散漫的问题。尽管如此,一些优秀篇什,仍给我们留下了较深的印象。

一类,以设景擅长,它所概括的内容,有时宛如一轴画幅,但主要又不在画面本身,而是更注重于它所能给予读者的启发和印象。这也许就是我国古代诗人所谓"诗中有画,画中有诗"的艺术境界。它们像李大钊的《山中落雨》,康白情的《草儿在前》《暮登泰山西望》等,尤其是那首《和平的春里》:

　　遍江北底野色都绿了。

　　柳也绿了。

　　麦子也绿了。

　　细草也绿了。

　　水也绿了。

　　鸭尾巴也绿了。

　　茅层盖上也绿了。

　　穷人的饿眼儿也绿了。

　　和平的春里远燃着几团野火。

这首写于北上列车的诗，动的印象与绿的视觉巧妙结合，特别把人民生活的普遍贫困映衬以远燃的"几团野火"，这画龙点睛的一笔，深刻地揭示出绿色的和平的春天表象下更严酷的现实。

　　另一类，真诚地抒发生活中多方面的感情体验，往往能通过"情"而寄托哲理，表达对丑的鞭挞与对美的倾慕。这里有朱自清揭露社会的罪恶、对人民剥削与戕害的《黑暗》《羊群》；有讽刺世态的虚伪、狡诈的《小舱中的现代》；更有跳动着"五四"春天一样脉搏的《光明》《北河沿的路灯》和《送韩伯画往俄国》等。有冰心那些较为内向，多为抒发个人感情生活中刹那间独特情思的小诗。她的诗显示出初期白话诗在抒情领域较为婉丽、纤细的一面，而其中仍不乏时代的波光涟影。另外还有属于"五四"时更为年轻的汪静之、潘漠华、应修人和冯雪峰的诗，特别是爱情诗。这些诗作感情淳真、明净、清新，正像他们的年纪一样，是天籁的流露，纯洁的心声。年轻诗人张开心扉，尽情呼吸自由的空气，充分展示自己的个性，感受美好的自然与人生所激荡起的心灵的战栗，活跃着丰富的想象。

　　再一类，以寓言色彩和象征涵义见长。这些诗多从生活实感出发运思构想，在自由诗形式中，结合兴会熔炼音节及其相应的语言节奏,这是它们尽管多系长诗或散文诗,却获得普遍好评的秘密所在。沈尹默的《三弦》通过正午骄阳下,从颓败的矮土墙里传出弹三弦的声浪,墙外则坐着一个破衣老人在陷入默想的描写,透露出古老的封建制度走向没落与衰亡的信息。周作人的《小河》是初期新诗中一首著名自由诗体抒情诗,它写一条欢快流淌的小河,因被围受阻而不得向前的情景,表现了"五四"反封建、要求思想与个性解放的精神。刘半农的《敲冰》是纪实诗,是一首更富象征意味的诗。在严寒坚冰封锁七十里河道的困难处境下,赶路者的五双手,迎难而上,破冰向前,终于达到目的地。这首二百五十多行的长诗,洋溢着乐观的蓬勃的朝气,焕发着破除一切险阻的必胜信念,体现了"五四"精神积极向上的一面:

　　"好了!"

　　无数的后来者,

　　你听见我们这样的呼唤么?

　　你若也走这一条路,

　　你若也走七十一里,

　　那一里的工作,

　　便是你们的。

沿着先行者开辟的路,继往开来,持续奋斗。这首诗鸣响着激动人心的旋律。

　　总之,新诗运动一开始就以其反封建主义的态势,同旧文学经过反复较量,取得了稳固的胜利。当时的白话诗人们,顺应新思想、新文化的汹涌怒潮,满怀改造社会的责任感,以新诗抨击社会黑暗,反映人世不平,抒发真情实感,表现出与人民、与祖国命运的休戚与共……这一切都为新诗的现实主义发展,奠定了有力的基础。

三

一般地说，正在解体的社会，或者正处于新旧交替的过渡期社会，往往对其文化思想、意识形态或是文学创作起一种刺激与推动作用。二十世纪一二十年代的中国，可以说正当这样一个时期：父与子，个人与家庭，腐朽势力与新生力量，封建礼教、道德观念与先进的科学、文化思想……的冲突、对立、激化，主宰了当时主要社会风尚和精神风貌，凡此种种，也正构成浪漫主义产生的适宜土壤。于是，他们在感情的奔放中表现自己，在对现实的反抗中追求个性解放，也在对理想的讴歌中抒发对光明的向往……

"五四"以后新诗的浪漫倾向，在创造社几位作家身上表现得极为突出，像郭沫若、郁达夫、成仿吾、王独清、田汉等等，但实际情况并不如此简单。尽管他们中的一些人深受十九世纪初欧州浪漫主义的影响，甚至曾对上世纪末的新浪漫派以及其它文艺流派（未来派、立体派）感兴趣，但是这种浪漫主义一旦吸收进来，而且与正跟旧制度发生激烈冲突、呼喊民主、追求理想的诗人独特生活体验交融在一起时，就有可能产生一种为我们民族所熟悉的新的质，一种新的迸发于现实生活的浪漫风格特征。所以表现为浪漫倾向的创造社诸诗人，就很强调文学的"时代的使命"，十分重视"艺术之社会的意义"；而主张文学"为人生"，积极倡导写实主义的文研会不少作家、诗人，同样不乏浪漫主义精神。因为充满爱国主义的社会责任感，热烈追求理想并为美的中国而献身的高昂激情，是鼓荡那个时代的一股强劲的风，浪漫主义向整个社会、文化思想领域渗透，就是极其正常自然的事了。

郑振铎、王统照，均属文研会著名作家，可是在他们的早期诗作中，个性的伸张和内在的冲动在时代的呐喊中鲜活地跳蹦：

让铁锤与犁耙把静默冲破吧！

让枪声与硝烟把沉闷的空气轰动了吧！

只要高唱革命之歌呀！

生命之火燃了！

熊熊地燃了！

让我们做点事吧，

我们也应该做点事了！

——郑振铎《生命之火燃了》

旋律高亢、激昂，感受又极其真诚。比较起来，王统照的诗更为典雅、凝重，他较为注意词语的修饰，在诗句中熔铸较丰富的意念，因此运用一种较长句式的自由诗体。他的诗像《这时代》《长城之巅》《烈风雷雨》《牧羊儿》等，同样表现出明显的浪漫主义精神。

在现代浪漫诗篇中，郭沫若的诗集《女神》像一颗耀眼的彗星，划过"五四"新文学辽阔的长空。这本诗集焕发着一个新的黎明期的乐观、豪迈情绪，以其觉醒的新一代抒情主人公的嘹亮歌喉，火山爆发般的反抗激情，表达了冲决一切封建樊篱的战斗渴望，在个性解放的疾呼中寄托着对中国再生的美好憧憬；它是受如火如荼的"五四"革命思潮的催化，融汇古典，尤其是欧洲近代浪漫主义诗歌所唱出的时代的强音。从《女神》我们可以看到，作为一个现代人的精神世界的无限丰富性，他的抒情自我及其与整个外部世界联系的多样化，根本不可能容纳进旧传统诗歌形式，甚至也不可能单纯利用陈旧的诗歌表现手法来进行反映，它必须寻求到与诗人观念形态上、感情力度上完全相适应的崭新形式。于是诗人提出了诗的主要成分是"自我表现"，诗须以"自然流露"为"上乘"，诗要表现"生的颤动，灵的喊叫"，"要本着内在的冲动以从事创作"；而在形式上则力主"绝端的自由，绝端的自主"。这样他就与惠特曼的豪放与粗犷极端合拍而产生共鸣。

对生活快速节奏的感应，对近代科学物质文明，对力的歌颂，是

《女神》二十世纪时代精神的重要组成部分,这赋予他的诗以全新的面貌。试读《立在地球边上放号》:

> 无数的白云正在空中怒涌,
>
> 啊啊!好幅壮丽的北冰洋的情景哟!
>
> 无限的太平洋提起他全身的力量来要把地球推倒。
>
> 啊啊!我眼前来了的滚滚的洪涛哟!
>
> 啊啊!不断的毁坏,不断的创造,不断的努力哟!
>
> 啊啊!力哟!力哟!
>
> 力的绘画,力的舞蹈,力的音乐,力的诗歌,力的律吕
>
> 哟!

它的情绪,它的感觉,它的意象,直至它的语言表达方式,都可谓石破天惊,无不高扬现代精神。

突出的富有生命力的抒情"自我",是《女神》浪漫主义的集中体现,更赋予诗作以鲜明个性。首先,要表现自我,就必然一扫陈腐的旧诗格律,而代之以任情感的自由奔放,直抒胸臆,因此他的诗往往给人以江河直下、海阔天空之感——它是立足于感情的力度,和那种自我对生活的直接感兴之上的。其次,从自我出发,进而拥抱整个世界,宇宙万汇尽纳胸间,将诗的内在情绪与外部世界融汇一体,或者说,是一种泛神论与二十世纪的动的反抗精神的结合,因此就有可能从内容上情思上开拓并拥有一个新的境界。第三,从自我出发,纵横古今,贯通天地,给古老的神话传说与历史题材,注入新的生命、新的现代的涵义,这也是浪漫的诗在题材领域的新扩展、新境地。

从《女神》经过《星空》(1923)、《前茅》(1928)到《恢复》(1928),历史的阶级的自觉,以及以工农为主体的斗争生活画面,渐次取代了《女神》时期那种较为朦胧的理想色彩,尚显空泛的表现"自我"的反抗激情。经受过大革命胜利与挫败的战火洗礼,诗人胸襟开阔了,生

活实感丰厚起来,革命意识的增强,促使他开始摄取并迅速唱出火热斗争中的粗壮音响,反映实实在在的社会进程;这种变化,我们从《我想起了陈胜吴广》《电车复了工》《梦醒》诸诗中可以清楚看到。由自我或主观向现实世界的突进,是斗争中发展的现实对诗人艺术观直接产生影响的结果。而对郭沫若来讲,就使他的浪漫诗篇,开始增强了现实的成分,从而在现代诗歌发展中,形成一种具有鲜明风格特征的理智的浪漫主义——它主要通过对客观现实图景的描绘,表明自己肯定或否定的意向,抒发对前进的生活的浪漫激情。这位著名浪漫诗人创作思想与艺术风格的变化,在现代新诗发展史上,也许是非常典型的。它说明处于生活急剧动荡、阶级交锋很为激烈的现代中国特定历史条件下,现实的逻辑,生活的发展规律,对作家、艺术家思想意识及其创作风格所起到的决定性影响。

在现代中国社会中,曾产生过这样一大批知识分子作家、艺术家、诗人,他们拥有极高的中外文化素养,有极其诚实而敏感的精神世界,同时又异常忠实于对艺术的孜孜探求;对于这些文艺家来讲,他们中的绝大部分,尽管思想比较复杂,创作上带有明显的不同风格、流派的烙印,但是,只要他们忠实于时代,能够在现实生活的切身感受中汲取那些更为本质的东西,用以充实并不断完善自己的创作个性,那么,时代的节拍,生活的呼吸,就必定在他的作品中得到应有的反映。生活是严峻的学校,火红的熔炉,它教育并冶炼着一代又一代人。对此,像"新月"的著名诗人闻一多,现代派的"雨巷"诗人戴望舒,以及三十年代登上诗坛的刻意"画梦"的何其芳,吹奏"芦笛"的艾青……他们所走过的创作道路,都是明证。但与此相反,我们也会看到另外一种情况,像同为"新月"骁将的徐志摩、朱湘,还有从"五四"文学主潮分裂出来的写作象征派诗歌的李金发,从浪漫主义蜕化为感伤、颓废的王独清……他们或由于令人惋惜的早亡,或基于对现实的脱节,甚至背叛,而失掉创作活力,以至诗情枯竭,过快的消失于诗歌界。

四

三十年代的新诗发展,是以其对现实的多向性突进,和大批生气勃勃的新一代年轻诗人涌向诗坛为特点的。

大革命失败后, 在无产阶级领导的农村革命深入和文化革命深入的形势下, 由于中国左翼作家联盟的成立,进一步兴起了新的无产阶级革命文学运动。它比之"五四"新文学运动,在主导思想或创作原则上,都更为科学,旗帜亦愈加鲜明;新兴的中国现代文学,经过短短十年的历程,无疑已跃进到一个新阶段,一个新的里程。就新诗而论,其明显标志就是,在作为主潮的现实主义诗歌中,自觉的历史主义意识开始增强,作品的抒情主体对现实的态度,其感性倾向,以及反映现实的广度、深度,均发生了较深刻的变化;从作品中可以使人感到,诗人是在历史地认识自己,把握自己所处的时代,努力表现生活中那些更为本质的主流的东西,应该说,这一变化由于大批青年诗人的涌现,更得到加强。他们尽管有着不同的生活经历,在诗作风格上也迥然互异、各见其长,但同是从生活的基层走出,又经受了二十年代风雨的磨炼,却是一致的。他们有的本人就集革命者与诗人于一身,为人类的解放事业而献出了生命;更多的却紧随时代的脚步,把个人命运逐渐同人民革命的命运联系起来,使创作获得不竭的活力。

殷夫,在当时是以其"红色鼓动诗"而闻名诗坛的,这是一种顺应革命斗争的需要,产生于时代疾风骤雨中的战斗抒情诗。他十七岁走上革命道路,二十二岁英勇牺牲。他的诗像《血字》《诗四篇》《我们的诗》《一九二九年的五月一日》等,都是通过自己的切身体验,以粗壮的乐观的音调,正面歌颂工人阶级的解放斗争;在置身于火热斗争现实的歌唱中,闪耀着那个时代所特有的理想光芒。他的作品在新诗发展史上,开创了诗歌反映现代城市与工人感情生活的新篇章。

艾青的诗,为我们如何运用现代口语自由舒卷的节奏,熔炼诗的艺术表现技巧,极其真切、圆润地反映现实和人民感情,提供了最好的范例。他一九三二年由法返国后,开始发表新诗。早期诗作曾留下某些后期象征派的印记,但他的主要诗作却能吸收西方现代诗歌艺术手法,用以对中国现实,对民族的苦难和斗争的真诚歌唱。他首次发表的诗作《会合》(署名莪伽),反映了国际反帝大同盟东方支部在巴黎的一次会议情景。在狱中写出的《大堰河——我的保姆》是当时的一首名篇,诗人通过一位勤劳、善良的普通农妇的一生,对"不公道的世界"爆发出愤怒的抗争,倾泄着对曾哺育过自己的乳母饱含血泪的深情;大堰河,这是在苦难中熬煎的中国劳动妇女的形象概括。

三十年代后期,迎着抗日战争的连天烽火,诗人以悒郁又饱含热情的抒情语言,表现人民,表现战争,抒发对我们民族和土地的爱,他没有回避祖国的贫瘠、落后,往往更以一种美的理想色调,给现实增添积极乐观的光彩。他写出了《向太阳》《火把》以及大量抒情诗,感人的诗句从心田滔滔涌出:

> 假如我是一只鸟,
> 我也应该用嘶哑的喉咙歌唱:
> 这被暴风雨所打击着的土地,
> 这永远汹涌着我们的悲愤的河流,
> 这无止息地吹刮着的激怒的风,
> 和那来自林间的无比温柔的黎明……
> ——然后我死了,
> 连羽毛也腐烂在土地里面。
> 为什么我的眼里常含泪水?

　　因为我爱这土地爱得深沉……

中国是一个农民占人口绝大多数的国家，农村生活养育了自己的知识分子，赋予他们以朴素的正义感，以及与农民精神上的先天联系，在"五四"以后的新文学里，农村和农民形象开始占据着一个显要的位置，原因正在这里；现代文学的发展，对此亦渐积累了经验，形成自己现实主义传统的重要组成部分。应该说，在新诗中，也是同样，只不过到了三十年代，这一传统是以更为自觉、更具深度的面貌出现罢了，它的代表诗人，可以举出蒲风、臧克家、田间……于是，泥土的歌，就构成这时现实的诗中一支强大的声音。

　　蒲风，一九二七年开始写诗。三十年代初受左翼文艺运动影响，组织中国诗歌会，倡导诗歌大众化。在整个三十年代，他出版了《茫茫夜》(1934)、《六月流火》(1935)、《钢铁的歌唱》(1936)、《抗战三部曲》(1937)等多部长、短诗集。作品多以农村生活为题材，反映了农民在封建主义和资本主义势力重压下的命运，他们的情绪，及其开始觉醒走上反抗的道路。浑厚、淳朴的风格，多产地热情实践着诗的大众化，是他的创作特点。他的代表作《茫茫夜》描写在一个风寒之夜，贫苦而善良的老母怀念不堪地主、高利贷者的盘剥而抛母别妻离乡远去的儿子——他已参加了"穷人军"在进行战斗。全诗以写情为主线，虚实结合，特别以犬吠、风声渲染情绪，驰骋想象，呈示出一种激荡、奔腾的旋律，扣人心弦。

　　臧克家也是三十年代初登上诗坛的"新人"，自从一九三二年他的第一部诗集《烙印》出版，就引起人们的注意。他的诗表现出对生活的严肃思索，以及随之而来的遒劲、冷峻的抒情风格；农村和城市下层人民的生活，在诗中留下它令人颤栗的面影。他的创作深受古典诗歌尤其是闻一多《死水》的影响，注意含蓄、凝炼，善于在短诗中通过特定场景、形象表达情思，像《难民》《贩鱼郎》《老马》《三代》《洋车夫》

等诗,都是有名之作。

> 太阳刚落,大人用恐怖的故事
>
> 把孩子关进了被窝,
>
> (那个小心儿,正梦想着
>
> 外面朦胧的树影和天边的明月。)
>
> 再捻小了灯,
>
> 强撑住万斤的眼皮,
>
> 把心和耳朵连起来,
>
> 机警地听狗的动静。

闻一多曾说:"克家的诗,没有一首不具有一种极顶真的生活的意义"。这首《村夜》正是这样。它通过人物的一系列特定动作(细节)和他们紧张、警惕的精神状态,极为真实、深刻地反映了处于动乱中的北方农村日常生活。

田间在三十年代出版了他的诗集《未明集》《海》《中国牧歌》,逐渐形成自己独特的诗风,显示了引人注目的才能。充满灾难而又燃烧着反抗火焰的中国农村,同样是诗人多方面反映的主题。他曾被誉之为"时代的鼓手";他的诗作在长短相间的急骤、鼓点式的节调中,传达感情的力度、战斗的呼喊和乐观的激情。面对帝国主义的侵略战争,诗人高唱:

> 人民的/肩膀/在倚着/壕沟,/
>
> 人民底/手/在抚着/枪口/,向
>
> 法西斯军阀/人民的公敌/坚决战斗。
>
> 中国的春天生长在战斗里,
>
> 在战斗里号召着全人类。

一九三八年后,田间奔赴延安,发起并参加过街头诗运动,写出大量歌颂抗战和新生活、新人物的诗篇。

五

国家的前途，民族的命运，也从根本上决定了这个国家或民族文艺的前途和命运。

一九三七年抗日战争的全面爆发，以延安为中心的革命根据地的建立及其巩固、壮大，决定性地改变着新民主主义革命的历史进程，也给三十年代及其以后的文艺运动，带来质的变化。继承"五四"传统的包括新诗在内的新文学创作，与人民、与整个民族命运的生死攸关的联系，民族解放的呼号，爱国主义的高涨，成为进步诗歌的主旋律，同时，由于诗歌大众化的提倡，诗歌朗诵活动的开展，新诗在更大规模上走向人民群众。

伴随革命形势的飞速发展，从三十年代后期到人民革命取得全国性胜利这十多年间，我们看到，诗歌运动的中心实际上已经转移到解放区。这不仅因为这里已牢固地建立起崭新的工农政权，是全国政治的军事的以及新的生产关系的中心，而且在文艺思想、文艺路线上，由于一九四二年毛泽东同志《在延安文艺座谈会上的讲话》的发表，使解放区以至全国的文艺工作者，明确了在马克思列宁主义世界观指导下的文艺方向，照亮了他们用文艺反映新人物、新世界的艺术创作过程。这个新发展，可以说是带根本性的，"五四"以来在新诗中历史的自觉意识渐次增强的基础上，如今，更添上了辩证地认识生活、反映生活的翅膀。

解放区的诗歌队伍，主要来源于两个方面。一是抗战前后从国统区或后方各地陆续奔赴延安的诗人们，像公木、柯仲平、艾青、田间、何其芳、张光年、朱子奇、严辰等等，他们不仅壮大了解放区诗歌的声威，而且新的生活和火热的斗争，更促使他们在与工农兵结合中谱写出诗歌创作道路上的新篇章。二是长期生活在解放区或直接从群众中涌现出来的年轻诗人。他们充溢着鲜明的阶级情感,挟带着生活和泥土的芳香,以丰沛的激情和乐观主义,歌唱人民翻身的伟大斗争,描绘人民解放的崭新精神风貌,以及生活的欢乐、新人物的成长。他们的诗作,还以群众喜闻乐见的形式,显著的民族特色,为新诗的民族化、群众化做出积极贡献。在这些诗人和诗作中,我们看到李季的《王贵与李香香》,张志民的《死不着》《喜报》,李冰的《赵巧儿》,阮章竞的《圈套》《漳河水》等长诗,还有以晋察冀诗人的创作为代表的众多抒情诗歌。

在创作方法上的一个明显趋向是,较单纯的"自我抒情"主体开始为十分丰富而广阔的外在世界所取代,或者说,诗人的内心和情感倾向,主要是通过展现我们眼前的人物或典型生活场景与画面,以激发我们的共同联想而被感知的。很显然,这仍是发展着的现实的诗,是沸腾的喧嚣的革命生活直接进入创作构思,在诗人主观体验中发挥作用的反映。这种因人或因境而造语的表现方法,就是依循着可感知的实境或作为客体的人物活动予以诗意的提炼,这样,人或境本身所蕴涵的意义,就可能以加倍的能量释放出来。我们试读陈辉的《月光曲》,诗人借闪耀于北方夜空的星星、月亮之所见,歌颂了趁夜晚向敌人发起进攻的晋察冀子弟兵。诗中写道:

> 月亮呀,
> 你看啊,
> 星星呀,
> 你看啊。
> 敌人的呜咽的血泪,
> 流进了妈妈河滚滚的波涛里,
> 我们的红色的马队,
> 在妈妈河上急飞,

马蹄呵，愉快地踏着浅浅的河水，

枪尖呵，胜利地闪着血红的光辉。

泪儿呵，沉进了黄色的河底，

血儿呵，将灌溉中国的土地。

这里占据整个抒情画面的，是人民武装的勇敢、威武的形象。

从上列长短诗作，还可以看到，在现实主义的传统基础上，闪耀着一种新型的浪漫主义光彩，它可以说是"五四"以来现实的诗与浪漫的诗在发展中彼此渗透、互相融汇过程的具体体现，对此，叙事性长诗尤为突出。其特色为：情节的选择与概括富于民间传奇色彩；主要人物的外形美与精神美夸张性的结合；对改变自己以及所有劳苦群众命运的明确的信念。这种新型浪漫主义的产生，应该说是一个人民翻身、解放的时代，一个蓬勃向上的社会所特有的，它是生活的热情的高扬，是美的事物与美的理想闪光的呼啸的飞翔。这种情况，我们不但从《王贵与李香香》《漳河水》等诗作，甚至从那部反映贫农"死不着"翻身前后不同生活命运的长诗"地主们十五六岁就得子"，"穷汉子五六十岁才娶妻"的如下描写：

红灯笼门上挂，

老汉戴上了大红花。

几十年的愁纹今日消，

五十七岁的老汉成年少。

小毛驴接来了新媳妇，

四十五岁的劳动人。

不拜天也不拜地，

咱们要拜咱毛主席。

都能清楚感到，这既是生活的真实，又辉映着为这样生活所照亮的颇具喜剧性的浪漫精神风采。

六

与解放区诗歌运动同时并存的,在三、四十年代的大后方和国统区,还有着一支广大的活跃的诗歌队伍。"七七"事变后,一九三八年三月,在武汉成立了中华全国文艺界抗敌协会,在它的领导和发动下,团结了文学、戏剧、美术、音乐、电影各条战线的文艺工作者,投入抗日的伟大斗争,反映时代的狂涛巨澜,为民族解放的壮丽事业做出了贡献。抗战的硝烟烽火,给新诗注入新鲜血液;群众的火热斗争,更鼓荡起诗人们的爱国激情,这在田汉的《义勇军进行曲》歌词中,得到充分的反映:

> 起来! 不愿做奴隶的人们!
> 把我们的血肉,筑成我们新的长城!
> 中华民族到了最危险的时候,
> 每个人被迫着发出最后的吼声。
> 起来! 起来! 起来!
> 我们万众一心,
> 冒着敌人的炮火前进!
> 冒着敌人的炮火前进!
> 前进! 前进! 前进! 进!

在民族解放旗帜的指引下,诗歌,昂扬地投入战斗。当时,除大型文学刊物《抗战文艺》《文艺阵地》刊载诗作外,遍及全国还有许多种纯诗歌刊物问世。

茅盾同志总结在反动派压迫下斗争、发展的国统区文艺运动时说:"国统区的文艺工作者在政治的、经济的、文化的三重压迫下,和日本帝国主义、美国帝国主义、国民党反动派斗争,固守着自己的岗位,对于抗日民族解放战争,对于在反动统治下的民主运动,对于人民解放战争,都起了积极的推动或配合的作用。"(《在反动派压迫下斗争和发展的革命文艺》)处于反动高压下的诗人们,一方面要克服生活上的种种限制,坚持新诗的爱国的现实主义传统,使其在抗日和民主斗争中面向民众,发挥应有的艺术作用;另一方面又要顾及在这种特殊条件下的表达方式,既让诗作保持思想与艺术个性,又要使其得以通过审查发表。于是,我们看到,尽管同时在共产党领导下,为着民族与人民民主而斗争,可是在诗的思想与艺术上,却与解放区诗歌有着不同的风貌;它是那个特定环境和现实条件的产物。显著的不同是,以刊物为中心,吸引并团结一些艺术观点、创作风格相近的诗人,在现实的诗或浪漫的诗作基础上,发展而为不同的流派,它们各具风姿,斗奇争妍,丰富了作为主流的现实主义诗坛。另外,随着革命斗争的日益接近胜利,尤其是在高涨的民主运动中,政治讽刺诗以其特有的犀利锋芒,在与国民党反动政权斗争中,显示出政治的与艺术的威力,有大批优秀诗作涌现。

文学史上不同文学流派,在创作实践中形成,并在一定社会思潮推动下发展起来,它是特定历史条件下的产物,是思想艺术观相同或接近的文艺家的创作个性,艺术的反映生活的手段,及其对艺术的追求……在创作中的具体体现。纵观从五四运动到四十年代前期二十余年新诗走过的历史,我们可以看到某些带有流派特色的现象。它们有的以社团和以诗的合集形式出现,如文研会编的《雪朝》,湖畔诗社编的《湖畔》《春的歌集》;有的以社团、刊物和诗的选集形式得名,如新月社诸诗人及其《新月诗选》;有的以较集中地发表诗作的刊物而被冠以派名,如现代诗派与戴望舒;有的更以诗作的个人特色被称之以"派"的代表,如李金发、苏雪林曾认为"近代中国象征派的诗至李氏而始有"(《论李金发的诗》,《现代》1933年3卷3期)。但是,认真追究起来,他们或者作品较少、存在时间极短;或者组织比较松散,缺乏必要的明确的理论建树；或者仅限于单纯个人影响，没有在周围形成扩大的创作群……所以，我想很难称其为严格意义上的流派群。

四十年代的中国现代诗歌，可以说是新诗发展丰实的收获期。这不仅因为它已有着二十多年的准备，而且由于民族解放和人民民主高涨的时代激流对广大作家、诗人、艺术家精神的激励；风起云涌、雷鸣电驰的现实，使诗人们有可能更执着地拥抱火热的生活，紧紧追逐时代主潮的流向，充满信心地吸取古典的民间的以至外国的一切诗歌营养，用以与自己艺术地把握与反映生活的感情旋律结合起来，进行独特的创作追求，这一切，事实上都为不同风格、流派的产生，提供了有利条件。

于是，我们看到了被称之为"七月诗派"的诗人群。他们大都在抗战声中的四十年代初开始写诗，祖国受难的土地，人民艰苦的斗争，叩击着年轻诗人的心扉，他们从前线、后方、解放区、国统区……以诗表达真挚的情怀，抒发自己对祖国、对人民的深厚感情。

> 风暴带来的雨
>
> 冲洗了这古老的大地
>
> 大地呀
>
> 负载着我们这一代的狂热
>
> 而我们底改造
>
> 就要成熟了

孙钿的《雨》中这节诗，可以代表这些诗人的共同体验和发展道路；这"改造"既指思想而言，实际上也反映了他们对诗艺的追求，现代诗歌正是在现实斗争的铁砧上被锻造而成熟的。

他们中间，阿垅在对生活与人生真诚、深沉的歌唱中，有时迸发出对反动派愤怒的泣诉；诗人歌颂嘉陵江上的纤夫，他们凭着"人的力和群的力"，步步逼近"那一轮赤赤地炽火飞爆的清晨的太阳"（《纤

夫》)。鲁黎的诗朴素、清新,散发出野百合花一样的甜香,他很善于在平淡的习见的生活抒情中,凝聚某些哲理性构思,他写道:

> 黎明时
>
> 有的星老了
>
> 披着白发死去
>
> 而年轻的星奔出来
>
> 天空永恒地飘走着星
>
> 飘流着星的喜耀⋯⋯

冀汸的诗在流畅的韵律中沉淀着凝重,他歌唱"生命的力",从战时的城乡,感受到生活脉搏的跳动,对敌人复仇的渴望。杜谷诗的感情细腻而浑厚,散发着对祖国、人民、土地的眷眷柔情。祖国古老的江河"暗哑"、"瘦弱"了,可是"你不是还/载着我们的乡愁/冲击惊险的峡谷/去探视我们失去的土地"。很显然,诗人在这里透过"江河"所看到的,是整个苦难的战斗的祖国。另外,像绿原诗的略带理性的思辨色彩,胡征诗的朴实的素描与纪事特点,都给我们留下较深的印象。他们的诗,是感情世界里时代的回声,同时又呈显出不同的色调与浓郁的芬芳。作为一个较有流派特色的诗作群,他们的基本一致性正如绿原所说,"努力把诗和人联系起来,把诗所体现的美学上的斗争和人的社会职责和战斗任务联系起来,以及由此而来的对于中国自由诗传统的肯定和继承"(《白色花·序》)。他们承认在诗学上所受艾青的影响。

　　四十年代中期和后期,一些在《文艺复兴》《文学杂志》和《诗创造》发表诗作的年轻诗人,在光明与黑暗搏斗即将胜利的前夕——一九四八年创办了诗刊《中国新诗》,一年间出版了《时间与旗》《黎明乐队》《收获期》《生命被审判》和《最初的蜜》等五期,主要诗人有辛笛、陈敬容、杜运燮、杭约赫、郑敏、唐祈、唐湜、袁可嘉、穆旦、方敬等。

他们大都卒业大学,有的留学欧美,是一批既有爱国主义正义感,又对欧美现代诗歌有较深素养的青年知识分子。他们的早期诗作,不乏抗战前期热情的生活歌唱,对诗艺的细腻刻求,但以后的创作却更多地表现为,在反动派统治下黑暗现实所磨炼的严峻与凝重,因而在风格上更明显地转变为现代自由诗传统与吸取西方现代派表现技巧的结合。因为这样才可能忠实于诗的时代感,执着于诗的独特艺术,同时有利于坚持人民立场,抒写现实的斗争。他们对诗有着共同的明确的信念———一种充实的历史庄严感:"只有在历史的光耀里才有人的光耀",诗要"从自觉的沉思里发出恳切的祈祷,呼唤并响应时代的声音","在历史的河流里形成自己的人的风度,也即在艺术的创造里形成诗的风格"(《我们的呼唤》,《中国新诗·代序》)。这个诗人群,不论在诗情与现实的融合上,或是对诗艺的执着创新上,似乎可以说是"五四"以来某些现代派诗歌在向现代生活的突进中合理而健康的发展,因为作为艺术与生活的胶合剂的,是主宰年轻诗人的爱国主义、历史责任感,和对生活主流的把握与虔诚的信念;而这却是"新月"、"现代"诗人所未曾具有的。应该说,这个诗人群是以其新型现代诗的独特风姿,尤以其思想与艺术的深度、厚度和力度而闻名。

他们在新诗发展的已有传统基础上,已经开始形成一个颇有影响的诗歌流派,可是由于革命进程很快跃入一个新的历史阶段,从而基本中止了他们的创作活动。

对生活的意象把握与表现,是他们诗的一个特点。后期印象派画家们曾主张:"一幅画首先是,也应该是表现颜色。历史呀,心理呀,它们仍会藏在里面","按照自然来画画,并不意味着摹写下客体,而是实现色彩的印象"(塞尚)。《中国新诗》群则正在于要把握客体的性质("色彩")所给予自己的印象,把它通过种种意象表达出来,或者说,当他们发现人们必须通过一种什么东西来表达这种客体的性质时,他找到了"意象"。意象,绝不单纯是客体的自然再现,而是既代表客体自身,又活跃着抒情主体感情的情绪的色调。正是这种艺术,使他们立足现实的斗争与呼唤黎明的诗篇,拥有了一个新的境地。

从古典诗歌和西方现代派诗歌,特别注意从全官能的感觉上开拓并丰富新诗的表现手段,用以抒发一种诗意的哲理与思辨,是他们诗作的又一特点。从诗中我们可以感到,对于一个现代诗人来说,光有丰沛的情感和想象,是远远不够;他更需要深湛的思想,理性的概括往往伴随着艺术构思与联想、意象的运行,诗中感情形象本身,就是理念充满灵感的显现。这也许正是由他们所处那个特定时代与现实所决定的。因为正当历史处于急剧转折的时刻,人们都会思索自己的选择,寻求与人民命运相通的道路,正是从这个意义上看,他们的诗,可以说表达了当时较普遍的意识、情绪和心理。这不仅限于穆旦、辛笛、杭约赫那些现实性较强的诗,即使从郑敏那些颤动着婉丽、柔和的抒情和弦的诗中,也可得到印证。比如她写《春天》,通过一系列视觉与听觉意象,极有力地传达出在战声中孕育并勃发的人民的顽强生命力,因为它已把"冷硬的冬天土地穿透"。

另外,他们的政治讽刺诗作,他们对自由诗和十四行诗的建树,也是很值得注意的。

七

对现代诗歌的三十年作过以上缕述之后,也许可以得出以下几点基本认识。

尽管我们可以把现代诗歌分别归属于现实的诗和浪漫的诗这样两大类,但是,新诗的现实主义始终是其发展的主流,并且构成其与生活直接联系的优良传统;生活对艺术的强大吸引和影响,甚至使浪漫的诗在其发展中也在发生变化,不断增强其现实的因素,使现实的诗得以充实、丰富,焕发着多样风格的生命力。

在新诗发展的三十年间,从许多方面看,并没有形成强大的具有持续影响的流派,不妨这样说,诗人个人的影响甚至超过了某个流派的影响。诗人在其创作道路上,尽管可能借鉴或吸收西方诗歌流派的有益营养,用以完善自己的创作风格和个性,但是,在思想与艺术上起决定作用的,归根结底是中国的生活与现实。真正的诗,绝不会是异国移植过来的舶来品,而只能是在自己民族和生活土壤上,承受整个世界文化的雨露而绽放的花朵。

以上诸点,又是共同为现代中国的社会性质以及整个新民主主义革命进程所决定的。中国共产党所领导的为国家独立、民族解放和民主自由所进行的伟大斗争,构成三十年间雷驰电闪、波澜壮阔的生活的主流;曲折、艰苦的斗争,动荡而又迅猛发展的现实,不仅直接要求着人们对生活道路的明确抉择,而且也鲜明地体现于社会意识及艺术的审美观点上。这正是现实的诗与浪漫的诗的传统及其发展的社会条件与思想基础。

(《西北师大学报》1983 第 3 期;《中国现代、当代文学研究》,1983 第 8 期)

试论李季的诗歌创作

一

在我国当代优秀诗人中间,李季的诗歌创作,像一簇枝大、叶厚、色香独异的鲜花,开放在祖国万紫千红的诗坛上。他的诗歌创作道路,一开始就带着人民大革命时代,特别是当时解放区文艺运动的某些典型特点,闪耀出新的人民文艺的强大生命力;同时,也更为以后的创作,奠定了稳固的基础。

李季是一个浸透着革命人民的情感,和群众生活保持着血肉联系的人民艺术家,他的艺术生命诞生在群众中。《王贵与李香香》之所以获得如此巨大的成功,产生如此深远的影响,固然由于他多年的部队生活和在三边小学担任小学教师、县区行政干部五六年的实际生活,对边区基层群众生活的深入了解,对各种不同阶层的人,特别是对土地革命时期老红军战士,赤卫队员等等的接触……这一切,都培养了他的革命人民的情感,充实了他的生活体验。但是,边区一带群众性的民歌创作,却使他把丰富的生活感受想寻求到一种完美的诗歌形式表现的愿望更加强烈起来。在大量地收集陕北民歌的过程中,李季和群众一起,神往于:

> 一杆红旗半空中飘,
>
> 领兵的元帅是朱、毛,
>
> 一人一马一杆枪,

咱们的红军势力壮!

革命的势力大无边,
红旗一展天下都红遍。

那种气吞山河、声动天地的豪迈气魄,也曾因"三姓庄外沤麻坑,沤烂生铁沤不烂妹的心"那种深沉、单纯的诗句而震惊。因此,就在革命群众的民歌里,诗人捉摸到通向群众心灵的门户,使他不仅能把握住陕北民歌的思想寓意和感情容量,并且对陕北民歌的形式特点,也谙熟于心。《王贵与李香香》的出现及诗人后来十几年的创作探索和健康成长,有力地证明了在中国共产党领导下,革命的工农群众,不但能通过武装斗争求得解放,巩固地建立起自己的革命政权,而且,革命斗争的胜利,如此深刻地渗入到革命群众的情感领域,甚至能直接影响到他们自己的精神创作,发展并日臻成熟到如此程度:即有力量滋育和培养出自己的歌手。革命斗争的现实生活,使群众创作注入前所未见的新鲜血液,而群众创作又唤起了自己中间的艺术家来发展它,提高它。这就是通过李季的第一部成功的长诗创作,所体现出来的当时解放区文艺运动的一大特点。这个特点,实质上,也就是对于进行任何文艺创作所首先应该解决的生活和艺术的土壤问题。

但是,还有更为重要的另一特点,就是 1942 年,毛主席的《在延安文艺座谈会上的讲话》发表了。早在十月革命胜利不久,列宁就曾希望有新的属于人民的艺术的诞生。这种艺术,"它必须在广大劳动群众的底层有其深厚的根基。它必须为这些群众所了解和爱好。它必须结合这些群众的感情、思想和意志,并提高他们。它必须在群众中间唤起艺术家,并使他们得到发展。"①如何才能真正创造出这样的艺

①列宁:《列宁论文学与艺术》,人民文学出版社 1960 年版,第 913 页。

术作品?《在延安文艺座谈会上的讲话》从根本上回答并彻底解决了这个问题。

毛主席指出:社会生活,革命斗争,是文学艺术唯一的源泉。一切革命的文学家、艺术家,必须长期地、无条件地、全心全意地投身于广大工农兵群众中去,观察、体验、研究、分析一切人,一切阶级,一切群众,一切生动的生活形式和斗争形式,一切文学艺术的原始材料,然后才有可能进入创作过程,才有可能创作出为群众所喜爱、所欣然接受的艺术作品。在《讲话》中,毛主席更明确地提出了文学艺术的工农兵方向。从《讲话》发表后,我国革命的文艺运动就开始走向一条自觉地、有意识地与工农兵结合,为工农兵服务的康庄大道。

李季正是在毛主席革命文艺路线的阳光直接照耀下,遵循着毛主席指示的方向,飞快成长起来的新型诗人。从《王贵与李香香》到《杨高传》十几年来不算太短的创作历程中,我们能够清楚看出,生活与创作在李季身上结合的那么密切无间,水乳交融,始终怀着一种朴素、深厚的革命情感,努力在生活的前进中,去触摸并在诗歌作品里再现出为人民群众所需要的主题;塑造出在革命斗争中,在经济建设岗位上,涌现出来的工农兵新英雄儿女形象——就是指导李季创作探索和创作发展的基本思想。

在深厚的生活和艺术土壤上,沐浴着毛主席革命文艺路线的雨露阳光,再加上基于对陕北民歌的深刻认识而充满"用民歌'信天游'的形式,来表达传述新社会现实生活的信心和勇气"①,于是,诗人的创作激情和创作才能,便像火镰碰击在燧石上一样,迸发出耀眼的火花——这就是新型英雄儿女叙事诗《王贵与李香香》的诞生。

---

①李季:《我是怎样学习民歌的》,《文艺报》1卷6期。

二

《王贵与李香香》是诗人李季的第一部成功的叙事诗歌作品。这部长诗的发表，不仅在当时成为《讲话》之后新文艺运动中的一件大事，并且直到十多年后的今天，也还以它特有的不可磨灭的思想和艺术光辉，闪耀于我国当代一系列优秀的革命文艺作品之中。

第二次国内革命战争时期，陕北三边的农民群众，在共产党的领导下，奋勇而起，闹翻身、求解放，展开广泛的游击战争的壮丽事迹和激动人心的战斗生活场面，构成了这首长篇英雄叙事诗的基本内容。始终坚信，并且也能够实现人民群众起来自己解放自己的历史唯物主义观点，一定要把革命胜利果实保卫到底的："一杆红旗要大家扛，红旗倒了大家都遭殃"的思想不但给诗人在描绘革命现实的广阔生活画面时，提供了丰富的红绿缤纷的色彩和亮度适宜的光线，而且更从思想上把这部长诗，提高到一首昂扬的、激情的新型革命儿女的英雄赞歌的高度！所以，我们可以说，《王贵与李香香》不论在内容上，或是在形式上，都是一首人民的诗篇。

《王贵与李香香》的突出成就，还在于给我们塑造出了王贵与李香香这两个具有时代气质、有血有肉的新型革命儿女的英雄形象。如果我们不把恩格斯的"典型环境中的典型性格"这句名言只作字面上狭隘理解的话，那么，我觉得李季的《王贵与李香香》在人物形象塑造上，却向我们提醒了理解这句话的另外一个重要方面，那就是在艺术作品中，人物性格刻画得越突出、越鲜明，衬托在人物性格周围的生活环境和现实氛围，也就会越具体、越真实。

受压迫的群众与革命的生活情感和他们所经历的战斗道路曲折复杂、犬牙交错的阶级斗争处境：一面是"天旱庄稼没收成，庄户人家皱眉头；打不下粮食吃不成饭，崔二爷的租子也难还。饿着肚子还好过,短下租子命难活"的深重阶级仇恨;一面又是"马蹄落地嚓嚓响,长枪、短枪、红缨枪。人有精神马有劲,麻麻亮时开了枪"的战斗行动,这种强烈的历史生活氛围的对照,都集中在王贵与李香香两个人的独特遭遇和走向革命的典型生活命运的自然展示中,更真实、更耀眼地反映了出来。王贵和李香香浸满血泪的出身,爱情生活的悲欢离合,实质上都反映了当时革命斗争的特点,阶级斗争的复杂性。所以,在长诗中,尽管诗人没有较详尽地叙述当时的历史环境,甚至没有为死羊湾以外地区的斗争形势而多费笔墨——有的只是像第二部"闹革命"一章中那样极简括地交代,但洋溢全篇的历史生活气氛和时代感,还是极真实、极浓郁,其原因我想也就在这里。

在王贵和李香香身上,闪耀着觉悟了的革命农民惊人的性格美和一股坚韧不拔的精神力量。为地主崔二爷揽工整四年,正像俗语所说的,是在苦水里泡大的王贵,从小就怀着杀父的血海深仇。如今,地主崔二爷的魔爪,又伸向自己心爱的人。所以,陕北地区的革命烈火一旦燃烧到死羊湾,王贵便立即"暗地里参加了赤卫军",并充分显示出了革命教育和深刻阶级仇恨所赋予他的性格的突出特点:勇敢、坚强,对革命事业无限热爱、忠诚,对地主阶级宁死不屈、坚决斗争。当他因为闹革命,落到地主崔二爷手里,被"五花大绑吊在二梁上",打得"满脸浑身血道道,皮破肉烂不忍瞧"的时候,他也毫不动摇,绝不屈服,面对死亡,却看到了胜利:

> 老狗你不要耍威风,
> 大风要吹灭你这盏破油灯!
>
> 我一个死了不要紧,
> 千万个穷汉后面跟!

因为,正像他所说的:

　　我王贵虽穷心眼亮，
　　自己的事情有主张！

　　闹革命成功我翻了身，
　　不闹革命我也活不长。

值得我们注意的是，对自己所最熟悉、最挚爱的年青主人公，诗人李季从革命形势的合理要求出发，着重表现出了王贵性格中更为本质的一方面，即充满理想色彩的对新生活肯定的一面。王贵是个劳动能手，"是个好后生"，他"身高五尺浑身都是劲，庄稼地里顶两人"，对新生活他充满热爱，对于自己共患难的心上人，满怀真挚的爱情。但是，对于这种爱情，王贵却深刻地认识到，不仅仅是要去获得它，更重要的还能去保卫它。就在这个问题上，革命利益与个人利益，同样紧密地联系在一起。因此，当我们读到经过一番严重苦难，终于"王贵娶到了李香香"的时候，在甜蜜、亲热、细腻、柔情的和弦上，异常豪放地跳荡出了革命思想的最强音：

　　不是闹革命穷人翻不了身，
　　不是闹革命咱俩也结不了婚！

　　革命救了你和我，
　　革命救了咱们庄户人。

　　一杆红旗要大家扛，
　　红旗倒了大家都遭殃。

　　快马上路牛耕地，
　　闹革命是咱们自己的事。

对革命坚强、忠诚的王贵,与对爱情细腻、柔情的王贵统一了起来。于是,正像我们所看到的"过门三天安了家,游击队上报名啦。"

和王贵比较起来,诗人对香香的性格表现,甚至外形的镂雕,都赋予了更浓艳的理想色彩和革命浪漫主义激情。香香是一个土生土长在三边地方的现实人物,但是她也可以说是一个群众心目中闪耀着光彩的理想人物。她不仅在外貌上异常动人、美丽:

> 山丹丹花开红姣姣,
>
> 香香人才长得好。

> 一对大眼水汪汪,
>
> 就像那露珠在草上淌。

而且她的一系列富有传奇性的英雄行动,也是极其不平凡的。而支配她的所谓整个贯穿动作线,就是炽热地爱和强烈地恨。我们读到"酒盅盅量米不嫌哥哥穷""妹妹生来就爱庄稼汉,实心实意赛过银钱",那种对王贵富于声色的爱情表白;我们也看到当王贵被崔二爷吊打,她如何经受住"一阵阵黄风一阵阵沙,香香看着心上如刀扎。一阵阵打颤一阵阵麻,打王贵就像打着了她!"这种内心折磨的疼痛,机警地想到送信给游击队,终于救出了自己亲人的勇敢行为。我们为崔二爷对香香的邪恶念头没有得逞,而为她捏一把汗;("两块洋钱")我们也更为香香被抢陷敌,险在眉睫的可怕处境暗暗担忧("羊肚子手巾")。总之,在香香的精神境界上,我们一方面可以看出与我国古典诗歌中自古以来那些优秀的仿佛用情感的烈火写下的诗句,有着一脉相承的默契,如像:

> 上邪!我欲与君相知,长命无绝衰。
>
> 山无棱,江水为竭,冬雷震震,

　　夏雨雪，天地合，乃敢与君绝。

——《乐府诗选:"上邪"》

另一方面,也看到它的发展,它的鲜明的革命的时代精神。

　　长诗在香香性格刻画上的另一特点，就是对香香的内心世界——主要通过一些抒情独白或心理活动,淋漓畅透、情深意笃地展示出来。也正是在这些地方,形成长诗情势发展中一层又一层的感情波澜,构成长诗中最动人的抒情篇章。特别在第三部第二章"羊肚子手巾"达到了最高潮。香香被崔二爷软禁起来,但却难能软禁香香的思想。"羊肚子手巾一尺五,拧干了眼泪再来哭",她对王贵充满一种多么如渴如饥地急切怀念呵:

　　　　手扒着榆树摇几摇,
　　　　你给我搭个顺新桥!

　　　　隔窗子瞭见雁飞南,
　　　　香香的苦处数不完。

　　　　人家都说雁儿会带信,
　　　　捎几句话儿给我心上的人。

于是,如怨如诉,似哀似痛,感情的洪流,激荡起想象的波峰,"想你想的吃不进去饭,心火上来咀燎烂。""端起饭碗想起了你,眼泪滴到饭碗里;前半夜想你点不着灯,后半夜想你天不明;一夜想你合不着眼,炕围上边画你眉眼。"这样回肠荡气的诗句,就像喷泉一样地迸发出来。在这些较长的内心抒情独白里,诗人大量采用了信天游的某些原有诗句,也是非常大胆和富有创造性的。正因为诗歌真正深刻地理解并进一步掌握了信天游中许多表现妇女爱情的诗句的心理特征,所以予以采撷,加以集中,用来表现此时此地香香的同样心境,就极其自然而协调了。香香这个艺术形象,从这个意义上讲,已经成为陕北群众精神创作的诗意化身,是一个凝聚着广大陕北妇女的爱和憎、痛苦和欢乐、思想和行动等等于一身的优美艺术典型。这个形象,我们后来在《杨高传》的端阳和桂叶身上,又看到了进一步充实和发展。

长诗在情节结构的艺术处理上,也有独到之处。这首长诗运用了信天游的表现形式,但却又充分发扬了它的某些特长,一般说来,在描写较大规模的叙述性场面,或所谓过场情节,诗人正可以利用信天游那种行与行、首与首之间内容的急骤跳跃所形成的空间,让人们的想象得以从容回旋,所以就大处落墨,几笔带过。如长诗第一部的开始,便单刀直入,"公元一九三○年,有一件伤心事出在三边。"几下概括的勾勒,便引出长诗的一个主要地主形象:"窖里粮食霉个遍,崔二爷粮食吃不完。"另外,在长诗最后,香香正处于走投无路的紧急关头,前面也没有做什么交代,却峰回路转,出现了情节的突然转折:"喝酒赌博寨门口没放哨,游击队悄悄进来了!"一场混战,竟像风卷残云,只以两句"白军当兵的那个愿打仗,乖乖地都给游击队缴了枪"结束,也极干净利落、恰到好处。但是,当长诗涉及主要人物的某些内心抒情表白,或者某些重要场景的细微描写时,诗人却又巧妙地利用了信天游那种擅长于缠绵悱恻、豪放炽烈的抒情,以及由于比兴而产生的含蓄、形象的艺术效果,因此在诗中也就精雕细刻,淋漓尽致地铺开。前面,我们已经谈过对香香的内心独白的许多抒情描叙,另外,比如在"两块洋钱"中对崔二爷的描写:

> 一个脑袋像个山药蛋,
> 两颗鼠眼笑成一条线。
>
> 张开嘴瞭见大黄牙,
> 顺手把香香捏了一把:

　　　　"你提不动我来帮你提，

　　　　绣花手磨坏了怎个哩？"

诗人抓住了外形、动作和语言三个方面的典型特征，把崔二爷这个丑恶、荒淫、肮脏的灵魂刻画得活灵活现，入木三分，真是既形似又传神！

　　正由于这种繁简得体、剪裁适宜的情节结构特点，所以长诗就给我们以仿佛不论或大或小的每个特定生活场景，都经过了诗人精心挑选、仔细安排，因而在长诗的情势发展上，就形成一种疾徐、急缓、浓淡、轻重交相更迭的内在节奏；同时也使这部长诗达到惊人的精炼。从长诗情节结构的这个特点，我们也能够体察到诗人对《木兰辞》《古诗为焦仲卿妻作》等古典叙事诗优秀传统的继承和发扬。

　　《王贵和李香香》是诗人对自己最熟悉、最有感情的英雄三边人进行诗歌艺术创造的最初尝试。三边和三边人，王贵、李香香以及其他三边英雄儿女们，在诗人的心灵上始终占据着一个重要位置，并在诗人以后十几年的创作中，留下了他们异常鲜明的面影、风貌和英雄形象。

三

　　只有勇于探索，才能勇于创造，也才能勇于前进。李季就是这样的诗人。不过，值得我们注意的是，李季的创作探索，始终贯穿着突出的思想性，并且对自己有极严格的要求。他的探索有明确的方向，那就是"怎样使诗为广大工农兵群众所易于接受，乐于接受，以便更好地为他们服务。"[1]要达到这个目的，就不仅限于作品内容，而且也直

---

　　①李季：《难忘的春天》后记，《难忘的春天》，人民文学出版社1959年版。

接关系到作品的表现形式。诗人曾这样说过："……作为一个写诗的人，他的每一首诗，不但应当在诗的主题、思想感情上给读者带来新的东西，在诗的语言、形式方面，也应当给我们的文学，增添一点新的财富。"①因此，把自己的主要力量，放在适应于内容而变化发展的"诗的语言、形式方面"又是李季诗歌创作探索的另一重要方面。

今天，当我们重新回顾从《王贵与李香香》发表后，十几年来，诗人李季所经历过的一次又一次的创作探索，一次又一次的新的创作尝试，从几部有代表性的诗集：《短诗十七首》《玉门诗抄》一、二集，《西苑诗草》和长诗《菊花石》《生活之歌》《三边一少年》《杨高传》中，就能够清楚看到，跋涉于这条并不平坦的道路上，诗人所付出的辛勤劳动，尝受到的创作甘苦，以及每前进一步就留下的一个个清晰可辨的足迹。

建国初期，1949 年到 1952 年间，李季在武汉担任文艺创作的组织工作和文艺月刊《长江文艺》的编辑工作。一个经济恢复和大规模社会主义建设的崭新历史时期开始了，社会生活随之也发生了亘古未有的根本改观。这对于一个"从学习民歌而开始学习写诗"的诗人来讲，在创作上所面临的迫切问题，就是"新的生活内容，要求给它一个与之相适应的形式。"因为"生活向前发展了，当我们还没有来得及研究生活的这种巨大变化时，我们的描写对象（也是我们的读者对象）——广大人民群众的思想感情，已经发生了根本的变化。"②于是，李季开始了"试图以民歌为基础，吸收更多地在生活中涌现出来的，适宜于表现新生活的口语来写诗。在形式上，也较多地采用了更易于

---

①李季：《热爱生活，大胆创造》，《文艺学习》1956 年第 3 期。
②李季：《热爱生活，大胆创造》，《文艺学习》1956 年第 3 期。

表达复杂思想情感的四行体"①的新尝试。诗集《短诗十七首》就是在这种思想促使下,最初的创作结集。

在这册篇幅不多的新诗集里,除了《乌斑》《在我们居住的地方》等和一组访苏归来后的新创作,直接接触到当时现实生活题材外,诗人朝思暮想,萦绕于心的,仍是与三四年前《王贵与李香香》的创作出自同一生活渊源的革命斗争题材。"三边是我在抗日战争胜利前的三年中,和几年整个解放战争时期都在那里工作和生活的地方"。②诗人的这段自叙,是可以帮助我们去理解他的这种创作心境的。三边和三边人,是诗人精神的依托,是诗人的创作源泉。所以,尽管诗人离开了那里,但心灵上仍然蒙受到三边和三边人的哺育和培养;尽管不用信天游,而采用了接近口语的四行体这种为诗人还没有更多熟悉的诗歌形式,但那些最新最美的歌,仍是为三边和三边人而唱。它的代表作就是《三边》《只因为我是一个青年团员》和《报信姑娘》等诗作。

像创作《王贵与李香香》时一样,这是诗人把自己全部感情完全熔于人物形象中,而为三边的革命英雄儿女继续唱出来的三支赞歌。从许多方面看,这三首诗有和《王贵与李香香》一脉相承的艺术表现特点。首先,诗人通过一系列富有传奇性的曲折动人的故事情节,刻画出活生生的人物形象。不论《三边人》中的六个担架队员,不论《只因为我是一个青年团员》中通讯班的青年战士石虎子,也不论《报信姑娘》中那个无名的英雄姑娘,他们都是王贵和李香香精神上的兄弟姊妹,"革命遭难她也受苦,革命发展她就幸福"就是他们命运的集中概括。因此,对无产阶级革命事业,他们都勇往直前,无比坚强。特别

①李季:《难忘的春天》后记,《难忘的春天》,人民文学出版社1959年版。
②李季:《我和三边、玉门》,《文艺报》1959年18期。

是处在最艰苦,甚至是生命攸关的片刻,还燃烧着一股烈火般的胜利信念和革命乐观主义精神。正是在这一点上,和《王贵与李香香》以及后来的几部长诗联系起来看,就非常清楚地表现出,李季可以说真正窥探到了隐藏在三边人灵魂深处的本质性格特征,从而在自己的诗歌创作中,才能大胆地,然而也是真实地塑造出一系列闪烁着理想光芒的三边人的英雄形象。

六个担架队员,为了不使炮弹炸坏伤员,争着用身体把炮弹遮掩,结果两个炸死,四个负伤,但"在医院里他们一天又说又笑,好像他们并没有负伤,好像炮弹并没有把他们的手脚炸断。"石虎子,爱唱歌,爱嬉笑,性格爽直开朗,但在严峻的战争考验中,却又有"老虎那样凶,石头般的坚。"面对敌人百般拷问,他的回答只有三个字:"不知道"。忍受住敌人的酷刑,他竟唱起歌来;最后终于带着被铡刀铡去十个手指的双手,胜利突围,完成任务。报信姑娘短暂的一生,本身就是一支不朽的生命的凯歌。为了保护游击队的侦查员,我们看到姑娘在漆黑的夜里,"鞋子还没有蹬上脚跟",拐着小腿在大路上疾跑的高大身影,也听到"来了——来了——"那阵阵"谁听了这声音心脏也要紧缩,树上的鸟儿也被惊得乱飞乱叫"的呼号。没有等到发现救出来的正是自己的未婚夫,更没有活到太阳升起,全村解放,她牺牲在敌人枪下,但她的生命的歌,却永远唱不完……在诗的结尾,诗人充满感情地,在富有民歌风味的基础上,渲染出报信姑娘在人们心中所留下的影响:

> 从此后,草原上到处流传着她的故事,
> 从此后,姑娘的名声传遍四方。
> 母亲们怨恨着自己没有一个这样的女儿,
> 姑娘们把她记心里当作榜样。

草原上的人们最爱唱歌，
不会唱歌就算你不会生活。
姑娘的故事也被编成歌曲，
和那些古老的民歌一样四方传播。

有一支民歌中说姑娘并没有死，
是她给解放军带路，一直把马匪军撵在黄河边上。
另一支民歌说她已经结了婚，
和她救出的那个侦查员，我们的基干连长。

千百支民歌，万千的人儿唱，
每一支民歌都在歌颂着我们的姑娘，
每一支民歌都说姑娘并未死去，
都说她还活着呵，她将永远活在人们心上！

这样，就在已经完成了英雄姑娘的性格上，更加突出了浪漫主义精神的光亮，使得人物更加丰满，越发高大起来。

其次，开始有启发性的引叙，结束有交代性的总括，首尾一贯，前后照应，顺应于接近口语的语言的自然节奏，缀以有规律的韵脚，故事情节亦步亦趋，合情合理地铺开，这些都给人以朴素流畅之感。比如石虎子的英雄故事，是由"请你告诉我：什么是青年？"而引起，"就像石虎子那样，才是真正的青年。"做结束。《报信姑娘》开端与结局，更有民间说书一样的亲切、直接的艺术感染力。在语言上，尽管接近口语，但却不啰嗦，不平庸，依然诗意盎然，能多方面表达情绪和感情。当我们读到姑娘在家突然听到窗外传来一阵可疑的声响，刹那间，由怀疑到紧张的复杂感情，诗人只以四行旁白：

悄悄地，姑娘，不要再猜想了，

你听！这是什么鸟儿在叫？

不对呀！这是马蹄的响声，

呵，强盗们的骑兵在向这里飞跑！

急促、顿宕的语言节奏，诘问、回答的并联紧接，就把姑娘此时此刻的情绪骤变，完全真实地烘托出来。这是朴素的口语，但却比一般口语的容量丰富、广阔得多。

当然，总的来看，《短诗十七首》产生在诗人离开三边后，刚刚置身于一个崭新的、更为广阔的生活园地的时候。生活认识还需要深化，感情体验尚待凝聚，况且又是诗人利用"表现新生活的口语来写诗"的最初尝试，因此，在思想表达和语言运用上，不可避免的，就留下了许多不够成熟的烙印。像《寄亚历山大、克拉西尔尼科夫》等诗歌，散文化的倾向就较为严重，结构亦较松散。技巧的提高，需要时间，需要在创作实践中不断磨炼。到后来的《玉门诗抄》以及其他一些短诗中，可以看出，这些缺点，已得到了逐步的改进。

以民歌或民间形式为基调进行长篇叙事诗创作的念头，在《王贵与李香香》发表后，始终对诗人具有莫大的吸引力。就在写作《短诗十七首》的同时，当诗人对南方民歌，主要是湖南民歌学习并做了一些初步研究后，增长了"以民歌为基调，广泛采用传统诗、词和新诗的表现手法来写作长诗"的强烈愿望。于是，付出将近三年的辛勤劳动，一部关于连云山传说的长诗《菊花石》问世了。

从对一种新诗歌的形式一开始就不畏失败的进行大胆尝试来看，《菊花石》不论思想或艺术上，都有许多可取之处。弥漫于长诗中的浓郁的抒情气氛和江南民歌的优美格调，开始就把我们的想象引向"河边杨柳排成行，大船小船穿梭忙，山冲里稻田冒尖绿，田埂上走着采茶娘，姐姐采茶妹妹采桑"的明丽意境。在诗的语言创造上，也可以明显看出，诗人学习优秀古典诗词的一些表现手法上所产生的积极艺术效果。尽管留有某些斧凿的痕迹，但是，形象以造境，含蓄以表意的语言溪流，依然在活泼、欢快地流淌。较整齐的每节五行体和语言格律，也没有囚禁住诗人深刻思想的迸放。如像：

> 石匠下水凿石头，
>
> 工匠刻石思虑稠，
>
> 几多清晨到黄昏，
>
> 几多灯盏添新油，
>
> 几多青年变老头。

或者：

> 匠心无师勤思量，
>
> 手巧单靠昼夜忙。
>
> 揣摩花纹难安睡，
>
> 梦里闻见菊花香，
>
> 肚皮上画下新菊样。

都是概括，凝练到寓有丰富的生活哲理并具有多方面思想启发力量的优秀诗歌语言。特别在长诗的前半部，通过"老工匠"、"盆菊"、"训徒"等几章，更给我们描绘出一个爱憎分明、性格刚强、终身忠于艺术的老民间艺人的形象。在"五十年辛苦五十年汗"的日日夜夜里，老工匠"宁愿天天愁柴米，不将石菊供人玩，志在手艺不在钱"，和女儿荷花，徒弟聂虎来一起，坚持"从春到春夏到夏，窗外杏花变雪花"、"昼夜刻石不知乏，一滴血汗一朵花"从事一座全棵菊的雕刻，在老工匠身上基本上实现了诗人企图在长诗中"塑造一个忠实于艺术，为艺术创造献身，处于黑暗的旧社会的淫威下，坚贞不屈的无名的民间艺术家的形象"这一创作意图。同时，老工匠的整个身心，浸透着诗人自己的一种高尚情操和深挚情感，诗人把自己对艺术的甘苦和神圣劳动的深刻体会，也熔化于老工匠对徒弟的一场"句句话语血泪浸"的训诚之中。我们知道,"富于感情"用高尔基的话来讲,"这是能够写得好的良好手段"!

但是,作为一部完整艺术作品的总体来看,《菊花石》却存有某些先天性的重大缺陷。

第一,就是长诗的主题思想不和谐,不统一。直到老工匠牺牲为止的前半部,长诗的基本主题,仿佛是在老工匠的这几句话里:

> 我要刻出工匠苦,
>
> 我要刻出工匠巧,
>
> 我要人看了爱劳动,
>
> 我要人看了意志高,
>
> 世界万物劳动造!

直到第十章"八年血泪",已经成为一个游击战士的荷花女,对盆菊也还向往着秉承父志:"我要刻出石菊美,我要刻出工匠心,我要父亲花上活,我要花朵上留青春"。因此,盆菊作为一件具体的、完美的艺术品,始终与老工匠父女师徒的智慧和创造劳动融合为一体的。可是,长诗发展到后半部,从"第二天"的歌开始,盆菊的基本思想寓意却有了根本性的改变。面对"刻完盆菊风暴起,闪电光下看盆菊:朵朵菊花兵百万,片片菊叶是红旗,菊成革命定胜利。"这种令人难以想象的人间奇迹,游击队长说出这样的话:"盆菊刻成功劳大,这是革命的大胜利!"于是,盆菊的较明确,具体的涵义,突然转化成一种较抽象的概念。事实上,诗人又把它作为忠贞于革命的象征而加以发展了。但这种主题思想的转变,在前半部分既缺乏应有的暗示,又没有必要的交代。所以,一系列的疑窦就由此产生了:盆菊对敌人为什么有那么大的吸引力? 为什么在异常紧张的游击环境中,荷花还有心思专注于对盆菊的精雕细凿? 人们个个都爱盆菊,见了盆菊就想起毛主席的联想从何而来? 盆菊刻成功,是否就能代表"革命的大胜利"? ……

第二，为了把盆菊和革命事业勉强愈合在一起，因此，盆菊就自然地成长为长诗注意的中心焦点，而主要人物的性格发展，便从对盆菊的描述中游离出来。在《菊花石》中，除了前半部分的老工匠形象还较完整、较有血肉外，后来的荷花，缺乏应有的个性特点，聂虎来也只见到他晃动的影子，形象的典型性和真实性，比起老工匠来，就逊色得多了。同时，作品后半部分的语言，也一般性的直叙较多，丧失掉不少像诗的前半部，在诗情画意、情景交融的抒情氛围里，故事情节得以张弛自如地展开而达到的语言形象、含蓄和精炼美。

应该说，《菊花石》是诗人的一次失败的试验。它的教训很深刻，也极富于启发性。它使我们认识到，对于广为流传的民间传说，我们应当注意到它的格调的优美，情节的动人、传奇性和浪漫色彩。但，更重要的，还是要去发现和掌握在民间传说里，蕴藏的那些单纯而是本质的闪闪发光的思想。诗歌创作只有在此基础上，才能大胆地运用想象或夸张，使传说和现实得到协调的统一。

通过《菊花石》的创作，也给我们泄露出了李季诗歌创作风格上的一种基本素质：主要是在叙事性诗歌作品里，如果没有较长期的、较深入的生活体验，离开了对主要人物形象的充分孕育，反复酝酿，诗人就很难只凭借大胆的虚构和绚丽的想象，去编织情节和叙述故事，去在作品的完整艺术结构中，使主题思想有深度和广度上的突进；唯有自己亲身经历和异常熟悉的那些生活和事物，才能深刻地烙印在诗人的感情记忆里，成为诗人艺术构思的基础，创作题材的渊薮，而最后，以流畅的语言，朴素的想象，真挚地自然地涌流出来。李季的这种创作素质，在《菊花石》以后的诗歌创作中，就日渐明朗，并趋向于稳定了。

总之，《菊花石》的教训，不但会告诉诗人，今后应该怎样去进行探索，而且告诉了诗人，今后不应该怎样去进行创作探索；它不仅揭示出哪些应当成为是诗人之所长，而且也更清楚地表明了哪些是应当成为诗人之所忌。从这个意义上讲，《菊花石》的失败本身，就蕴含了诗人未来创作稳步前进的"种子"。

在李季的诗歌创作道路上，1952年是一个关键，也是一个新的创作起点。这年冬天，诗人去了玉门油矿。从此，飞速发展的祖国石油工业基地之一——玉门和玉门人，像三边和三边人一样，就与诗人的创作紧密联系在一起，诗人为他们竭尽全力，奉献出了一支又一支激情的赞歌。

李季说："三边和玉门，是我的生活源泉，也是我的诗的源泉。回顾这十几年来，我所写的几百首短诗和几部长诗，几乎每一首都和它们有着直接、间接的关系。……我曾在给一个同志的信中写过：'离开了三边和玉门，我几乎连一行诗也写不出来'。这至少是我过去一段创作生活的虽然稍有夸张，但却不失为老实的自白。"①当我们对诗人的全部诗作，哪怕做些极为概略的了解，便会突出地感觉到，这段话正是诗人发自内心的肺腑之言。在许多诗里，诗人不止一次的由衷地唱出：

> 亲爱的朋友,看起来:
> 我是和石油结了不解缘,
> 我的生活的道路,
> 注定是在充满油味的戈壁滩。
>
> 本来石油的芬香已足够使我迷醉,
> 何况戈壁上又吹来阵阵的香风。

---

①李季:《我和三边、玉门》,《文艺报》1959年18期。

在这遍野的钻机震动的时候，

我怎能离开那些戴铝盔的弟兄！

——《玉门诗钞》二集:《春节寄友人》

诗人对玉门感情的深厚，甚至达到"每一次见到'玉门'、'柴达木'这几个字，我都没有办法按捺住这颗激动的心"(《西苑诗草》)的程度。

对玉门和玉门人的这种骨肉感情，并不是轻易能达到的。这首先取决于一个作家的生活态度。正像毛主席所深刻指出的:"在教育工农兵的任务之前，就先有一个学习工农兵的任务"，"你要群众了解你，你要和群众打成一片，就得下决心，经过长期的甚至是痛苦的磨炼"。所以，毛主席把"了解各种人，熟悉各种人"的工作，看作是文艺工作者需要做的"第一位的工作"。在解决这个创作的根本问题上，李季可以说是一名坚决的毛泽东文艺战士。他是在三边从事群众工作三年之后，才开始写反映三边人民生活的作品;同样，当有了一年半到两年的对玉门的丰富生活体验，真正从思想感情上"化"为一个"玉门人"之后，诗人才开始陆续唱出了对玉门的曲曲高歌。

在《玉门诗抄》一、二集,《心爱的柴达木》等诗集以及《致以石油工人的敬礼》和《西苑诗草》中的一部分诗里，诗人较全面地反映出了祖国大西北新兴石油工业基地，从初建到发展以至在跃进声中的巨大变化风貌，诗中充满昂扬的建设气魄和火辣辣的时代精神。在五四、五五年，还有一座"连鸟兽都不知道你的山冈呵，又有谁曾经攀登在你的山顶上"荒凉的油砂山，到大跃进的五八年，却变成:

油砂山上立井架，

千军万马上了山。

白天欢腾一哇声，

黑夜灯火照满山。

> 湖中侧影变了样，
>
> 油砂山高过昆仑山。
>
> 不是油砂山长高了，
>
> 石油工人的干劲冲破天。

四年前，柴达木在地图上只是一个空白，"铁路工人们就要把火车开到这里"仅仅是一种梦想，但"事隔四年重来看，山岭沙漠颜色变。汽车骆驼遍野跑，银色城市布满滩"。在许多诗里，焕发着诗人真正来自生活的淳朴、浑厚情感，同时，诗人更能敏锐地察觉出玉门人思想深处的细微变化，把那些人们共同感受到，但却没有表述出来的深刻体验，真实地抒写了出来，对玉门建设者的性格和精神面貌，也更有多种多样的婆娑多姿地展示。如：

> 没有必要对你隐瞒城市的缺点，
>
> 我们实在需要一个美丽的公园；
>
> 虽然我们每天可以看到壮丽的戈壁日出，
>
> 虽然我们每年可以看到六月天雪飞祁连。

如此的豪情壮志，也更有：

> 队长真的是在盼望，
>
> 他甚至爬上井架了望，
>
> 他盼望着快把钻杆送到，
>
> 也盼望着戴红头巾的姑娘。

如此的温柔多情。像《石油河》《致北京》《我们的油矿》《正是杏花二月天》(《玉门诗抄》)、《玉门春》《最高的赞赏》《寄白云鄂博》(《玉门诗抄》二集)、《致柴达木的少年少女们》(《西苑诗草》)、《登昆仑》《茫崖赞》《油砂山和昆仑山》(《心爱的柴达木》)等等，都是这类较优秀的抒情诗作。

从这四、五年的抒情诗作看，在诗的艺术表现技巧，特别是在接近于口语的诗歌语言运用上,比起《短诗十七首》有显著的进步。诗人不只注意对接近于口语的诗歌语言的加工和提炼,使它更朴素、更纯净,而且重视了整首诗的浑为一体的优美意境和形象创造,使其更含蓄、更凝练。这在《玉门诗抄》二集和《西苑诗草》的一部分具有风景画和风俗画性质的抒情短诗中,表现得尤为明显。

长诗《生活之歌》是诗人深入玉门生活后的另一重大收获。这是一部歌颂玉门油矿石油工人的创造性劳动和新技术工人队伍飞跃成长的长篇叙事诗。对于这部作品的成败得失,文艺批评界曾有过分歧意见。但总的来看,我们不能同意像有的评论文章说的,长诗"题材的选择和提炼"有问题,"没有一个能够讲得出来的动人的完整的故事","作者在处理材料时,常常只是作了一些一般性的叙述,……没有把其中的矛盾展开或突出",在主要人物形象塑造上,也"看不到他们的内心世界,也感觉不到推动他们前进的精神力量","长诗在艺术上也有推敲不够的地方"等等,说得简直一无是处,实际已从根本上否定了这部长诗。《生活之歌》在许多方而体现了诗人李季从《王贵与李香香》到《菊花石》蝉联下来的对长诗创作的可贵探索精神。

1954年,正是执行和完成我国第一个五年建设计划的第二年。在农业战线上,全国广大农民已经开始在互助组的基础上,成批地组织成农业合作社,并且酝酿着一个新的走向高级社的社会主义群众运动高潮的到来。在工业战线上,为了迅速改变我国工业落后面貌,特别在重工业建设上,突飞猛进、日新月异。在旧中国遍身疮痍的地方,新兴的钢铁、煤炭、石油等工业基地竞相飞长,相继兴建,新型的工人阶级队伍,也在成长、壮大。但是,与这种欣欣向荣的建设事业比较起来,文艺作品,在反映当代生活,特别是直接涉及新兴重工业建设题材的大型作品,尤其是长诗,就不多见了。李季的《生活之歌》首先在这一方面就具有积极的现实意义。它也是新中国成立后我国社会主义建设初期,以长诗的形式反映石油工业建设这一崭新、重大现实题材的第一部长篇叙事诗。

诗人把一个具有初中毕业文化水平的青年工人赵明,作为自己作品的主人公,这对于长诗企图反映在新兴工业建设中所提出来的一系列现实问题的展开,提供了极为广泛的可能性。以赵明为代表的青年工人,为了进行各种各样的新试验,创造出一套新的采油方法,首先碰到的就是与旧职员出身的哥哥的思想冲突,他不爱惜国家资财,不肯用报废的器材,不支持工人们的创造发明;其次,要进行大规模工业建设,要大搞创造发明,对于一些热情很高、经验不足的青年工人来说,首要问题在于学习,不仅需要从书本上学,而且更需要向老师傅学习。这一点,在长诗中是通过赵明与尚师傅的亲密关系,体现出来的;第三,随着形势的发展,适应于生活的需要,祖国无限广阔的工业建设领域,等待年轻人去开拓。这正像长诗在"并非最后一章"里所描写的那样:在建设中成长起来的赵明和一群年青的工人,又踏上新的生活征途。汽车满载招手高呼"再见"的年轻人,在我们的视野中远去,却留下了他们热情的歌声:

> 我们的年纪,正是生命的春天,
>
> 宽广的道路,展示在我们面前。
>
> 我们要用双手建设起无数幸福的巨厦,
>
> 我们要用劳动去开采那数不清的油田。

《生活之歌》不仅保持了李季诗歌作品的一贯特点:精神焕发,热情昂扬,字里行间响彻着前进的召唤,洋溢着青春、幸福和力量,甚至这一特点在《生活之歌》里,还得到了更高的发扬。所以,当这首长诗发表后,立刻便鼓荡起许多青年读者的心。其中的某些篇章,尤其是开始的"楔子":

> 年青的朋友,

请你告诉我：

在我们充满阳光的生活里，

你曾经幻想过什么？

那饱含鼓动性的诗句，竟如同长上翅膀，在成千上万的青年中间飞翔，鼓舞起了他们不怕艰苦，不畏困难，勇敢地走向生活的信心，也激发起了他们对生活的无限热爱和远大理想。

《生活之歌》是一首青春的颂歌。

以上所述，我觉得都是值得我们肯定的。

当然，长诗在情节结构上，的确"没有一个能够讲得出来的动人的完整的故事"，但这是否就构成导致失败的严重的缺点，却需要进行细致的、具体的分析。《生活之歌》通过赵明的活动，我们还能够感触到有一条中心人物的行动线，连接于一章与一章之间。由一个哲理性的序诗式作开端，引出在去油矿路上的赵明，最后仍由赵明奔向另一新建设岗位作结尾，使长诗前后呼应。但长诗的每一章为什么在一定程度上，又给人以仿佛可以独立存在之感，就像从生活中摄取的一组镜头的连缀，它们之间的内在联系，并不是十分密切无间呢？我想，问题主要发生在以下两个方面。

在长诗创作的基本构思中，诗人离开了写作《王贵与李香香》时所坚持的，通过富有鲜明个性的主要人物的行动，来展开故事情节，而把注意力过多地停留在一个个静止的生活场面上。并且，一般说来，叙述多于描写。因此，主要人物赵明的性格，在长诗中没有得到更内在、更具体、更可信地揭示和发展；即使在每一章里，赵明的性格刻画也很浮面。在这部尝试反映新老工人结合，进行创造发明的长诗里，诗人也仿佛有意识地避开了对一些纯技术性的术语或操作过程的叙述，但过于害怕地离开了这些，主要人物的行动就失掉了许多丰富多彩的生活依据；同时，全诗高潮在"小数点"一章出现，也显得仓促、突然、气势不足。另外,长诗中的叙事和抒情表现,没有达到有机的完整的统一。"争吵"、"两个穿老羊皮大衣的人"、"夜话"等章,偏重于静态的生活场面的叙述,并且人物间冗长的谈话代替了对人物的行动描写,所以人物的性格、风貌就没有机会得以更为广泛的展示。"油矿之夜"这一章,又完全是一首可独立于外的抒情诗,它使我们想到曾在《玉门诗抄》中的《我站在祁连山顶》和《我们的油矿》等短诗中见过。这也许是一个并不偶然的现象,假如把《玉门诗抄》和《生活之歌》参照互阅,我们就不难发现,长诗《生活之歌》,实质上是在《玉门诗抄》的许多短诗的创作构思基础上的融汇:从厂长(《厂长》)身上,我们看到了石书记的原型;《红头巾》中的年轻姑娘,发展成长诗中秀英;而《师徒夜话》也为长诗"两个穿老羊皮大衣的人"和"夜话"两章的构思做了准备。总之,以《玉门诗抄》的二十几首短诗,作为一部长篇叙事诗的创作构思基础,在写作时间上,又是紧紧衔接的同一时期,显然是很单薄、匆促的。因此,在诗体结构上,特别在叙事与抒情表现上,没有得到有机而完美的融合,就是很自然的事儿了。

四

在总路线的光辉照耀下,1958 年, 曾是我国国民经济各部门全面跃进的一年,也是诗人李季诗情迸发,创作丰收的一年。在 1957 年政治斗争胜利的思想基础上,铭记着党的谆谆教导:"文艺家'必须和新的群众相结合','必须到群众中去,必须长期地无条件地全心全意地到工农兵群众中去,到火热的斗争中去'。只有这样,文艺工作者才能彻底改造自己的思想,使自己成为工人阶级的忠实战士,成为劳动人民的出色歌手。"①诗人来到甘肃,重新投身于意气风发,干劲冲天

---

①《人民日报》社论,1957 年 11 月 12 日。

的群众生活海洋，与广大工农兵群众同呼吸、共命运。于是，诗集《玉门诗抄》二集、《心爱的柴达木》，与诗人闻捷合写的两册报头诗集：《第一声春雷》《我们遍插红旗》和长诗《三边一少年》就成为这个丰收年的一大批肥硕果实。其中以五八年开始写作到次年年底完成的长篇叙事诗《杨高传》（包括《五月端阳》《当红军的哥哥回来了》《玉门儿女出征记》等三部）最为突出，尤称力作。

三边和玉门，在诗人十几年来的创作中，曾是两条奔腾不息的生活和诗的长河，是诗人生活和诗的源泉。如今，在大跃进的 1958 年，这两条长河，两个源泉终于自然地合流了。从这个意义上讲，《杨高传》也可以说是诗人从《王贵与李香香》开始，十四年来诗歌创作道路的自然而合理的总结。

> 我和这个年轻人，
>
> 同年出生同一个命运。
>
> 我们俩在一起二十年，
>
> 喜同喜忧同忧共度艰辛。

说明了诗人对长诗主人公的熟悉、了解，更反映出了诗人对杨高这个英雄形象漫长的构思和思想孕育过程。在此以前，我们可以在诗人的几部长诗和几百首抒情短诗中，看到杨高性格的某些特点在不同人物思想上的体现，或者说，它们都或多或少地在为《杨高传》进行创作准备。但从这部新型叙事诗中所概括的革命思想深度，所展示的革命历史幅度，以及拥有的复杂、曲折、充满革命英雄主义的情节，特别对杨高这个完整、丰满、高大的英雄形象的创造等等几个方面，都标志着这部长诗是诗人的创作上的新收获和新发展。

《杨高传》堪称之为一部篇卷浩繁的革命英雄传奇故事诗。主人公杨高战斗的一生和性格改革发展史，不但与第二次国内革命战争、抗日战争、解放战争以及革命胜利后的经济恢复和第一个五年计划初期等等革命历史时期紧密相连，而且反映出了在激烈的阶级斗争中某些重大的政治事件和革命生活场面：刘志丹在陕北三边闹革命、红军长征北上抗日、太行山之战、延安保卫战、中华人民共和国成立、玉门油矿的初建等等，显示出革命力量从小到大，由弱到强，以至取得革命胜利的曲折发展过程；同时，他的独特遭遇和命运，又有极大地真实性和典型性。在党的教育下，在斗争烈火中锻炼成长的无产阶级革命战士的本质特点，在杨高身上，得到了集中的概括和有力地反映。

是党在自小就有反抗性格的杨高心灵上，点燃起革命的火种，也是党在革命队伍里和阶级斗争中，把杨高培养成一个自觉的无产阶级战士。他的自传是用以下四句写成的：

> 我说没家就没家，
>
> 我是党和红军把我养大。
>
> 心里边就知道有个党，
>
> 党说啥我干啥没有二话。

当他在十三岁时，就以不平凡的沙梁上的战斗，经受住第一次战火洗礼，机警而巧妙地逃脱掉敌人的追捕和盘问，完成了把信送到草地的艰巨任务。在少年时代与刘志丹的一场谈话，更促进了他阶级意识的觉醒，他认识到：

> 闹革命我摔了讨饭碗，
>
> 撩下了烂皮袄刺条一根。
>
> 参加了红军才懂得，
>
> 世界上还有着千万穷人。
>
> 一看见红旗就有劲，
>
> 要解放要翻身要为穷人。

> 只要大家一条心，
>
> 跟着党就一定能够翻身。

从此以后，在新民主主义革命时期，始终站在对敌斗争的最前线，出生入死，勇往直前。在横山之役、黄烟洞保卫战、二区突围等数不尽的战斗中，在身负重伤，陷入敌营，受到威胁利诱严刑拷打等生命攸关的严酷考验面前，杨高的英雄性格，都绽放出耀眼的壮丽的花朵。更令人感动的是：

> 我是个残废这不假，
>
> 为了党我留下遍身伤疤。
>
> 骨折肉烂心不碎，
>
> 我这颗鲜红的心还没挂花！

杨高把这种对党的赤诚和坚定的革命信念，从民主主义革命一直带到社会主义革命和社会主义建设时期。他脱下军装，戴起铝盔，永远保持着旺盛的生命力和革命干劲，在祖国新兴的石油工业建设战线上，杨高和自己的亲密战友们又投入了新的战斗。

像以前几部长诗中对英雄形象的创造一样，诗人对自己的年青主人公充满发自内心的挚爱和热烈赞颂。这种诗人与作品主人公精神上的契合与交流，就使得诗人能从心灵深处，揭示出主宰人物这样或那样行动的心理因素，并在此基础上，大胆地创造出比现实生活"更高、更强烈、更有集中性、更典型、更理想，因此，就更带普遍性"的高大英雄形象。杨高的一言一语、一举一动，他内心燃烧着那股百折不挠、永远向前的惊人的精神火焰，都能够在一个思想根源上，寻到答案，那就是为了革命，为了党。因而，把一切献给党，献给革命事业；让生命的灿烂花朵，在不断斗争的革命道路上开放；把无产阶级的革命红旗，高高举起，直到共产主义。《杨高传》这一基本主题思想，在杨高战斗的一生中，也就得到了完满的形象的体现。

创造出我们时代新英雄人物形象，是社会主义文学艺术所肩负的光荣任务。杨高可以说是正是属于这一类成功的新英雄人物形象之列的。但是，这首长诗在新英雄人物创造上，给我们提出了两个值得引起重视的问题。

首先，在塑造杨高这个英雄形象时，诗人仿佛有意识地在他的战斗生涯中，安设下一道道关卡，要他通过不但在精神上（就在他面前，敌人残杀了端阳）更多的是肉体上一层又一层的折磨和严重摧残，诗人几次强调出他"浑身瘦成一捆柴，那张脸像涂了黄蜡一样"，"眼窝深陷脸皮黄，头发像戈壁滩落满白雪，脚后跟只冻得流淌鲜血"等等外型上的改变。这样固然能反衬出杨高"虽说残废身体坏，可是他却像座不烂金刚"性格的坚强，但因此而忽略了对英雄人物某些更内在的精神的深广开掘，不能不或多或少地削弱了英雄形象更大的鼓舞群众的力量。

另外，与长诗所概括的广阔的历史时期比较起来，在整个作品的人物形象塑造上，就显得有点单薄，气势不足。特别从头至尾，贯穿于长诗三部中，我们只看到一个中心人物杨高在行动、在发展，而能与杨高相辉映的其他人物，只有端阳与王春洪，而前者主要是在第二部《当红军的哥哥回来了》，后者只是在第三部《玉门儿女出征记》中，才得到较细密地刻画和较充分地表现。诗人没有把杨高放置于几个有血有肉的并活动于全部作品之中的其他人物中间，从他们各式各样的生活联系中，从他们的性格对比和相互影响中……去进一步使作品的英雄主人公更丰满、更充实、更立体感地站起来。这不能不说是长诗的一个美中不足之处。

崔端阳在《杨高传》里，是一颗最明亮、最灿烂的星，闪烁在革命斗争处于最剧烈、最艰苦的黎明前的夜空。

我们第一次结识她虽然还只有八岁，但生活的一次偶然巧缘，却使她与十三岁的小红军杨高的命运永远纽结在一起。在《五月端阳》的"养伤记"中，通过端阳母女呕尽心血地昼夜护理负伤的杨高，传达出多么动人的军民感情：

> 老妈妈和端阳守着他，
> 昼夜里提着心坐在炕边。
> 掰着嘴拿调羹喂开水，
> 不住地摸前额试验冷暖。

> 看着他翻身伸胳膊，
> 母女俩对着笑心里喜欢。
> 若见伤势重出气慢，
> 两颗心就好比针扎一般。

> 妈妈给伤员补衣裳，
> 小端阳坐炕边学做针线。
> 缝一针来看一眼，
> 老妈妈恨不得把亲儿叫喊。

但是端阳性格的完整发展，主要还是在第二部《当红军的哥哥回来了》。在边区支援前线大生产，男耕女织喜洋洋的热烈生活氛围里，在内心充满对杨高夜以继日的刻骨思恋中，诗人表现出端阳性格的一种鲜明特色，就是边区生活的投影和少女心灵的柔情在端阳身上是统一的、和谐的，因此，才能显示出她的性格美所拥有的全部蕴涵和感人的精神力量。开荒劳动中获得红旗，受到赞扬，在她的心里涌现出的是这样感情：

> 心里越想高兴，
> 一遍遍把杨高念在嘴上。

　　这都是因为想着你，

　　念着你的名字就有力量。

甚至由初四五的月牙儿所引起的联想，也是"要是行军照亮路，打仗时鬼子兵无处躲藏"，"要睡你就好好睡，休息好精神足再打胜仗"。就是从端阳的这种深挚革命情思中，我们已经可以看到后来的严词骂舅，风雪夜追，以至于在血染黄沙前，能慷慨高呼出：

　　三边的男子英雄汉，

　　三边的女儿铁一般！

　　哥哥你永远不低头，

　　让我们用鲜血迎接明天！

这正是端阳性格合情合理的必然发展。端阳牺牲了，没有来得及迎接即将到来的革命胜利的曙光，但她的生活接力棒却没有放下，由另一个曾与她共患难同甘苦的少女接续了下来。她就是后来《玉门儿女出征记》中的桂叶。

　　在《当红军的哥哥回来了》中，诗人成功地塑造出了端阳这个完整的少女形象，她是可以与十三年前诗人在《王贵与李香香》中所塑造的香香形象，相互媲美，同样光辉灿烂。和创作《王贵与李香香》时一样，诗人为端阳献出了整个长诗第二部分的最优美的抒情篇章，如"姑娘的心"、"又是一个五月端阳"、"军鞋图"、"风雪夜端阳追杨高"和"最后一个五月端阳"等章。

　　长诗《杨高传》的革命英雄传奇性，还表现在诗体情节结构特点上。文学作品的故事情节，用高尔基的话来讲，就是"某一性格、某一典型的成长的历史"。诗人为了在广阔的时代背景上，突出长诗主人公那不平凡的曲折复杂的"成长的历史"，充分揭示出主人公精神世界的壮丽和革命英雄主义，于是吸取了古典章回体小说和传统说唱文学的某些表现手法，采用了在北方民间广为流行的民间说书的叙述方式,使本来就是一个从群众中产生的革命战士,又通过群众所喜闻乐见的艺术形式再现出来,这样,被内容所决定了的形式本身,就特别富有群众性和艺术独创性。民间说唱艺术的特长,就在于能敷衍故事,制造波澜,渲染情绪,也能疏密相间,所谓"有话即长,无话即短"。读着《杨高传》,我们自始至终都会被长诗那娓娓动听的亲切叙述,那急骤多变的情节发展,那朗朗上口的语言节奏所强烈吸引,使我们仿佛又回到了童年时代,沉醉在夏夜的园场上,听民间艺人说书时那种入迷的心境。从主人公由远景渐次推向近景的出场介绍开始:

> 先不说五月节难过,
>
> 众乡亲请抬头向正北看。
>
> 黄河滚滚似海浪,
>
> 沙梁上走过来一个少年。

这个"缺爹少娘实可怜,没孤苦伶仃没秧苗"的"羊羔"的命运,就成为我们注意力的焦点,并且控制了我们的感情。此后,一会儿,我们为他胜利完成任务而欢喜;一会儿,又为他深陷敌营、身受重伤而担忧……长诗有着许多在这类英雄传奇故事中几乎是不可少的充满偶然性的故事情节,但与那些以情节的巧合与离奇取胜的作品根本不同,《杨高传》的这些情节都是从社会生活的复杂性和人物心理的可信根据出发,再加以概括和提炼出来的。因此,它不但不给人以虚伪、突然之感,反而正是在这种看来好像是"无巧不成书"的情节里,却包孕着推动故事情节起伏,也往往可以从这里找到它的动力或源泉。比如,崔端阳母女,一直等待杨高的来信,可是杨高白费周折托人带来的一封信,却落到端阳黑心舅舅胡安手中。于是,这封信便像投进湖水里的一个石块,激荡起层层叠叠的波纹,引发出舅舅逼婚,端阳怨,风雪追杨高等一连串节外生枝的故事。又如,在《玉门儿女出征记》

中,为了安排杨红志(即杨高)与桂叶那场充满戏剧性和抒情气氛的会见,诗人颇具匠心地进行了一系列暗示:首先,黄局长提到"论年纪你似乎该结婚了,不知道你有没有对象";其次,偶然从一张"石油工人报"上,看到一个开车最好的女司机,名叫桂叶,"她是个转业的女护士,火线上救伤员立过功劳",把杨红志与桂叶间第一次联系起来;第三,在一次火热的生产竞赛之后,杨红志乘车归矿,路上遇到一个"红头巾大眼睛闪闪发光"的开车姑娘,证实了自己的猜测。直到长诗接近结束,在西出阳关,又是一个中秋月夜中,桂叶才正面出场,与杨红志路遇,并为他们最后的美满结局,埋下了伏笔。

总括上述,《杨高传》在情节结构和语言上,正像茅盾同志所分析的,它是"采用了我国传统的说唱文字的章法,四句一组,一、三句为七言,二四句为十言,二、四句尾押韵。这样的章法和句法比'信天游'更能表现复杂的故事和人物,更能适应长诗结构所应有的开合和起伏。诗的语言,朴素而遒劲;不用多夸张的手法而形象鲜明、情绪强烈;不造生拗的句子以追求所谓节奏感而音调自然和谐,这都是李季的独特风格"[1]。不过读完全诗,掩卷深思,从更高的要求出发,在情节结构上,这部长诗仍有某些微疵。我觉得,诗人仿佛过于拘泥民间说唱这种形式,而没能对这种形式本身,进行更多地突破和革新。这个问题在用民间说唱形式的讲述时还不太突出,一旦变成文学作品却不能不引人注意了。主要表现在情节芜漫,不够精练,不能给人们留下更多的想象余地。正像钟嵘在《诗品》里所说的:"若但用赋体,患在意浮,意浮则文散,嬉成流移,文无止泊,有芜漫之累矣",也就是这个

---

[1]《反映社会主义跃进的时代,推动社会主义时代的跃进》,人民文学出版社,27 页。

意思。过程叙述过多,有些语言过于散文化,某些情节有重复,像《当红军的哥哥回来了》的"在敌人后方"一章中,杨高带领三人侦察敌情,遇险负伤的情节,就与《五月端阳》中"勇敢的人"和"遇难"两章雷同,这是导致长诗不够精练的原因。在这一方面,《王贵与李香香》的创作经验,还是很值得总结并加以吸取的。另外,三部长诗在艺术质量上不够平衡。记得契诃夫在谈到长篇小说的写作时说过:"为了建筑长篇小说,就一定得熟悉使一大堆材料保持匀称和均衡的法则。"对于一部完整的长篇叙事诗作,保持其思想和艺术质量上的匀称和均衡,同样极为重要。在《杨高传》的三部之中,比较起来,《五月端阳》与《当红军的哥哥回来了》比《玉门儿女出征记》要好得多,更能体现出李季新的诗歌创作水平。《玉门儿女出征记》有明显的匆促、粗糙痕迹。一些场面表现得热闹而漂浮,有些重要情节,如王春洪的思想转变,"什么是科学"一章中与大队长右倾保守思想的斗争等,都被轻描淡写,一笔带过。同类句型和韵尾的重复,更历历在目,如"把红旗高举上天"(118页)、"口号声震破了天"(119页)、"各队指标冲上天"(110页)、"把红志高举上天"(9页)、"战歌连天"(123页) 等等。在"好一个面熟的姑娘"一章里,22节88行,其中19行均押在"上"字尾韵。这些缺点,有待诗人进一步修改、加工,以便使长诗在已有的成功基础上,能再提高一步。

五

正当举国上下、万民欢腾,庆祝建国十周年之际,诗人李季通过诗集《难忘的春天》的编选,回顾了自己十年来所走过的道路。他说:

"当我检视十年间所写的作品时, 当我编选这本诗集时,却也不感到脸红。我已经竭尽我的全部才能、全部热情,写了,唱了。我没有虚度年华。我没有为那些微不足道的成就所陶醉。也没有在学习和实践的道路上，故意放慢脚步。"

——《难忘的春天》后记

由以上对李季诗歌创作的初步论述中，我们会更深切地体会到诗人这些话的每一句每个字的重量。如果从《王贵与李香香》算起，在十四年的创作生活中，诗人就给我们留下了长诗《王贵与李香香》《菊花石》《生活之歌》《三边一少年》和《杨高传》，短诗集《致以石油工人的敬礼》《玉门诗抄》一、二集以及《西苑诗草》《心爱的柴达木》和两册报头诗集《第一声春雷》《我们遍插红旗》（与闻捷合写）。通过这些长短诗作，一方面，清楚地标志出了在毛主席革命文艺路线指引下，一个新型革命诗人的日趋成熟过程；同时，也异常鲜明地显示出了诗人在生活、思想和艺术创作上所特具的一种基本精神：那就是使诗歌创作达到真正民族化、群众化的道路上，顽强探索稳步前进的精神。其主要特点，我们可以具体化为以下三个方面：

首先，李季的创作探索有深厚的生活基础，永远与深入生活、深入斗争这一根本前提紧密联系在一起，并以此为出发点，不断实践，努力向前。所以，他的创作，不仅散发着馥郁的生活气息，跳荡着强大的时代脉搏，而且或从大处落墨，简括的勾勒，或由细处下笔，一笑一颦一举一动，都能活灵活现地传达出革命人民的精神风貌和性格特征。于是一系列充满革命理想色彩的真正来自人民中间的英雄儿女群像：王贵与李香香，石虎子与报信姑娘，杨高与端阳，石厂长与王春洪，就在诗人笔下诞生了。李季的诗歌创作，正是遵循着毛主席的教导，首先从对人民群众的生活和斗争的观察、体验、研究、分析开始，再加以对群众创作，主要是民歌的消化和吸取之后，才为群众唱出一支一支朴素优美的歌来。他的反映三边人民生活的作品，是以在三边工作了整整三年，又收集了三千多首信天游作为生活和创作的基础的。当诗人在玉门做了一年半到两年的实际工作，从工作、生活，和思想感情上,把自己变成一个"玉门人"之后,才写出了那些关于玉门的优秀诗作。对生活永远满腔热爱,与劳动人民建立共呼吸,同欢乐的感情,就是李季的诗始终充满革命思想和理想的生活激情,真正达到与生活本身一样朴素的根本原因。

尽管诗人曾数次自谦地谈到"我是一个创作才能不高的人","我从来就不认为自己是一个具有充分写诗才能的人"。但是,在李季的创作中,我们还是能够发现诗人才能的闪光。李季的创作是受过生活的严肃磨炼,在非常忠实于自己的生活和内心体验的感情基础上,对自己所最倾心,同时也是感受最深的事物,反复吟叹、朴素歌唱。他的许多优秀的诗,都是献给那些诗人在生活中体验和感受最深的而又为新生活所不断丰富起来的人物,《报信姑娘》《难忘的春天》《三边一少年》《杨高传》就是这样的产物。因此,三边和玉门,几乎成了李季诗作的同义词,而"离开了三边、玉门的生活基础,我是很难写诗的,我的诗就失去了光彩"。诗人的这段自白,恰好也正说明了诗人的创作才能与生活的密切联系和直接关系。才能在诗人李季身上,不仅意味着勤奋,而且更标志着他对生活的深入和对生活的热爱程度。

其次,广泛性地采用叙述性的诗歌表现形式,并把这种形式与群众创作,主要是民歌的某些特长结合起来,加以变化、发展,又是李季创作探索的另一特点。这种情况的出现,是有着深远的创作思想根源和艺术表现根源的。

丰富的生活积累,复杂的革命斗争题材,更重要的是许多鲜明的活生生的革命英雄形象和他们的事迹,使诗人不满足于短小的抒情诗歌形式,而需要在较为阔大的篇幅上,通过一定的情节叙述达到展示人物的精神性格和高度诗意相结合的目的。因此,在李季的整个创作进程中,就呈现出这样一种有趣的迹象:他在一定时期内的短诗创作,仿佛是在积累,是在准备,其结果,就是以一首较大型的叙事诗作,作为总结性的出现。《王贵与李香香》与诗人对三千多首信天游的收集、整理直接相关,这且不谈;之后,《致以石油工人的敬礼》和《玉门诗抄》是长诗《生活之歌》的基础,从许多首关于三边英雄儿女的短诗中,也可以看到《三边一少年》的构思雏形,而这些关于三边和玉门的长诗也好,短诗也好,千江万河,波叠涛涌,最终在《杨高传》汇总合流了。所以,我们可以说,在李季的诗歌创作道路上,是以几部长篇叙事诗记录下了他顽强探索、稳步前进中所留下来的足迹。李季,主要的也还是一个叙事的诗人。

他的许多有代表性的叙述性诗歌作品,更确切些说,我们应该把它称之为诗体散文。有介绍性的发端和结尾交相呼应;有较完整的故事情节加以贯穿;有一个或几个人物的行动;有叙事与抒情的熔合。另外,在语言上,既顺应于一般口语的自然节奏,又能提炼到朴素、形象和纯真的美,这就是李季的"诗体散文"的特点。但是我们知道,如果对这种叙述性的诗歌表现形式,驾驭的不够纯熟,往往就容易流于内容一般,结构散漫,语言平庸,诗味浅淡的地步。在李季的某些诗作中,或多或少地也存在着这样一些弱点,这是值得诗人注意的。

从不间断地向群众创作,主要是向民歌学习,吸取营养,化为创作的自身血肉,使自己的诗歌作品不仅只限于形式,更重要的是在思想感情和内容上充实起来,使作品具有更深广、更鲜艳的民族化、群众化特色,这是李季诗歌创作群众观点的突出表现,也是李季的诗歌作品深为广大读者喜爱和欢迎的根本原因之一。在诗人的作品中最耀眼、最突出的,还是《王贵与李香香》和陕北信天游的关系。诗人对信天游的吸收、运用和创造性地发展,不但从艺术上,而且从作品的思想深度上,使《王贵与李香香》向前突进了一大步。

在本文第二部分对《王贵与李香香》的初步论述中,我们已经涉及信天游在这部长诗中的运用和发展的问题了,现在,我们可以在这一方面再进行些比较具体、详尽的分析。

在长诗《王贵与李香香》的创作中,诗人一方面把现成的信天游大胆地采用到作品里,但却不落痕迹,自然成章,给人以浑然一体之感,同时,更充分地显示出信天游不论抒情或叙事,都有它惊人的独到之处。这一成功的根本原因,就在于诗人对信天游有真正深刻的研究和精湛的理解,对它所表抒的人民群众的精神世界和思想感情,有深刻的体会。正像诗人在《我是怎样学习民歌的》一文中所说的:"如同相信劳动人民创造世界一样的,相信劳动人民的艺术创造才能。只有基于这种认识,才能对人民的艺术,对民歌发生爱情。也只有在这种时候,你才能像进入了童话中所说的宝山一样,惊叹民歌这个艺术宝藏的丰富无比了。"诗人正是在这一正确思想指导下,真正地把握住了信天游的感情实质和艺术表现特征,从而使它与自己的诗歌创作有机的结合并更加丰富起来。比如,长诗在写到"玉米开花半中腰,王贵早把香香看中了"时,接下去便是"小曲好唱口难开,樱桃好吃树难栽。"这样描写不仅自然,而且为赶羊的王贵与掏苦菜的香香相遇时的对唱,做了情绪上的呼应。又如,在王贵与香香互相表抒爱情的大段对唱里("掏苦菜"),诗人更大胆地原样不改地采用了在信天游中广为流传的词句:"马里头挑马四银蹄,人里头挑人就数哥哥你","烟锅锅点灯半炕炕明,酒盅盅量米不嫌哥哥穷","满天的星星没月亮,小心踏在狗身上"等等,在这里可以看出在故事情节的自然展示中,在某些特定情景下,信天游在感情表达上的热情、含蓄、形象和诙谐。如果说,信天游是一颗颗光彩夺目的珍珠,那么,诗人在长诗里却用香香对王贵的革命爱情故事这条红线,把它们精选而又和谐地串联了起来。

但是,另一方面,我们更能看到,诗人在原有信天游的艺术表现形式和思想含义上,进行了许多创造性的加工和提高。信天游在艺术表现上的一个突出特色是比兴手法。群众歌手在自身的生活经历中，在日常感情体验里，提炼出了无比生动、丰富、光华灿烂的比喻形象。尽管每首信天游只是短短的有限的两句，但却蕴含着难以探测的思想和艺术容量。它的含蓄、凝练、富有启发性，在很大程度上，正是取决于比兴手法的广泛运用。在《王贵与李香香》中，诗人就大量采取了信天游中已经广为流传过的比兴形象，但却能把它所衬托的下一句的主要思想，基于作品特定的情势的需要，予以丰富充实，加以变化发展。

在信天游里，"紫红犍牛自带楼，出门喜欢回家愁"[1]，只不过是表现个人的辗转愁肠和无限哀怨，但在《王贵与李香香》中，却变为"紫红犍牛自带楼，闹革命的心思人人有"。同样的比兴形象，但它所托寓的意义就更确切更鲜明。同样，我们还可以看到，一首极简短的信天游："情郎是水妹是土，和来捏做一个人"，在诗人手中，为了适应于作品规定情景和人物性格的要求，却发展成为一段多么激荡人心、优美抒情的文字：

> 沟湾里胶泥黄又多，
> 一块胶泥捏咱俩个，
>
> 捏一个你来捏一个我，
> 捏的就像活人脱。
>
> 摔碎了泥人再重和，
> 再捏一个你来再捏一个我；

---

[1] 严辰：《陕北民歌选》，鲁迅艺术文学院编。

　　哥哥身上有妹妹,

　　妹妹身上也有哥哥。

　　捏完了泥人叫哥哥,

　　再等几天你来看我。

更值得我们注意的是,诗人对信天游所体现的革命理想,有更进一步的提高。像"只要革命能成功,牺牲了我的男人要紧","你当你的红军我守我的寡,革命成功再到一搭",类似这些信天游中常见的主题,回响于《王贵与李香香》之中,就轰响成一种革命的强音:

　　不是闹革命穷人翻不了身,

　　不是闹革命咱俩也结不了婚!

　　革命救了你和我,

　　革命救了咱庄户人。

　　一杆红旗要大家扛,

　　红旗倒了大家都遭殃。

这就是说,闹革命不仅仅只关系到一两个人,而是所有的被压迫、被剥削的"庄户人"自己起来解放自己,创造自己的美好、幸福生活的问题了。

　　在民歌和古典诗词的基础上,创造新诗的民族形式,多方面地抒写和反映出革命人民的饱满的思想情感、斗争生活和远大理想,繁荣并进一步提高当前的诗歌创作水平,已经成为一个亟待解决的问题了。就以对待民歌来说,如何学习、研究;如何吸收、运用;如何加工、提高等等,一系列问题都是值得大力探索的崭新课题。但是,其中有一点,从诗人李季学习民歌的宝贵经验中,和在《王贵与李香香》里对信天游的成功运用、发展上，可以肯定地说对待民歌——其实是对待任何群众创造都一样，不仅在理论上，应该有正确的认识，而且更重要的是在"感情上认识了它"。这首先就要解决一个生活问题。只有真正长期地、无条件地、全心全意地投身于工农兵群众中去，真正在生活上与工农兵群众打成一片，才能在感情上与群众密切交流，从而获得在思想实质或艺术特征上去把握、领会群众创作的巩固基础。另外，也更直接牵扯到一个诗人的世界观和思想水平。只有站得高，才看得清，在浩若烟海的民歌中，才会有目的地、有卓见地集录、选舍、熔铸，把精华转化为自己思想和艺术中的有机营养，再以提高一步的形式，出现于自己的艺术创作之中。

第三，不仅仅在作品内容上和思想感情上接近群众，反映群众，而且在诗歌语言创造上，力求能充分体现出群众语言的特点，并以此去建立自己的诗歌语言风格，也是李季创作探索的一个方面。始终植根于群众之中，又是从学习民歌来开始学习写诗，因此，正像诗人所说的，这就给自己的创作"带来了很大好处"。李季诗歌语言的特色，就是：朴质、敦厚、清新、流畅，绝不过分地斧凿和矫饰，也不追求形式主义的欧化，它是从感情深处溢出，又顺应一般口语的自然节奏，然后再加以净化和提炼后的产物。因此，他的诗读起来朗朗上口，如行云流水，更富有民歌语言的生动性和形象性。

当然，语言特色的建立，绝非一朝一夕之事。在李季的诗歌创作中，也是有一个发展过程的。如果说，在第一部长诗《王贵与李香香》里，真正属于诗人个人所特有的风格和独创性的语言还不太明显的话，因为在思想表达和语言色调上，我们尚能更多地感到，那是"信天游式"。那么，通过《菊花石》《玉门诗抄》一、二集，到《杨高传》就逐渐形成并稳定起来。这种诗歌语言，不仅能以简洁的四行，刻画出一幅动人的生活场景。像：

　　　　大路宽宽一溜平，

　　　　运盐队活像是一窝窝峰。

　　　　唱着曲儿打口哨，

　　　　黑毛驴银蹄子四脚欢腾。

　　　　　　　　　　——"当红军的哥哥回来了"

而且更能惟妙惟肖地传达出生活中那些微妙的情和趣。像《当红军的哥哥回来了》的"军鞋图"一章：

　　　　两人心里都有话，

　　　　娘看女女看娘谁也不讲。

　　　　做好鞋帮绣红字，

　　　　月兰布红丝线分外鲜亮。

　　　　上绣"亲爱的八路军"，

　　　　下边绣"三边崔端阳"。

　　　　妈妈不识字眼又花，

　　　　低着头抿着嘴偷看姑娘。

　　　　"同志们在前方跑路多，

　　　　穿军鞋图结实谁管漂亮；

　　　　绣那些花花草草做什么，

　　　　再细法也还是穿在脚上。"

　　　　端阳一听红了脸，

　　　　又是笑又噘嘴躺在妈身上。

　　　　"明明我是绣的字，

　　　　哪是花哪是草哪是鸳鸯？"

都是既生动又形象,既接近口语又充满诗情画意的纯净的诗歌语言。

在诗歌语言上能真正达到群众化, 同时又能形成自己独特的语言风格,这对于一个诗人来讲,不但是在思想感情上和工农兵群众打成一片的直接反映, 而且也是在艺术表现技巧上走向成熟的鲜明标志。诗人李季在这方面,进行了许多有意义的探索,获得的实际成效也是极为卓著的。

从《王贵与李香香》到《杨高传》,诗人整整走过了十四年的创作道路。他始终坚贞不渝地铭记着党的教导,遵循着毛主席所指示的文艺方向稳步前进,这是诗人李季在过去一个阶段中全部生活、思想和艺术创作的基本特质。我们热切地期待诗人,在新的创作起点上,大步踏上更新的创作路程。

1962 春节 兰州

(《甘肃文艺》1962 年第 4 期;《谈诗和诗歌创作》, 甘肃人民出版社 1978 年)

讴歌生活的美和诗意
——闻捷诗论

在闪耀于诗苑上空的灿星中，几年前——一九七一年和一九七六年，有两颗不幸相继陨落了，他们就是著名诗人闻捷和郭小川。时至今日，每当我们回顾新中国成立以来当代诗歌的历史，都还为这样两位卓有才华、正当盛年的诗人过早离去而惋惜。他们中一个曾高唱：

> 我生活在这样的地方，
> 每天迎着太阳放声歌唱；
> 仿佛一只黎明的鸟，
> 唱出人们的激情和理想。

> ——《河西走廊行·献辞》

一个又唱道：

> 哦，谷穗熟了，蝉声消了，
> 大地上的生活更甜、更好了！

> ——《秋歌之一》

> 秋天啊，请把簌簌的风声喝断！
> 我的歌儿呀，唱了还不到一半。

> ——《秋歌之二》

从这些诗句，我们能够体味到，诗人尚有多少美好的感受、炽热的激情，正沸腾于胸臆而有待化为一首首壮美诗章呵！

可是,阴险、罪恶的魔爪,在妄图毁我整个民族文化的同时,也没有放过他们……

闻捷与郭小川,在当代抒情诗人中间,都是出色的;他们的诗作留下了我们时代的明显印记,但他们的抒情风格,或者说按自己的方式体验生活并通过独特构思传达感情的旋律的手段,却迥然不同。郭小川是一位生活哲理的赞唱者,他的诗在抒情中渗透着生活所启示给人们的思考,情感的宣抒往往带有政论色调。闻捷则是一位生活的诗意的讴歌者,他的诗在于深入开掘并表现出生活本身所蕴藏的无穷尽的美。从早期抒情诗集《天山牧歌》到后期长篇叙事诗《复仇的火焰》,他的整个诗歌创作历程,可以说都体现了这一鲜明风格特征。

本文试就抒情风格、创作个性问题,结合闻捷诗歌创作发展,进行一些初步探索。

一

一九五六年,闻捷把他的第一部诗集《天山牧歌》,呈现给广大读者。在建国不久的诗坛上,这本诗集不仅通过它所反映的新疆少数民族新生活风貌和天山南北的旖旎风光,在新诗题材上展示出一片重要的广阔的新天地,而且更以它特有的明丽、清新的抒情风格,引起人们的注意。出现在我们面前的,绝不是一个对生活与创作准备不足、更不是缺乏才能的平庸诗人,读过《天山牧歌》的人,都会留下这样的印象。事实也正如此,继《天山牧歌》之后,我们又陆续读到他的一系列诗作——后结集为《祖国!光辉的十月》。从一九五八年起,数以百计的报头诗、叙事诗《东风催动黄河浪》、组诗《河西走廊行》和长篇民族史诗《复仇的火焰》(第一、二部)相继发表或出版。它们凝聚着诗人的不尽才思和激情,像一束束鲜花,绽放在诗人走过的虽然短促但却富有生命力的创作道路上。

《天山牧歌》包括《博斯腾湖滨》《吐鲁番情歌》《果子沟山谣》《天山牧歌》《散歌》等五部分，共收三十七首抒情诗和一首叙事诗《哈萨克牧人夜送'千里驹'》。诗集满披诗情、富于灵感地给我们描绘出新中国成立后祖国边疆的维吾尔族、蒙古族和哈萨克族人民的新生活场景、新精神面貌以及他们对未来的理想，反映了边疆各族人民生活的巨大变化。

> 帐篷里扬起了笑声，
> 融合在淡黄的酒浆中；
> 帐篷里沸腾着掌声，
> 催促着客人放怀畅饮；
> 帐篷里响起了马头琴，
> 给客人增添了三分酒兴。

——《宴客》

读着这些绘声绘色的诗句，我们仿佛已置身散发出强烈草原气息的兄弟民族盛大节日般的生活中，分享着蒙古族牧人豪放又好客的性格所带来的欢乐，这里有紧张而又富有情趣的赛马场景(《赛马》)，有充满喜悦而又谐谑的婚礼场面(《婚礼》)，有对一代新人的诞生和戈壁上出现第一座新村的赞美(《斯拉阿江》《新村》)，还有大风雪中哈萨克牧民奋勇抢救羊群，对集体对祖国所表现的忠诚(《大风雪》)……我们多么惊喜于社会主义生活理想和道德情操，在少数民族间已牢牢建树起来。姑娘回答青年人的执拗追求是"那得明年麦穗黄，等我成了青年团员，等你成了生产队长"(《金色的麦田》)。青年人的理想更与开发祖国边疆，建设自己家园的崇高事业紧紧联系起来：

> 夜莺还会飞来的，
> 那时候春天第二次降临；
> 年轻人也要回来的，

当他成为一个真正矿工。

——《夜莺飞去了》

"去年的今天我就做了比较,
我的幸福也在那天决定了,
阿西尔已把我的心带走,
带到乌鲁木齐发电厂去了。"

——《舞会结束以后》

《志愿》一诗中林娜的理想,更表达出各族人民的心声:

她愿古老的蒙古民族,
人口一天一天地增添,
在这美丽的故乡,
实现共同的志愿——

牧场上奔跑割草机,
部落里开设兽医院,
湖边站起乳肉厂,
河上跨过水电站。

《天山牧歌》中比较突出的,是那部分描写青年人爱情的诗,这些诗之所以成功,是与诗人对少数民族生活熟悉、热爱,并在大西北民族民歌丰腴土壤上吸取营养分不开的。它们在抒情性的具有画面感的诗行间,表现着对人物心理的细腻刻画,极大地增强了诗意的蕴藉与抒情美;像《苹果树下》《夜莺飞去了》《告诉我》《河边》等诗,还运用诗句的重叠,音节的复沓,使诗歌语言回荡着一种音乐美。

你住在小河那边,
我住在小河这边,

你我心意相投，
每天隔河相见。

两个年轻影子，
映在小河里面，
该不是雪山尖上，
盛开了两朵雪莲？

《河边》的以上两节，就使我们联想到这样两首民歌：

你住在山东边，
我住在山西边，
天天想念你，
路近人儿远。

你在河那边，
我在河这边，
你若真心爱着我，
搭个桥儿也情愿。①

从抒情构思和艺术表现看，两者真有异曲同工之妙；不同的是，前者着重抒发了爱情得以实现后的幸福欢愉，小河是这种心情的见证，因为，只有新社会才使他们可能享受到生活的甜美；后者则着重表达了对爱情的渴念与追求，山、河是难以逾越的象征，因而我们听到在苦难生活重压下心灵的呻吟。

另外，在这部分诗里，爱情更被新的社会意义所照亮，具有社会

---

① 王沂暖编译：《西藏短诗集》，作家出版社。

主义时代内容和精神境界。《苹果树下》爱的追求,是与愉快的劳动交织在一起;《舞会结束以后》爱的表白又映衬以姑娘对祖国工业化的向往;而《追求》一诗,又在爱的倾吐中写出青年人对先进分子的无限爱慕之情:

> 你要我别在人前缠你,
> 除非当初未曾相见,
> 去年的劳动模范会上,
> 你就把我的心搅乱;……

正因为爱慕的动机是如此高尚,我们才会感到"你纵然把羊群吆到天边,我也要抓住云彩去赶;你纵然把羊群赶到海角,我也会踩着波浪去撵"这一表白是多么赤诚,多饶有生活情趣。

闻捷的第一本诗集就清楚地表明,他是一位生活美和生活诗意的热情歌者。体现在具体诗作,我们看到如下特点:

首先,他极擅长于把感情融汇于特定生活场景的抒写,因此诗中往往有一定的情节或故事性描绘,有一些极紧凑、跳跃性的画面或镜头互相连缀,通过这些赞唱人物的思想和言行的美,以及他们心灵的闪光。比如《赛马》,就通过一对热恋中的哈萨克青年在喜庆之日举行的赛马——"姑娘追"中一段叙述性插曲,生动而充满谐趣地刻画了年轻姑娘对青年的深情,他们对美好未来的憧憬。全诗描写、叙述交错,场面活泼、紧凑,真实地揭示出了人物的心理活动。

其次,闻捷还是一位在抒情诗中绘写风习画与风俗画的高手。在天山南北这样特定环境下,抒情诗中鲜明而突出的风习、风俗画面,不仅对表现生活和人物风貌是十分必要的,而且还有力地渲染并增强了诗作的民族、地方色彩。前人有所谓"山之精神写不出,以烟霞写之;春之精神写不出,以草树写之。故诗无气象,则精神亦无所寓矣"①。此言极是。属这类诗,有的像《远眺》《春讯》《晚霞》《大风雪》,诗作本身就是一轴色彩明丽的完整画幅。读着这些诗,最先在视觉上把我们导入历历如见的诗境,进而从情绪上触摸到饶有特色的生活脉搏的跳动。正是从

> 山洼里蒸腾着雾气,
> 积雪跟随它轻轻飞去;
> 草芽拱出湿润的地面,
> 吐露出春来的讯息。
>
> 来自东方的风呵!
> 连牧人的心都吹得发绿了;
> 宁静的部落忽地沸腾起来,
> 仿佛那解冻的山溪。

——《春讯》

这清晰似画、意境葱茏的描绘中,我们才会感受到牧人男女老少,为迎接游牧开始和母羊产羔时节来临那特有的蹦动、喜悦心情。也正是从草原上晚霞无穷变幻的美景中,才能进一步了解边疆牧民对草原、对家乡美好的大自然所拥有的一往情深。那是——

> 草原上的牧人哟!
> 爱恋这七月的黄昏;
> 你听! 是谁弹起三弦琴,
> 歌唱晚霞洞悉牧人的心……

——《晚霞》

---

①刘熙载:《艺概》,上海古籍出版社,1978 年版。

有的像《猎人》《金色的麦田》《送别》《信》《新村》《吐鲁番炎夏》等，又在诗的抒情进程中，自然地不落痕迹地勾勒画面，烘托人物，透露生活的呼吸。《猎人》一诗写到苏木尔大叔枪法的高超时，出现了这样亦情亦景、又凸显人物个性的传奇式场面：

> 芦苇遮断我的视线，
>
> 三声枪响传到耳边，
>
> 我在女主人眉梢上，
>
> 看到飞舞三次喜欢。
>
>
> 当他快马归来，
>
> 枪尖上挑着三只大雁，
>
> 我们回到帐篷，
>
> 那支香还冒着一缕青烟。

在《送别》一诗中，当写到苏丽亚送别新婚丈夫时，我们读到：

> 万依斯骑上青鬃马，
>
> 奔向太阳升起的方向，
>
> 苏丽亚伫立的地方，
>
> 山丹花开得更红更旺……

这又是一幅多么类似电影镜头的生动画面：有景，有情，有动的画面，更有像山丹花一样美的人！莱辛在他的《拉奥孔》中曾谈到，"诗人不愿仅能为人所理解，他所描绘应该不只是清清楚楚的。……诗人还要把他想在我们心中唤起的意象写得就像活的一样，使得我们在这些意象迅速涌现之中，相信自己仿佛亲眼看见这些意象所代表的事物，而在产生这种逼真幻觉的一瞬间，我们就不再意识到产生这种效果的符号或文字了"①。这也就是说,诗人应该达到这样的目的,读者要为诗中所呈现的清晰的事物形象或生活画面所吸引,完全沉浸在由意象所构成的真实的仿佛亲临其境的想象之中,以致忘记了这一切只不过是由文字所书写出来的。《天山牧歌》中不少诗篇,正有着这样的艺术魅力。

二

如果说《天山牧歌》反映的主要是新中国成立后边疆少数民族地区的新风貌,并由此而展示出生活的美与诗意的话,那么《祖国!光辉的十月》则是这一主调在更开阔的题材范围上的变奏。虽然这是一本不厚的诗集,收有诗人从一九五五年到一九五七年间的长短抒情诗作五十余首,但是从中我们却强烈感受到祖国强大的呼吸;对祖国工业建设者工人阶级,对正处于农业合作化运动中的农民,对保卫祖国海防的英雄水兵……诗人倾注了炽热的激情。

从西北边陲到东南沿海,祖国神圣、广袤的海疆,在诗人面前打开了一个充满灵感的新奇世界。他写出了《水兵的心》七首抒情诗和《彩色的贝壳》一组小诗。这些诗,表现了海军战士的革命英雄主义和渴望在保卫祖国的战斗中建立功勋的情怀,写出了海上号兵的自豪感和他们心灵的美好。对海上黎明的如下描写:

> ……
> 我们蜂拥地走上甲板,
> 伸开两臂,拥抱正在飞散的雾,
> 呼吸那捏得出水的风,
> 四处,回旋起豪放的笑声!

---

① 莱辛:《拉奥孔》,朱光潜译,人民文学出版社,第91页。

也说明诗人对海上生活有独到的细致体察。这些诗作,应该说有着与《天山牧歌》一脉相承的抒情风格。和《天山牧歌》不同的是,尽管《水兵的心》是以水兵,也就是以诗人所歌颂的对象为抒情主人公,可是除《白海鸥之歌》有一定情节性外,其余全部是敞开襟怀,直抒胸臆,通过诗中的"我"传达诗人自己脉搏的跳动。另外,顺应情绪节奏,在诗体结构上,大都把一首诗的"重音"或"顶点"放在结束一节,收到余韵缭绕、回味无穷的艺术效果。记得前人南宋沈义父在《乐府指迷》中说过,诗的"结句须要放开,含有余不尽之意,以景结情最好"。以景结情,《水兵的心》正是这样。第三,通过绝句式小诗形式,像组诗《彩色的贝壳》那样,从思想与意境上进行人生或生活哲理的提炼;这组诗,因景寄情,以小寓多,含义隽永。像:

> 海的颜色像初秋的晚霞,
>
> 刹那间可以千变万化;
>
> 渔家姑娘最爱海的本色——
>
> 蓝锦缎上绣几朵雪白的花。

壮阔的色彩,绚烂的意境,正寄寓着对劳动的赞扬与肯定;这是海的本色,更是对人民无穷创造力的歌颂。再如《水兵素描》,诗人避去对水兵面貌及形体的"实"写,而只捉住衣着("穿一身白浪碧波")、帽带("帽带上系着海风")和脸色("满脸是太阳的颜色")进行"虚"的形象遒劲的几笔勾勒,一位远航归来的水兵形象,通过我们的想象,就神采奕奕地站在我们面前, 它实际上塑造了一座我人民海军整体的英雄雕像。

与《水兵的心》及《彩色的贝壳》比较起来。诗集中关于工业、农业题材的诗,像《在矿井里》《钢的回音》《给贫农(二)(三)》《给社长》和长诗《祖国!光辉的十月》等,则逊色多了。它们有明显的理念化痕迹,感情的空泛损害了诗美。"咱们缺少什么,老社会关照;再有天大困难,党会来撑腰","咱们发展社员,分几批?吸收多少?要和支部通盘商量商量",如此语言,既平庸又嫌粗糙。我们会有这样的印象,闻捷的创作个性,倾向于或更能吸收富于浪漫色调和奇异风采的生活,一旦离开了它,诗情便失掉光泽而变得平凡了。

一九五八年,诗人与李季一起离京远行,奔向西北的甘肃。在当时那被称之为"大跃进"的年代里,诗人不能不感受到生活急流的冲击,我们也不会怀疑诗人当时的欣喜与振奋心情完全出于真诚。他说:"这是诗的时代。……在这样充满诗情画意的时代,每一个忠实于时代、忠实于人民、忠实于党的诗人,它的心脏能够不强烈地跳动吗?他的思想能够不飞快地前进吗?他的喉咙能够不放声地高歌吗?"①认真探索并实践着诗歌与党的工作、与群众的情绪更直接呼应起来的诗歌道路,于是出现了他的诗作最多产的一年。与李季一起出版了报头诗集《第一声春雷》《我们遍插红旗》;产生了叙事诗《东风催动黄河浪》以及包括八十多首短诗的《河西走廊行》;长篇叙事诗《复仇的火焰》(第一部《动荡的年代》)也在这一年构思成熟并进入创作过程②。

作为严于律己、热情谦逊的诗人,闻捷这个时期的创作,是那个时期生活的一面镜子,这不仅从文艺是生活的反映这一意义上讲,而且从激情表达方式的意义讲,也是这样。这些长短诗作,保留了那个时期的某些特定生活气息,从有些匆促但几乎是一气呵成的磅礴气势,更能感到诗人与群众运动的高涨情绪完全合拍。诗人确实生活在那样的氛围中,感情是真诚的,因为他与别人同样相信,成绩、数字可以振奋人心,豪言壮语能够鼓舞人们前进。因此,他配合新闻写诗,甚

---

①《诗的时代,时代的诗》,《文艺报》1960 年 13—14 期合刊。
②《复仇的火焰》(第一部),作家出版社 1959 版。

至急迫到报社编辑、通讯员就守候在桌旁,立等诗稿发排的程度。他歌颂四十个工人白手起家,制造引擎,自造汽车的成功;他仆仆风尘走遍河西,歌唱大炼钢铁,赞颂亩产万斤……这种热情和精神面貌是可贵的,但是我们不能不看到,当时盛行的浮夸、片面、形而上学的东西,也在诗中得到反映,它不仅严重损害了作品的真实性,而且直接影响了某些作品的艺术水平。事实有力地证明,一个诗人要有先进意识的指导, 但更需要再创作中保持并发扬自己对生活经得起考验的思索以及富有个性的抒情风格,即使进行探索,也不应该偏离这个轨道。《天山牧歌》成就之获得,恰恰在于诗人不是从一般流行的理念出发, 而是以敏锐捕捉并发现蕴藏在生活本身的真正的美与诗意为立足点,去运思构想,驰骋想象,刻意于语言形象化创造,而这一切又正是诗人体验最深、感受最切之所在。这样,诗作的时代气息与倾向性,就能通过整首诗的完美意象,自然地流露出来。应该看到,与某些缺乏生命力的作品同时,闻捷在这个时期也写有一些较好的诗作,这些作品正是遵循以上所论这一抒情规律的产物。

诗集《河西走廊行》里《朱总在河西》一辑,给我们留下了较深刻印象。这十二首诗是一个革命战士对朱总司令热爱和崇敬感情的真实流露,正如诗中所说:

> 我佩戴过"八路"臂章,
> 军帽上缀过"八一"红星,
> 我仍然按照部队的习惯,
> 亲切地称呼他:朱总!

这组诗也是较早的歌颂老一辈无产阶级革命家的诗歌作品之一。追踪在河西视察的脚步,诗人写出了朱总在飞机上,在麦田里,在玉门油矿,在干部、农民、大学生中间的言谈、举止,以精炼的笔触、诚挚的感情,从不同侧面,歌颂了朱总朴素、睿智、亲切地形象。

组诗《敦煌新八景》和《列车西去》中亦不乏优秀之作。甘肃河西走廊,自古以来有多少诗人在此抒发过豪兴逸致,又出现过多少千古名句!但悲怆、凄凉始终是这些作品的主题。"劝君更尽一杯酒,西出阳关无故人"、"羌笛何须怨杨柳,春风不度玉门关",就是这种心境的写照。新中国成立后,随着社会主义建设事业的发展,祖国这片昔日"边塞",也发生了很大变化,对此诗人做了诗情画意的描绘,抒写出由此而激发的丰富联想。《敦煌新八景》通过历史的追溯,景物的描写,主要用来烘托并突出今天社会主义现实的美好,从而也赋予古县所在八景以新意:

> 谁说这儿黄沙茫茫无人烟?
> 柳波、麦浪,涌向蔚蓝的天边,
> 在那坍塌的边墙内外,
> 新农舍像待发的船队扬起白帆。
>
> 阳关古道养护得又平又宽,
> 从早到晚卷着一溜不断的尘烟,
> 东去的原油车队来自柴达木,
> 满载歌声的汽车飞往当金山。
>
> ——《阳关遗址》

黄沙茫茫,阳关古道,已成历史的陈迹,翠绿的柳波麦浪,雪白的新农舍,急驶的车队,飞扬的歌声,柴达木的开发……所谱写的生活乐章,才为"敦煌第一景"注入新的生命。我们惊讶于诗人去陈翻新的创作才能。还由于《敦煌新八景》颇得唐人边塞诗的神韵,融古入诗,化为新声。像:

> 千缕炊烟笔直地挂在天上,
> 大地渐渐地沉入朦胧的梦乡,

> 这时候万家灯火忽地齐明，
>
> 又给敦煌换上珍珠缀成的晚装。
>
> ——《古城新眺》

竟使我们想到"大漠孤烟直，长河落日圆"、"平沙日未没，黯黯见临洮"等唐人名句，但这种浑穆、苍茫、悲凉景色，已为上引意境所取代。《敦煌新八景》《列车西去》中对乌鞘岭、万里长城、河西堡、疏勒河等地一系列剪影似的生动采录，堪称我们当代新边塞诗。这两组诗基本四行一节，四节一首，押双行尾韵，构思上很类似绝句或律诗的放大，比之《天山牧歌》中有些诗，更为匀称、凝练了。

诗歌创作需要植根丰腴的生活土壤，也更需要有饱满激情和使平凡、习见事物化为形象或清晰图景的表现力。富有个性的抒情风格的形成，又是与一个诗人的生活经历、思想素质及其创作构思的特殊方式，直接联系在一起的。诗人应该保持自己的抒情风格，发展与众有别的创作个性，只有这样才能获得作品的生命。从《天山牧歌》到《河西走廊行》的成败得失，都明白无误地说明了这个问题。

三

> 我从东到西，从北到南，
>
> 处处看到喷吐珍珠的源泉。
>
> 记载下各民族生活的变迁，
>
> 岂不就是讴歌人民的诗篇？

一九五〇年初，在解放不久的新疆巴里坤草原，曾发生过一场由帝国主义分子策划的叛乱。诗人说："七、八年来，这个题材一直吸引着我，我曾经多次想用叙事诗的形式把它写出来，但又一直不敢动笔"①。直到一九五九年初,这部题作《复仇的火焰》的长诗第一部,才脱稿写成;当时诗人满怀信心地预计,在两三年内写出它的第二、第三部。可是谁能想到,今天我们只能读到这部作品的一、二部了,它的第三部除个别篇章外②,连同诗人其他遗稿,已在那浩劫中只字罔存,在当代诗歌史上,这实在是一个悲剧,一大损失!

《复仇的火焰》是一部具有气象万千的民族生活画面,拥有史诗规模的鸿篇结构。整部长诗,诗人计划在一九四九年中国人民解放军第一野战军向大西北进军的雄伟、广阔背景上,主要通过对美蒋武装特务忽斯满的一次反革命叛变的描写,"记载下解放初期聚居在巴里坤草原的哈萨克人从怀疑、反对到拥护共产党的历史过程,记载下帝国主义者和民族反动派的幻梦和末路"③。诗人选取这一历史性题材的积极意义,不仅在于艺术的说明毛泽东同志关于"帝国主义者和国内反动派决不甘心于他们的失败,他们还要作最后的挣扎"论断的正确,而且这场席卷天山南北的风暴的平定,更雄辩地证实,人民是历史的胜利者,而一切反动势力都难以逃脱彻底失败的命运。

《复仇的火焰》也是一部有充分生活与创作准备的力作,从一定意义上看,在《天山牧歌》时期,就开始了这部长诗的生活和艺术上的积累;读着这部诗作,我们始终沉浸在与读《天山牧歌》时同样的诗美的享受中。事实上,它可以说是在《天山收歌》基础上的扩大与发展。这不仅因为同出自诗人对天山南北,对巴里坤草原,对新疆少数民族过去、现在年活的谙熟和深厚感情,而且在某些内容与抒情风格的一

---

① 《复仇的火焰》(第一部),作家出版社 1959 版。

② 《一支古老的歌——〈复仇的火焰〉第三部第五章》,《上海文学》1962 年 10 月;《故事在这里结束——〈复仇的火焰〉的尾声》,《河北文学》1963 年 2 月。

③ 《复仇的火焰》(第一部),作家出版社 1959 版。

致上，也反映出与《天山牧歌》中如《赛马》《爱情》《古老的歌》，《货郎送来春天》等抒情诗的联系。

但是，应该看到，作为一部具有民族史诗规模的多部叙事诗作，首先意味着，要扩大抒情短诗所无法容纳的那些生活现象与结构艺术的范围，同时还要努力探索能够承受主题深度与广度的巨大压力的特定诗体形式，注入作品构思所应有的以人物为主的叙事特征。正由于长诗在以上方面取得的突破，所以我们说《复仇的火焰》不但与《天山牧歌》紧相呼应，而且是在这本抒情诗集基础上的发展，是闻捷诗歌创作道路上的里程碑。

清人刘熙载在他《艺概》一书中曾说："伏应转接，夹叙夹议，开阖尽变，古诗之法"。《复仇的火焰》可谓深得"此法"，全诗云谲波诡，气象万千；它如同一阙扣人心弦的民族命运交响乐，在我们心灵间久久激荡。诗体结构基本以巴里坤草原那场反革命叛乱从策动、爆发直至最后被平定为骨架，概括并突出了世世代代生活在这片土地的哈萨克牧民的历史命运这一中心主题，通过他们由被压迫、受奴役，到怀疑、动摇，最后获得解放，成为草原新主人的曲折过程，热情歌颂了党的民族政策的胜利。在长诗第一、二部，始终贯穿着三股力量的错综交织，以任锐、巴彦拜克、沙尔拜为代表的中国共产党及党领导下的中国人民解放军，以布鲁巴、苏丽亚和巴哈尔等为代表的哈萨克牧民群众，以麦克南、忽斯满和阿尔布满金为代表的国内外反动势力。它们之间冲突、斗争、力量对比的消长变化，人物性格的逐步展示及其发展……就在巴里坤草原这广阔的富有民族色调的舞台上，扮演出一幕幕惊心动魄的命运悲喜剧。从诗人留下的某些提示和已发表的全诗《尾声》看[1]，在第三部，前两种力量已汇为浩荡的欢乐的洪流，解

---

[1]《复仇的火焰》第一部《后记》，第三部题为《觉醒的人们》。

放军和哈萨克牧民欢庆胜利，巴里坤草原升起新生活的曙光，而恶贯满盈的忽斯满匪帮，终于受到人民的严惩。

> 野战大军一直向西挺进，
> 哪管前面还有千万里路程，
> 前进！解放西北边疆，
> 前进！拯救各族人民。

> 千山万水和古老的森林，
> 处处留下人民战士的脚印，
> 日日夜夜沸腾着胜利的欢笑，
> 马达的吼叫、战马的嘶鸣……

长诗开始便展开一幅我第一野战军向大西北历史性进军的宏伟画面，随着故事的急骤发展，我们的视野，渐渐由广袤而集中，看到面临解放的新疆草原，已经充满种种尖锐矛盾与斗争。在第一部，叛乱的正面描写尽管尚未开始，但我们已清楚地感到风暴前夕大气中所弥漫的激动不安和人们心理上的骚动。诗人没有回避这场阶级交锋的尖锐与复杂性，特别由于直接涉及微妙、敏感的民族关系，就愈加增强了矛盾性质的深度。这首先表规在，长诗是在对敌斗争的全部复杂性上去刻画敌方，淋漓尽致地揭露出主要敌首——老牌特务、帝国主义分子麦克南与叛乱首领忽斯满的狡猾、阴险、老谋深算；他们正在密谋勾结，发动一场罪恶叛乱。另外，我们从逎曼部落头人阿尔布满金与贫苦牧人间的敌对关系上，也强烈地感到一种一触即发的紧张气氛，特别是发展到阿尔布满金对苏丽亚和萨尔琳进行残酷迫害时，这种紧张气氛更达到前点。这些都为情节的进一步发展，做了有力渲染和铺垫。

忽斯满匪帮的叛乱经过，构成长诗第二部的主要内容，也是全诗叙事情节的高潮。值得注意的是,诗人对整个第二部的安排,与其说集中于对叛乱本身作正面描写,倒不如说全诗重点仍放在反映草原的真正主人,广大牧民群众的命运上。作品的这种重点分寸的掌握,是非常重要而成功的,因为归根结底,正是这场叛乱教育了群众,擦亮了广大牧民的眼睛,一度被胁迫盲从的牧人纷纷脱离落鹰峡匪帮的控制,投向了解放的草原与巴里坤城。他们不但已经觉醒,像布鲁巴、叶尔纳、苏丽亚和萨尔琳等,还参加到为争取整个民族的解放而斗争的战士行列,即使像巴哈尔那样曾经彷徨在罪恶深渊的青年牧民,最后也投奔到自己亲人的怀抱。

　　一部以万行计的多部头叙事长诗,为要紧紧攫住读者,还必须与情节发展的内在要求相适应,掌握好故事内容的和谐以及跌宕多姿的节奏。《复仇的火焰》,在这方面也是比较成功的。比如第二部,写我军指战员任锐对敌情的分析与侦察,穿插进三访布鲁巴的传奇性描写,之后我们的视线立即被引向落鹰峡匪帮。那里乱作一团的敌人争吵、内讧,笼罩着失败前的惨淡乌云,而我们的年轻主人公巴哈尔仍在挣扎,徘徊不定。与此对照,紧接第三章出现了以七八百行浓墨重彩描写的沙尔拜与叶尔纳的婚礼,欢乐、雍雅、华丽,民族风味的对唱,伴之以对新生活的理想,构成长诗中风俗画面与抒情描叙融合的最精彩的篇章。第四、五章开始了对盘踞落鹰峡的忽斯满叛匪的总攻,结局是麦克南可耻惨死,忽斯满漏网逃逸,巴哈尔则"下定最后的决心"要重返巴里坤:这时"灌木林后闪出了一群人影,巴哈尔刚刚警觉地扭转身去,迎面扑来巡夜的牧人……"这一切既为第二部做了阶段性交代,又为第三部埋下令人悬念的伏笔。敌我之交错,战斗的枪声与婚礼的曼歌,牧民解放的欢乐与巴哈尔心灵的哀号,美丽、喧腾的巴里坤与狰狞、阴惨的落鹰峡……交相映衬,张弛错落,不但在内容上,而且也在情绪上造成强烈的节奏感,增强了长诗动人的魅力。

充分发挥叙事诗之所长，刻画并塑造出一系列性格鲜明的人物形象，是《复仇的火焰》的又一成就。在长诗人物画廊里，我们看到解放军步兵师长、哈密、伊吾、巴里坤地委书记任锐、骑兵团长巴彦拜克、解放军排长高志明以及哈萨克解放军班长沙尔拜；看到狡狯、诡谲的帝国主义分子麦克南、尤丽、反革命首领忽斯满、头人阿尔布满金。但随着故事的展开，越来越多的生活在巴里坤草原的普通而善良的牧民形象，却渐渐占据了长诗的主体地位，他们是布鲁巴大叔、法伊札大婶、叶尔纳、萨尔琳和苏丽亚等，而其中最主要也是性格最为突出、鲜明的，则是巴哈尔这个青年牧民形象。

巴哈尔一出场便极不平凡，那是在一场突发的大风雪中，被诗人用由远拉近的类似蒙太奇手法，引入我们眼帘的。

> 巴哈尔是只蓝色的鹰，
> 年轻的牧人魁伟又勇敢，
> 他那神奇的枪法百发百中，
> 嘹亮的歌喉震荡山川。
> 他像熟悉自己的身世，
> 熟悉这辽阔无比的巴里坤草原，
> 他能辨识草原上每一条小路，
> 辨识草原的每一眼清泉。

他镇定、勇敢，骑术精湛，深受伙伴爱戴。但是作为一个处于头人世代统治下这样特定环境中成长的年轻人，他的性格要复杂得多。偏颇、虚荣与自尊，曾使他因沙尔拜——他少年时代的好友，如今是解放军工作组成员的几句刺激性语言就动起武来，产生"自从你一拳将我打倒在地上，你就是我永生永世的仇人"这种可怕的复仇思想。但最突出的，还是当他与苏丽亚的爱情受到头人破坏，这个勇敢的山鹰像被一下子砍掉翅膀，狭隘的民族意识与头人虚伪的小恩小惠，竟使他为了"部落和仁慈的首领""愿意献出整个身心"。如果说在大风雪中，他把自己的命与其他二十几个牧民的命运紧扭在一起，并成为他们克服困难的鼓舞力量，而显示出精神世界的崇高，如果说他因苏丽亚悲惨、坎坷的遭遇而感动，"怜悯和憎恨的感情搅在他心中"而表现了他性格的正直，那么当他匍匐在头人脚下，表示作忠顺奴仆的时候，他思想的光辉便蓦地暗淡下来了。因此，他后来充满疯狂的渴望，卷进叛乱的漩涡，绝不是偶然的，那正像布鲁巴对苏丽亚所说：

> 你所钟爱的巴哈尔啊，
>
> 是那些受骗的牧人的典型，
>
> 民族偏见加上宗教的魔力，
>
> 使他们一时堕入迷阵。

走上叛乱的歧途，也就开始了巴哈尔艰辛的苦难的人生历程。他独特的遭遇是那样紧扣我们心弦，使我们自然地想道：如果在酝酿和创作这部长诗过程中，不是有栩栩如生的巴哈尔形象活跃在想象之中，不是饱含着诗人既惋惜又同情的柔情去创造这个人物典型，不是因其独特命运而深深激动，巴哈尔形象的魅力是绝不会产生的。巴哈尔应该属于新中国成立后长诗创作中许多成功人物典型行列中的一个。

巴哈尔在本质上是很善良正直的，他的心与穷苦牧民在一起跳动。他从小失掉父母，兄妹二人被布鲁巴带大成人，这更强化了他参加叛乱队伍后的内心矛盾和悲剧性。他不顾阿尔布满金的命令，扔掉短刀，放走沙尔拜与叶尔纳，既符合他的本性，更是他心灵不安、痛苦无告的反映。在作品第二部，特别是第二、五两章，诗人就是沿着这条心理线索，充分揭示巴哈尔不但在肉体，而且在精神上的苦难经历。在落鹰峡，眼见残暴的忽斯满把遒曼部落两名"逃犯"用马倒拖处死，巴哈尔"泪水却像长流不断的山泉，他亲眼看到同胞的惨死，无数的疑问涌心间……"这是他心灵上遭受的第一次冲击。英雄的高志明怒斥群匪、临危不惧的高大形象,曾唤醒巴哈尔的良知,他"为了我们过去那难忘的友谊,我将秘密保藏你的姓名",高志明的英勇事迹使他的心灵经受到又一次撼动。尤丽被阴险、淫荡的哈里调戏,又由哈里交给骑手轮奸,巴哈尔等不但被骂为傻瓜,而且身挨鞭抽……三次强力震撼,使巴哈尔濒临精神崩溃的边缘。理性苏醒了,良知在召唤。他向遥远的布鲁巴、叶尔纳、苏丽亚呼吁,"帮助我冲出这黑暗重重的山峪,跳出这阴风惨惨的陷阱……"。可是命运却阻止他迈开这决定性的一步,忽斯满、哈里和安尼毛拉再次以宗教意识麻痹了他的神经,他"礼谢忽斯满的恩德和指引","心头又燃起一股莫名的仇恨"。我们知道,直至第二部最后,在他奉派护送麦克南潜逃途中,"才下定最后的决心",开始了他命运的彻底转折。

布鲁巴大叔是现存两部长诗中唯一一个已经完成了的重要形象。他是巴里坤草原的见证,群众智慧的化身;对于这个重要人物,诗人同样倾注了无限挚爱的激情。首先,布鲁巴被赋予秾丽的民间传奇色彩,突出了他与民族与人民的血肉关系。他曾走遍天山南北,是一个多才多艺的民间歌手、诗人。在苦难岁月里,巴里坤牧民从他的冬不拉吟唱得到鼓舞与慰安:

> 牧人们听到他放声高歌,
> 便忘掉草原上千年万载的暑寒,
> 忘掉牧主的叱骂和鞭打,
> 忘掉饥寒痛苦的熬煎。

长诗特别通过任锐三访布鲁巴的动人情节,以摔跤能手和驭马英雄两个老牧人形象对其进行侧面烘托,在艺术上既造成"千呼万唤"之势,又加深了我们对布鲁巴过人的机智勇敢以及声名显赫的印象。布鲁巴性格的传奇性,应该说与长诗的基调是十分协调的。另外,作为老一代牧民的典型,他也有过一段特殊遭遇:早年到过乌鲁木齐,蹲过盛世才的监狱,更从同号房的共产党员林恒身上受到教育。他对生活充满希望,满怀信心,因此他比其他牧民站得高,觉悟早。当草原上风暴乍起,他就带动牧民最早投奔巴里坤城,后来又为解放军带路,在落鹰峡战斗中光荣牺牲。

> 哈里挣扎着清醒过来,
>
> 死盯住大石上挺立的巨人,
>
> 他咬牙切齿地爬向石壁边沿,
>
> 举枪瞄准布鲁巴的前胸……

从渺小的敌人眼中,给我们留下布鲁巴的最后一个英雄造型。

深感遗憾的是,长诗对布鲁巴形象的塑造,叙述多于描写,特别是充斥大量人物自述,以致掩盖了最能体现人物性格的行动,布鲁巴给我们总的印象是尚缺乏立体感。

《复仇的火焰》还为我们塑造了两个难忘的哈萨克少女形象,他们就是苏丽亚和叶尔纳。对苏丽亚,长诗着重通过她与巴哈尔的爱情,细腻而深刻地揭示了她对自由美好生活的追求,特别是揭示了巴哈尔出走后,她心灵上所经受的重重折磨、痛苦,感情上一次又一次的震荡。就在沙尔拜与叶尔纳举行婚礼时,我们读到,苏丽亚触景生情,孤独地走向月色朦胧的原野,她向大自然哭诉,向远方的亲人呼唤,向黑走马询问……她充满勇气,要立即驰向落鹰峡,"召唤亲人啊回草原"。此情此景,是那么感人肺腑;这场描写不只是写苏丽亚,也是在写巴哈尔,他的荒谬行径,也把家庭的幸福撕成碎片。对于叶尔纳,诗中尽管着墨不多,但与苏丽亚不同,突出刻画了她个性的明朗、热情、直率和坚强,这特别表现年在她对巴哈尔和苏丽亚关系的种种言行上,她据理与布鲁巴争辩,支持巴哈尔与苏丽亚的爱情:"哥哥呀!你大胆地爱吧!"因苏丽亚"有一颗善良温柔的心"这表明她对人对事爱憎分明。当苏丽亚被阿尔布满金痛打又锁进帐篷,而巴哈尔却无奈地躲走时,她怒斥"哥哥太无情",认为巴哈尔怯懦,"真正的哈萨克敢爱,敢恨,敢承担,决不把痛苦丢给别人……"这又表明她的正义感和满腔义愤。她衷心劝导哥哥救出苏丽亚,投奔共产党,逃向巴里坤城,更表明她有心计,有眼光,有胆识。总之,苏丽亚与叶尔纳是根据不同处境和遭遇从不同侧面塑造的两个动人的少女形象。她们有其共性,更富有鲜明个性,互相映衬,相得益彰,却如同两朵奇异芬芳的鲜花,开放在巴里坤草原上。

《复仇的火焰》诗体形式与《天山牧歌》《河西走廊行》属同一类型,四行一节,采用间行、亦即 AABA 或 ABCB 的式押韵,每行诗又多以四顿为基本格律,值得注意的是,总数以两部长诗,以如此节调与诗体形式,读起来却很少给人板滞、单调之感。原因在哪里?我想主要是:一方面长诗情节与整体结构紧扣人物命运,因此在叙事进程中,始终起伏着一种开阔跌宕、叙事抒情相交织的内在节奏;另一方面在接近散文化的语言中,有充分诗意的提炼,每节诗大都较形象,意象很完整,特别整部长诗都为诗人可贵的想象与激情所统贯,因而常常出现一些精彩的抒情片断,它是诗作情势发展自然涌出的有机部分,同时又构成诗中突出的优秀篇章;最后,顺应口语的自然节奏,长诗语言自然、通畅,不只一段一章,甚至全诗都给人以才情横溢、江河直下、挥洒自如、一气呵成之感。

> 海在放声歌唱,
> 歌声为什么这样响亮?
> 有一股暖流,
> 在它的胸中激荡!
>
> ——《彩色的贝壳·六》

闻捷——这位生活的美和诗意的热情歌者,离开我们已近十个年头了,但是他诗中的暖流,依然在奔流、激荡。随着岁月的流逝,时代的前进,我们还会传诵他优美的抒情篇章,用以激发我们对生活的爱,促使我们为美好的理想而敞开心扉,纵情歌唱……

1980 年年春节完稿

(《当代文学研究丛刊》1981 第 2 期)

谈贺敬之的政治抒情诗

> 我要唱呵，
> 我要写。
> 在这欢庆的
> 锣鼓声中，
> 在这祝捷的
> 不眠之夜……
> 用我止不住的
> 欢欣的泪水呵，
> 用压不住的
> 我滚滚的热血！

在举国欢呼华国锋同志任中共中央主席、中央军委主席，热烈庆祝粉碎"四人帮"反党集团篡党夺权阴谋的伟大历史性胜利的日子里，我们又听到了诗人贺敬之满怀重获解放的喜悦写出的，题为《中国的十月》的激情歌唱。

贺敬之是在毛主席《在延安文艺座谈会上的讲话》精神哺育下，在革命队伍中锻炼、成长的许许多多革命文艺工作者中的一员。他早在一九四二年前就开始诗歌创作了；新中国成立以后出版的诗集《笑》《并没有冬天》《朝阳花开》和《乡村的夜》，就收有他新中国成立之前所写下的绝大部分诗作。但是，他具有代表性的深受广大群众欢迎的作品，特别是政治抒情诗，却产生于新中国成立以后，这些基本上都见于诗集《放歌集》了。应该说,贺敬之诗歌的思想与艺术特色,也主要是通过《放歌集》得以突出和集中体现的。

一

革命的文艺,是人民生活和斗争在革命作家头脑中反映的产物,正是人民群众的生活和他们在马克思列宁主义路线指引下所进行的伟大革命斗争,对于革命文艺工作者,才是唯一取之不尽、用之不竭的源泉。因此,一个诗人怎样才能使自己的思想感情与发展的工农兵的生活一致,使自己的抒情基调与奔腾前进的时代永远合拍;怎样才能在社会主义革命和社会主义建设的伟大洪流中, 去感受生活的强大脉博,找到那最完美最适宜于表达无产阶级革命激情的方式,唱出时代的激动人心的主体和战斗的强音, 便成为进行诗歌创作所必须解决的重大课题。早在一九五八年,贺敬之在总结自己的创作实践经验时,就曾体会颇深地谈到这一问题。他说:"常常有这样感觉:当我在狭小的生活圈子内,脱离了波澜壮阔的现实斗争的时候,当我对斗争的神速前进步伐发出'这是可能的吗?'的疑问的时候,我的激情减少了,我的想象如此贫乏,甚至想写个神话题材也如此没有光彩。"①事实也正是这样。要解决好这个问题,必须遵照《在延安文艺座谈会上的讲话》精神,坚定不移地实践毛主席指引的文艺的工农兵方向,在放眼于新的人物、新的世界同时,敞开博大的胸襟,为革命和前进的生活放声歌唱。

从《放歌集》我们可以清楚地看到贺敬之诗作的一个重要思想特征。他始终以奔放的热情,嘹亮的嗓门,雄壮的音响,高唱出社会主义

①《漫谈诗的革命浪漫主义》,《文艺报》1958 年第 9 期。

时代人民群众的革命英雄主义和革命理想主义精神，反映出一种由诗人忠于党，忠于人民革命事业的思想而迸发出来的闪闪发光的时代感情。他的诗，大都及时地献给了比较重大的政治主题，如《放声歌唱》是献给党诞生三十五周年的，《东风万里》的副题就标明"歌八大第二次会议"，《十年颂歌》是歌唱建国十周年的，《三门峡歌》歌颂了祖国的大型水利建设，《雷锋之歌》热情歌颂毛主席的好战士，塑造了雷锋高大的英雄形象，《地中海呵，我们心中的海！》是为中近东民族解放运动的胜利而作……这些诗，不仅具有浓烈的战斗精神和突出的革命时代意义，而且表明贺敬之是一位极擅长于在诗歌艺术中掌握并驾驭重大政治斗争题材的诗人。他的政治抒情诗在艺术上具有鲜明的风格特色，那就是呈现于《放歌集》几乎全部诗作的那种思想和感情的概括异常广泛的宏伟构思与联翩想象。一方面，从社会主义祖国和无产阶级革命利益出发，从大时代的整体和革命浪漫主义激情出发，思想与艺术概括的幅度博大而深广；另一方面，在诗的概念与形象、议论与抒情、意境与想象之间达到完美的结合，缅怀过去，立足现实，更能面对未来。他的诗基调雄浑、豪迈、高昂，诗的形象高大、壮丽、飞动，在气势上，真如长河奔腾，江声浩荡，使我们感觉到一个革命诗人的战斗热情和对生活的高度热爱，而时代，也才有可能化为一片生机蔚茂、意气风发的精神力量，永远展示出他积极向上、明朗乐观的一面，焕发于诗人的作品中。

在《回延安》一诗中，诗人面对的是寻常见的故地重游、触景生情的题材，但这首诗的思想和艺术处理却很不一般化。"心口呀莫要这么厉害地跳，灰尘呀莫要把我眼睛挡住了……"这一别开生面的起首，就把诗人重返延安的急切而又激动的心情，形象地表达了出来。紧接着由眼前延安的发展，亲人的变化，这一步掀起感情的波澜，那是：

　　一口口的米酒千万句话，
　　长江大河起浪花。

　　十年来革命大发展，
　　说不尽这三千六百天。

说明革命的延安精神在今天正继续发扬光大，从而又想起"小米饭养活我长大"，"肩膀上的红旗手中的书"的过去，诗人像畅叙家常般地对延安倾吐出一行行荡人肺腑的诗句。从《回延安》我们能够看到，平易近人、朴质无华的语言，因着一个革命诗人感情的照射，会发生能量多么巨大的光和热。但是，这首诗的可贵之处，还在于诗人在处理这类抒情幅度非常广阔的重大题材时，思想贴而不粘，感情纵而不滥，在延安的今昔对比和巨大变化中，提炼并升华了主题，脱颖而出：

　　宝塔山下留脚印，
　　毛主席登上了天安门！

　　枣园的灯光照人心，
　　延河滚滚喊"前进"！

　　赤卫军……青年团……红领巾，
　　走着咱英雄几辈人……

　　社会主义大路上大踏步走，
　　光荣的沿河还要在前头！

这样要继承革命传统，争取更大光荣的时代强音。《回延安》，应该说是诗人早在一九四二年写出的《我的家》（见《朝阳花开》）一诗的进一步发展。

《向秀丽》的创作构思,更是从大处开笔,诗作开始,诗人的想象便在辽阔的祖国土地上纵横驰骋,以"长白山的雪花珠江的水,为什么祖国江山这样美?"等六行起势巍峨的几笔,勾画出一幅雄伟、壮丽的祖国背景,因而愈发衬托出英雄向秀丽生的伟大,死的光荣,人民优秀儿女的崇高革命精神境界,也就在它与整个祖国的社会主义建设事业和锦绣河山的英秀之气的内在联系中,在他与前辈革命者的战斗继承关系中,得到极为生动有力的展示。这种新颖、豪放的创作构思,甚至也表现在诗人对祖国自然山水的美感和艺术处理上。比如《桂林山水歌》,与精心镂刻桂林山水的自然美同时,又一往情深地流露出一个诗人——革命者对这种自然美的特殊感受,"画中画"、"歌中歌"的桂林山水,不仅能"入胸襟"、"入胸怀",使诗人"意满怀呵,情满怀",而且更能激动"战士的心",使战士"指点江山唱祖国"。山水美,革命战士的精神更美,于是在这首诗人称为"山水歌"的诗里,又想起了震荡于贺敬之几乎所有诗作的带有鲜明风格特征的主和弦:祖国的主题,人民的主题,革命要继续发展和前进的主题,转而放歌出:

> "呵! 桂林的山来漓江的水——
> 祖国的笑容这样美!"

> "红旗下:少年英雄遍地生——
> 望不尽:千姿万态'独秀峰'!"

> "呵! 汗雨挥洒彩笔画:
> 桂林山水——满天下! ……"

因此,《桂林山水歌》就绝不是一首一般的风景诗,它抒发出一个革命战士的心灵美,是一首充溢着无产阶级爱国主义的社会主义祖国的热情颂歌。在《三门峡歌》的《中流砥柱》一诗里,使人更能从"看满天烽火,听动地鼙鼓。遥指长城千里揭竿……井冈红旗飞舞!"这种深厚历史情感的回溯中,面对黄河新貌,想象凝聚成如此壮伟的诗意形象:

> 万里一呼——
> 为社会主义
> 立擎天柱!

细心的读者,甚至从诗人主要诗作的标题,如《放声歌唱》《东风万里》《地中海呵,我们心中的海! 》等等,觉察出他那与人有别的构思特点和想象。

由此可见,《放歌集》中庄严的党的主题,社会主义祖国和人民的主题,以及由此而洋溢于全部诗作的革命浪漫主义激情,豪迈的时代感,完全是由诗人对前进的时代和发展的生活有深刻的认识与理解,并且又能以自己的切身经历和独特感受使其得以丰富、充实起来;与诗人对特定生活题材的基本构思和广泛概括分不开的。这里,决定性的问题,还是诗人自己首先要是一个革命者,一个对沸腾的战斗生活和壮美的事业无限热爱、极端忠诚的人,一个在"社会主义的征途上",如同诗人在《放声歌唱》诗中所说的,"我呵,前进,前进! 永不停息"的人。

对于理解新中国成立后所形成的贺敬之诗作的这一思想与艺术特点,我们简略回顾一下他的创作道路,就更能说明问题了。

在诗集《并没有冬天》和《乡村的夜》,收有他四二年前和参加革命不久所写出的早期诗作,从中我们就能看到,有些诗思想比较朦胧,形象比较晦涩,语言有明显的欧化影响,因此在风格上是不稳定的。如像:

> 冷风吹过枯树的枝头,

　　夜，像一只破了的木船，

　　搁浅在村庄……

但是经过一段较长时间的群众生活和革命斗争考验，特别是毛主席《在延安文艺座谈会上的讲话》发表以后，通过歌剧《白毛女》的创作实践，开始显示出情感的变化在诗人创作中的新收获。接着开朗、明快、通俗、晓畅，紧密配合革命形势发展，记录下战斗生活的精彩片断，同时又把激情转化为歌声，通过歌词形式唱出来的新诗集《朝阳花开》，就更为《放歌集》的出现，奠定了坚实的思想与艺术基础。

二

　　我曾不只一次的碰到过这种情况：不少人特别是青年人能很流畅地把《放声歌唱》全诗背诵出来，并且大都能自然地把握住诗的情绪和语言节奏。起初，这一切情况使我惊讶；难道说这只是出于朗诵者的惊人记忆力，还是这首诗本身隐匿着一种其他什么原因？

　　直至目前，我们还能见到，有些短诗都是难以朗读的，更何况背诵。可是《放声歌唱》这首长达一千七百多行的政治抒情诗，却能琅琅上口，便于背诵，甚至可以说，这首长诗的战斗性、鼓动性，能激起读者心弦的广泛共鸣的"秘密"，正是要通过朗诵才能体现出来，这一特点，就不能不引起我们的注意。

　　一九六五年，在纪念中国共产党诞生三十五周年的日子里，贺敬之献出了《放声歌唱》这首脍炙人口的政治抒情长诗。横贯全诗的歌颂党的主题，社会主义的主题，祖国的过去、现在和未来的主题，以及由此而产生的宏伟构思与革命激情，是如何表现的呢？它的战斗性、鼓动性和适于朗读、便于记诵的效果，又是怎样获得的呢？

　　首先，长诗的诗体结构主线突出，层次分明，真正传达出了全诗磅礴的气势和高昂的革命激情。在构成全诗的五章中，第一章，抒写出诗人生活在伟大社会主义祖国的强烈幸福感，以及要放声歌唱的无尽渴望，这一章在全诗起着一种序曲的作用。第二章，从对一连串"为什么"和"千万个第一，第一，第一……"的由来的沉思中，引发出歌颂伟大的人民和"党！我们的党"的主题。在第三章，这一主题得到进一步的发展，诗人由对革命历史的回顾、今日胜景的巡视和美好未来的展望，结晶出这激动人心的诗句："……假如我有一万张口呵，我就用一万张口齐声歌唱！——歌唱我们伟大的壮丽的新生的祖国！歌唱我们伟大的光荣的正确的党！"一个在毛泽东思想红旗下，在无产阶级革命队伍中成长的革命者，亦即诗人自己参加革命的经历与切身感受，构成第四章的主要内容。这样既使歌颂党的主题得到更具体的深化，同时在全诗整体疾进、昂扬的气势上，自然地形成一种感情上的回旋和跌宕。最后，第五章，从党和社会主义祖国的过去和现在，满怀信心的展望更加幸福、充满胜利的明天。五个篇章，五个有机部分，真是气象万千，浑然一体，顿荡起伏，主线突显。记得清代袁枚在他的《随园诗话》中说过："诗虽奇伟，而不能揉磨入细，未免粗才，诗虽幽俊，而不能展拓开张，终窘边幅。有作用人，放之则弥六合，收之则敛方寸，巨刃摩天，金针刺绣，一以贯之者也。"他批评蒋心馀的诗，就说他"子气压九州矣，然能大而不能小，能放而不能敛，能刚而不能柔"[1]。《放声歌唱》是一首奇伟的诗，同时也是一首能"揉磨入细"、"放而能敛"、"刚中有柔"的诗，这从长诗的整体结构，也能看清楚这个特点。既顺应于情感的自然发展，主题得以在富有节奏地情势中展开，又在主题要求下，使激情与想象在诗体结构上得到积极呼应。因此，这首长诗就能收到易唱、易记的良好效果。

---

[1]袁枚：《随园诗话》上册，人民文学出版社，第83页。

其次,顺应于主题和宏伟创作构思的需要,尽管长诗涉及的内容范围异常广泛,从一个普通党员、一个支部,歌唱到党中央、毛主席;从"省港罢工的呼号声"、"南昌起义的鲜血"和"延安窑洞的不灭的灯光",唱到"踏破未来年代的每一道门槛",让我们的歌声"飞向今天和明天世界上的一切地方";从"我自己"在党的教育下成长的历史,唱到祖国的胜利和人民的解放……但是,全诗充满思想性的高度诗意概括,却始终聚集于一个中心形象,就是"正挥汗如雨!工作着——在共和国大厦的建筑架上"的伟大的党,因为我们的每项工作,每次胜利,"都在显现着——党的历史,党的光荣,都在活跃着——党的思想、党的力量"。

第三,直抒胸臆的政治抒情诗,要求作者在诗的艺术表现上尽量避免空洞浮泛的说教。在长诗《放声歌唱》里,诗人运用具体可感的语言形象来表达自己的政治激情和绚丽想象,从而在艺术效果上增强了主题的力量;长诗中,几乎可以说,紧紧跟踪于诗人的激情和想象,我们立刻便看到了具体的恰当的诗意形象。它们或是为了加重思想意义和感情色调而使其复沓,如"生活的浪花在滚滚沸腾……呵,生活的浪花在滚滚沸腾";或是为了表现时间的更迭和祖国的辽阔美好所引起的想象飞跃而使其并列,如"五月——麦浪。八月——海浪。桃花——南方。雪花——北方";或者为了让抽象的概念变得更具体可感而将之拟人化,"如'命运'姑娘,你对我们曾是那样的残酷无情,'历史'同志,你曾是满身伤痕、泪水、血迹……";或者为了表抒激情的昂扬和人民的力量而进行革命浪漫主义的夸张,如"未来的世界,就在我的手里!在我——们——的手里"等等。应该说,各种语言形象在《放声歌唱》那样参差波折的诗句里,尽管有时会给人以飞动跳跃、倏然而过的急促之感,但它能启迪我们在想象与联想的广阔空间里,去回味、补充并丰富这些形象之间的联系。因此这里仍然是一个有机的整体，有力地服务于歌颂党这一主题要求。

政治抒情诗——这是战斗的诗，鼓动的诗，同时也是朗诵的诗。《放声歌唱》体现了这一特点。

三

写于一九六三年的《雷锋之歌》，是献给毛主席的好战士——雷锋的一曲革命英雄赞歌，同时，也是一首具有鲜明政论特点的优秀政治抒情诗。从《向秀丽》（写于一九五九年三月十日）到《雷锋之歌》这首长达一千多行的长诗的发表，是诗人贺敬之努力遵循毛主席《在延安文艺座谈会上的讲话》的光辉教导，以抒情诗体形式积极表现工农兵，热情歌颂我国当代工农兵新英雄人物的重大收获。

社会主义时代的抒情诗歌创作，应该如同其它文学艺术样式一样，精心塑造并大力歌颂新英雄人物形象，让工农兵及各条战线的革命英雄的高大形象，也在抒情诗歌中站立起来。《雷锋之歌》不仅向我们提出了这个极为重要的问题，而且更通过具体创作实践，给我们回答了这个问题。

记得曾经有人这样说过，如果我们能仔细研究给诗人以启示的各种思想，那么，我们就有可能更深入一步地理解与把握诗人的创作艺术本身。对《雷锋之歌》来说，给诗人以启示的各种思想，又是什么呢？

长诗的构思线路显然是这样的：首先诗人是真正被雷锋这一毛主席的好战士平凡又伟大的英雄事迹所深深感动，而雷锋以及千千万万雷锋式新英雄人物的涌现，又是党的教育、毛泽东思想直接哺育的结果。因此在高昂的革命英雄诗的基调之中，始终贯穿着一条党、毛泽东思想和革命的红线；从这一基本思想出发，长诗又进一步对雷锋出现的社会条件和时代特征更深一层地开掘，对一系列重大政治性问题进行了剖析和议论,终于凝聚于一个焦点,那就是继续革命。因此,长诗就有可能把雷锋的赞颂,导向更高意义上的——

> 人,
> 应该
> 怎样生?
> 路,
> 应该
> 怎样行?

这样一个哲学的世界观的高度。雷锋同志是毛主席亲自树立的一面红旗,是无产阶级专政下继续革命的光辉榜样。要坚持革命,就要像雷锋那样,有憎爱分明的阶级立场,言行一致的革命精神,公而忘私的共产主义风格,奋不顾身的无产阶级斗志,永远站在党所领导的无产阶级专政下继续革命的伟大战斗行列之中。

获得给自己以启示的各种思想,是极关主要的;但是,对艺术创作来说,还是很不够的,因为思想并不等于艺术。从《雷锋之歌》,我们能突出感到,除此之外,更需要有对这种思想的深刻分析与提炼,以及能使思想转化成诗的意境与形象的推动力;这股巨大的创作推动力,体现在《雷锋之歌》里,就是诗人沸腾的革命浪漫主义激情。它的产生,用高尔基的话来讲,是"在健康的精神高涨时期所不可避免和必然的",它是一种"表现出积极地高呼走向生活、走向行动的浪漫主义";而且它的产生本身,就带有明确的阶级性和时代烙印。因为:

> 文艺工作者应该清楚地了解到:工人阶级与资产阶级之间的矛盾——是不可能和解的,只有前者的完全胜利或者后者完全灭亡,才能解决这个矛盾。从这个悲剧的矛盾中,从历史与工人阶级的任务的困难中,就应该产生积极的"浪漫主义",创造的热情,意志和理性的勇敢,以及充实俄

国工人革命家的所有一切革命的品质。①

从雷锋事迹这一特定题材出发,上升到对"人,应该怎样生?路,应该怎样行?"的严肃思考,以及对革命斗争,对社会主义时代,对抚育雷锋成长的毛泽东思想的热烈赞颂,这样,诗人就有可能,把高尔基所说的"积极的'浪漫主义',创造的热情,意志和理性的勇敢",还有通过雷锋精神所集中体现的无产阶级革命战士的"所有一切革命的品质"融汇在一起,因而无尽的创作想象与联想,也就应运而生了,借用长诗中的一节,就是:

> 呵!我看着你,
>
> 我想着你……
>
> 我心灵的门窗
>
> 向四方洞开……
>
> ……我想着你
>
> 我看着你……
>
> 我胸中的层楼呵
>
> 有八面来风!——

那么《雷锋之歌》是怎样通过抒情长诗的形式来塑造并歌颂雷锋的英雄形象呢?

对雷锋形象诗人不去做介绍性的过程叙述或详尽交代,而着重从英雄人物的高度思想境界进行广阔的构思与概括。祖国的过去、现在和未来;对"人呵,应该怎样生!路呵,应该怎样行","什么是无愧无悔的新人的一生"等重大世界观问题的探索及其答案;对阶级敌人的痛斥,对革命胜利前景和千千万万雷锋式英雄的诞生的欢呼……这

---

①高尔基:《我怎样学习写作》,三联书店1951年版。

几条粗大的红线在长诗中纵横交织,密切融汇,而站在它的中心点上的,就是闪耀着时代光彩的高大的雷锋形象。

对雷锋形象的具体描绘,诗人又主要利用长诗情势发展的适当时机,画龙点睛式地来几笔鲜明的勾勒。比如,表面看来,仿佛是过场性的闲闲一笔:"让我们紧紧地挽住雷锋的这三条刀伤的手臂吧!"实际上,这一句中却有着雷锋苦难童年的形象概括。又如,通过人物生活历程中的一事或一地的并列排比与急速过渡,富有特征地展示英雄性格的成长:

> ……从家乡望城
>
> 彭乡长
>
> 那慈爱的面孔,
>
> 到团山湖农场
>
> 庄稼梢头
>
> 那飘动的微风……
>
> ……从鞍钢工地
>
> 推土机的
>
> 卷动的履带,
>
> 到烈属张大娘
>
> 搂抱着你的
>
> 热泪打湿的
>
> 袖筒……

或者对人物的典型活动,只做一幅幅轮廓分明的剪影,如:

> 哪里需要?
>
> 看雷锋的
>
> 飞快的
>
> 脚步!

哪里缺少?

有雷锋的

忙碌的

身影! ……

或者捕捉住某些典型细节与事物,予英雄精神世界以象征性的比拟、衬托,使激情有所附丽,如:

雷锋,

雷锋,

我看见

在你的驾驶室里,

那一尘不染的

车镜……

我看见

在你车窗前

那直上云天的

高峰……

呵,你阶级战士的

姿态,

是何等的

勇敢,坚定!

你共产党员的

红心啊,

是何等的

纯净,透明! ……

这样,在长诗中尽管我们看到的不是连续性的情节发展,但通过这一系列突出而形象的情节片段的跳跃衔接, 却能有力地诱发我们的想象，一个综合起来的高大英雄形象，同样栩栩如生地站在我们的面前。

另外，在歌颂英雄雷锋时，诗人还极自然地把自己，作为革命战士的一员的认识和感受，熔铸进对长诗的基本构思和艺术表现之中。诗人无限激动地把雷锋比作"履历表中家庭栏里：我的弟兄"，但同时又"无比高大的长兄"。诗人的思想紧紧追逐着雷锋的高大身影，表示："我必须赶上前来！和你一起呵——奔向这伟大的斗争！"这就从另一个侧面，通过抒情主人公的自我与雷锋的直接关联，有力地表现出学习雷锋在我国广大群众中所产生的巨大影响，因而也突出了雷锋形象。

十多年前，伟大的领袖和导师毛主席曾为雷锋同志亲笔题词，号召全党全军全国人民"向雷锋同志学习"。粉碎"四人帮"以后，英明领袖华主席又亲笔题词，号召我们"向雷锋同志学习，把毛主席开创的无产阶级革命事业进行到底。"一个向雷锋同志学习的群众运动，已在广大干部，群众中更广泛深入地展开。在大好形势下，我们重读贺敬之早在一九六三年写下的这首《雷锋之歌》，照样感到无比亲切，深受教育，仍具有极大的现实意义。

四

从《放歌集》我们还可以看到，多年来，诗人对诗体形式问题，也进行了多种多样的探索和尝试，努力寻求最适宜于表达政治思想内容与艺术个性的诗的表现形式。

我们知道，作品的形式问题，永远与作品的特定内容结合在一起，对于文学创作，形式的意义，不仅限于形式本身所呈现出来的这种或那种不同的文学样式，更重要的是某种形式自身所孕育的那些新的"质"，即它对表现特定生活内容和形象感受所独具的那一切潜能和容量。在文学创作中（诗歌也不例外）重视形式问题，对作品形式进行探索与创造性运用，就意味着努力求得艺术表现形式与内容的适应和统一，对特定形式的一切表现潜能的挖掘，和对形式的必然的会有的一定局限性的大胆突破与不断革新；另外，也还意味着，在不同的多样化作品形式中，建立较稳定的鲜明风格，去找到作品中的"这一个"和艺术家独特的生活表现力。

《放歌集》中有一类诗，如《放声歌唱》《东风万里》《十年颂歌》《地中海呵，我们心中的海！》和《雷锋之歌》等，都采用了阶梯式的诗体形式。这种形式的采用，一方面由于我们今天所处的伟大革命时代，时刻在鼓荡着诗歌作者们的创作激情，激发着他们革命浪漫主义精神的高扬，因而要求在创作中运用一种更为直接的汪洋恣肆的诗体形式，亦即使激情在诗的"建筑"美上，也得到积极呼应；另方面，这种较自由的阶梯式诗体形式本身，在抒写某些重大题材，渲染高扬的情绪色调上，以表达宏伟、壮阔的创作构思和奔放的激情与想象上，确有其所长。试以《放声歌唱》为例，这种阶梯式诗体形式，首先，使长诗直抒胸臆的"放歌"的风格得以充分表现；其次，在参差波折的诗行排列中，思想或情绪的"重音"得以强调，警句便于凝成。如像：

> 呵，我们共和国的
> 每一个形象里
> 每时每刻
> 都在显现着——
> 党的
> 历史，
> 党的
> 光荣
> 都在活跃着——

党的

思想，

党的

力量。

而且豪放、骤进的语言节奏，也增强了诗的鼓动、朗诵效果；第三，尽管在诗行排列上变化错综，但其格律和音节，依然有迹可循。长诗一般以三四行为一句，在完整的诗句中间，都押尾韵，上下句音节的停顿也大致相近，因而自然形成了诗句间较齐整的对称。

诗集中的另一类诗，如《回延安》《向秀丽》和《林山水歌》等，诗人又采用了从民歌信天游或者爬山调发展变化而来的二行诗体形式。这种二行一节，匀称、并排的诗体形式，抒情节奏一般较为从容、徐缓，行与行、节与节间以内容的跳跃，再加以比、兴手法的广泛运用，往往能造成一种任读者想象飞驰的空间，从而感情表达也就有更多的回旋、流连的余地。所以，在处理思想感情丰富、蕴藉而在情绪表达上又如潺潺细流、不一而足的抒情内容时，这种二行体，就更能发挥其特长；特别像《回延安》一诗的内容，尤其需要这种亲切、质朴，富有陕北地方色彩的形式与之配合。哪怕仅仅在——

东山的糜子西山的谷，

肩膀上的红旗手中的书。

两行里，就包涵着多么丰富的思想和生活内容啊！透过这有限的两行诗，我们看到的却是一段边劳动边学习、战斗的延安时期广阔的革命生活历程……

最后，我们在《三门峡歌》中，又能清楚看到诗人对我们古代诗词遗产的学习与运用。不尽的革命情思和充沛的革命浪漫主义激情，与对古诗词炼意和炼字的学习相结合，使诗人能够写出"责令李白改诗句：黄河之水手中来！"这样豪迈的诗句。同样，与"前不见古人，后不见来者"的悲吟相反,我们听到"我唤古人梦中惊起:长叹英雄不如! ——

> 呵呵!
> 五千年来——
> 谁见
> 工人阶级
> 天工神斧?!
> 万里一呼——
> 为社会主义
> 立擎天柱!

如此激越的时代强音。

总之,多方面的搜索,多种诗体形式的运用,使贺敬之的诗作呈现出色彩缤异的艺术格调。但是,从诗人成熟的代表性诗作如《放声歌唱》《雷锋之歌》,以及粉碎"四人帮"后新发表的《'八一'之歌》看,他对驾驭阶梯式诗体形式更为擅长,应该说,它已成为最能体现诗人思想与艺术个性,抒发他磅礴、乐观和豪迈的战斗"放歌"式诗风的稳定的主要诗体形式了。

贺敬之的诗歌创作,是在毛泽东主席革命文艺路线指导下发展起来的,他的《放歌集》,是新中国成立以后十七年革命文艺战线的一部分重要成果。今天,在抓纲治国、抓纲治文艺的伟大进军中,我们需要诗人们的振奋人心的放声歌唱,正真唱出社会主义时代的强音,那正像诗人在《放声歌唱》一诗中所抒写的:

> 把笔
> 变成
> 千丈长虹,
> 好描绘

我们时代的

多彩的

面容!

让万声雷鸣

在胸中滚动,

好唱出

赞美祖国的

歌声!

让我们豪情满怀永远"放声歌唱吧! 大声些,大声,大声!"

（《甘肃师大学报》1977 第 2 期）

在革命征途上继续前进的歌

——读郭小川的诗歌遗作

一

　　一九七一年元旦过后不久，郭小川同志送一位战友回干校归来，写出了一首一百多行的抒情诗《赠友人》，诗中激情地唱道：

> 此刻呵，
>
> 正是继续走上征途的
>
> 新的起点；
>
> 我们的道路
>
> 也许是曲折的，
>
> 然而前程正远！

这首诗异常鲜明地反映了诗人经过无产阶级"文化大革命"的锻炼和走"五·七"道路后崭新的精神面貌，抒发出一个在革命队伍中成长的党的文艺战士，为了遵循、捍卫毛主席的革命路线，"能够贡献自己的一切"，并且永远"呼啸向前"的豪情壮志。这首题为《赠友人》的诗，一扫过去旧时代传统赠别诗的那种必定会有的低回、感伤滥调，它是一曲激荡着革命友情暖流的乐观主义的歌，也是展望新的一年，壮怀激烈的歌。全诗最后，他这样意味深长地劝勉战友，同时也是砥砺自己：

> 下一次——
>
> 我们再分别的时候，
>
> 该有更美好的诗句

把红色的笔记本写得满满。……

从这些发自内心的表白里,我们看到了,一位过去曾写出许多优秀或比较优秀的诗作的革命诗人,在生活的新起点上,又要迈开大步,向前疾进了。他充沛火热的青春活力,满怀对党,对伟大领袖和导师毛主席,对沸腾的社会主义革命和社会主义建设事业的忠诚与热爱,一定能够谱写出更多更美更新的战斗诗章。

可是,多年以来,在"四人帮"挥舞的"文艺黑线专政"论这把刀子下,全盘否定了新中国成立后十七年以至三十年代革命文艺的成绩,许多革命文艺工作者被他们打成所谓"黑线人物",遭到残酷的打击和迫害。于是,郭小川这个名字,和许多早为广大群众所熟知的老一代革命文艺工作者,在报刊上消逝了,他们的作品不见了。就是前面我们提到的《赠友人》,连同他的其他几首诗歌作品,也是在华主席继承毛主席的遗志率领全党、全国人民,取得一举粉碎"四人帮"反党阴谋集团的伟大历史性胜利之后,作为他的遗作,才得以与广大读者见面的①。

郭小川同志是一位深受群众欢迎,有过广泛影响的著名诗人。万恶的"四人帮"以种种子虚乌有的罪名对他进行排斥、诬陷,但他不屈不挠,同他们进行过斗争,正如他在一首五律中所写的"一颗心似火,三寸笔如枪。流言真笑料,豪气自文章!"今天,我们读着在他一生最后几年所写下的一首首慷慨激昂,洋溢着巨大革命热情,又闪烁着逼

---

①这些遗作有:《楠竹歌》,《诗利》1977 年第 2 期;《新路歌》,《河北文艺》1977 年第 1 期;《赠友人》,《诗刊》1977 年第 1 期;《登九山》,《人民文学》1977 年第 1 期;《辉县好地方》,《人民日报》1976 年 12 月 14 日;《拍石头》,《人民日报》1976 年 12 月 14 日;《秋歌二首》,《诗刊》1976 年第 11 期;《痛悼敬爱的周总理》,《河南日报》1977 年 1 月 5 日。

人战斗锋芒的诗篇，不但使我们认识到，一个社会主义时代的文艺工作者所度过的，就应该是这样战斗不息、永远革命的一生，而且也更激起我们对"四人帮"滔天罪行的切齿愤恨。在这批遗作中，郭小川同志曾不止一次地回顾了自己走过的道路，以严于解剖自己的革命精神进行检讨。他说，"而你和我，尤其是我那些严重的过失呵，却真正为人民招过祸患"（《赠友人》），对自己"曾有过迷乱的时刻"，"灰心的日子"，想起来还"顿感阵阵心痛"，"愧悔无穷"（《秋歌》）。是啊，在思想革命化和艺术创作的漫漫长途中，诗人和不少人一样，也有过一段曲折的难忘的历程。

尽管早在一九三九年到一九四三年间的延安和晋察冀边区，年青的诗人已经开始用诗这一战斗武器，反映那个时期党所领导的伟大斗争，歌颂英雄的人民、英雄的战士，写了《滹沱河上的儿童团员》《草鞋》《老雇工》等诗作，但是，作为一个革命的诗人，热情的歌者，他为广大群众所熟悉并受到欢迎，却是在新中国成立后的五十年代。在我们党领导全国人民掀起的实现生产资料所有制方面的社会主义改造高潮中，郭小川同志以昂扬的斗志，火热的诗句，投入了这场伟大斗争。《在社会主义高潮中》《让生活更美好吧》《投入火热的斗争》《向困难进军》等以《致青年公民》为总题的组诗一发表，立即在群众中特别在青年中激起了极大的反响。

从这些诗我们可以突出感到，首先，这是一组真正站在社会主义革命和社会主义建设的汹涌激流中的高歌，它是应生活与时代的要求而响起的鼓点和号声。重大而又激动人心的主题，蓬勃向上、充满展望的时代风采，尤其是如火如荼的革命热情，在诗中得到很好的反映。在一本作品《后记》里，他曾这样谈道："'投入火热的斗争'，是我们这时代的人的庄严职责，而诗，只是服务于斗争的一支武器"。"我时常想：我怎样才能把这种时代精神和时代情感表现出来；我在探索着和它相应的形式,我在寻找着合适的语言。"组诗《致青年公民》正是这一努力的可喜收获。其次,诗人和千千万万革命青年站在一起,时代对革命青年的要求以及回荡在他们肺腑中的共同心声和渴望,远大的理想,战斗的豪情,通过这些诗的"火山口",得到集中的喷放。大量号召性警句的出现,更增强了这组诗的战斗力。最后,诗人又采用了把包括一个、两个或三个分句的长句错综开来排列的阶梯式诗体形成,用以强调思想与感情的重点,便于朗读时掌握语言的自然间歇和停顿,这也是在诗体形式上的一种大胆而有效的探索和实践。这些,就是组诗《致青年公民》能产生很大影响的主要原因。

可是在这之后,情况就多少有些复杂了。几乎就在写出这组诗的同时,他写了《致大海》,又三年———一九五九年,在举国欢庆伟大的建国十周年的十月,经三改定稿的另一首抒情长诗《望星空》发表了。在他整个诗作中,就像一支主题雄浑、气势磅礴的交响乐曲,突然跳出了几个不和协音符,包含在这两首抒情诗中感伤与寻求精神解脱的个人主义情绪,及其悲观的抒情基调,在当时就受到文艺评论界的批评,大家公正地指出,在写出《致青年公民》又经过反右派斗争之后,这类诗是诗人创作的明显倒退。事实上,与此类诗并存,这个时期诗人还有另外更大量的诗作,像《雪兆丰年》《春暖花开》《十年的歌》,以及叙事诗《将军三部曲》等歌颂社会主义祖国胜利的十年,欢呼大跃进中又二个春天的一系列健康、明快的诗篇:

春天来了,
人间喜万丈高。
……

一腔热血,
似火烧;
满副精力,

如刀出鞘。

誓为共产主义打开阳关大道!

———《春暖花开》

从这些短促、急骤有力的诗句,我们几乎可以触摸到诗人欢快的呼吸和蹦跳的心房,它的抒情基调,又完全是与《致青年公民》相一致的。

一种诗像《望星空》,一类诗像《雪兆丰年》等,它们之间迥然不同的思想与抒情格调,又怎能汇集于同一作者创作中呢? 问题清楚,一个作者当他满怀革命激情,积极投身于沸腾的生活激流,真正和工农兵群众共呼吸、同命运,去捕捉那些最足以牵动革命者心弦的典型事物和生活场景时,他的诗情和创作才能,就有可能牢牢植根于广大人民群众之中, 清晰地贴近时代的脉搏, 抒写出人们感受到但尚不具体、认识到又还没有表达出来的感情同思想。相反,如果他一旦脱离或游离于生活之外,对紧张的生活节奏即使感到些微厌倦的时候,异样的情绪,就会自然地流露出来。文艺,特别是抒情诗歌创作,这是一个作者情感与世界观状况的灵敏无误的风标。因此,毛主席才那样语重心长地谆谆教导中国革命的文艺工作者,"必须到群众中去, 必须长期地无条件地全心全意地到工农兵群众中去,到火热的斗争中去,到唯一的最广大最丰富的源泉中去,观察、体验、研究、分析一切人,一切阶级,一切群众,一切生动的生活形式和斗争形式,一切文学和艺术的原始材料,然后才有可能进入创作过程。"

问题如此明显,教训尤为深刻。从郭小川同志走过的整个创作道路来看,此时此刻,他没有忘记毛主席的教导,针对自己生活与世界观改造方面的问题,从一九五九年开始,他又出发了:北向钢都鞍山、煤都抚顺,还有北大荒,南下厦门海防前线,西去包头……深入工农兵群众生活,为战斗在祖国各条战线的英雄人民纵情歌唱。《甘蔗林——青纱帐》《两都赋》等一本本新诗集的相继问世,有力表明,在毛主席革命文艺路线指引下，诗人思想上取得丰收，创作上结出硕果，同时在艺术上更趋成熟，形成他具有鲜明特色的风格。

在当代诗人中间郭小川是属于热情奔放而又严肃、勤奋的诗人之列的，这也在党的教育下作家、艺术家创作才能有条件得到充分展示的重要表征。今天，我们联系诗人的创作道路，读他一九七〇年至一九七六年间的部分遗作，能够清楚看到，从林彪到"四人帮"一伙，猖狂反对毛主席的革命路线，制造谬论，搞乱文艺队伍，实行文化专制主义，妄图毁掉我们整个蓬勃发展的无产阶级革命文艺，以便用为其篡党夺权服务的阴谋文艺取而代之的同时，是怎样在无耻地打击与诬陷一位革命意志与热情正旺，艺术上也更为成熟的革命诗人，剥夺了他和一大批革命文艺工作者为革命而创作的权利。我们也更清楚地看到，诗人郭小川在那些严峻的日子里，没有后退，没有放下手中的武器，他用诗歌同"四人帮"这类蟊贼进行着顽强斗争，谱写了一曲曲在革命征途上继续前进的慷慨高歌。

二

在新发表的诗歌遗作中，《辉县好地方》《拍石头》和《登九山》都写于一九七五年冬。这三首诗的主题和写作时间，是很值得我们注意的。

一九七五年，是毛主席的革命路线同王张江姚"四人帮"进行激烈斗争的一年。就在这年九月，经毛主席亲自批准，召开了第一次全国农业学大寨会议，华国锋同志在会上做了《全党动员，大办农业，为普及大寨县而奋斗》的总结报告。当时，"四人帮"不仅不准这一马克思主义的重要文献在《红旗》杂志刊，而且含沙射影，指桑骂槐，借此猖狂反对毛主席，反对华国锋同志，反对农业学大寨、普及大寨县的群众运动，这是他们妄图篡党夺权狼子野心的又一大暴露。就在这一阶级斗争的严重形势下，郭小川同志遵循毛主席的一贯教导，通过歌颂辉县革委会的成立，歌颂地处太行山区的辉县和拍石头公社在农业学大寨运动中所发生的巨大变化，歌颂辉县人民改天换地的冲天干劲和"粮食已过'黄河'很远，去年临近'长江'桥头"的胜利，表达了他对"四人帮"的无比蔑视，对已经兴起、势不可挡的农业学大寨，普及大寨县群众运动高潮的纵情欢呼；这种发自内心又源于生活的战斗豪情，在诗中更由于诗人坚信马列主义、毛泽东思想必定胜利而熠熠发光。

《登九山》是一首带有浓郁革命浪漫主义色调的叙事性抒情长诗。在主题和艺术构思上，它又是一九五八年《县委书记的浪漫主义》一诗的发展，这首诗里，诗人以深情的笔触，描绘并讴歌了大跃进时代一位县委书记要重新安排全县山山水水的决心，他的宏图大愿和豪情壮志，在他指点江山、畅叙全县发展远景时，充满人定胜天的坚强信念，尽管那里眼前还是"一场洪水，万顷荒沙，青石头山，不能绿化"可他坚定表示：

> 后天正月初三
>
> 千军万马
>
> 要开上修水库的前线，
>
> 要跟县委委员们
>
> 再谈谈，
>
> 理想纵有天大
>
> 上手还在今天。

> ——诗集《鹏程万里》

长诗《登九山》以辉县县委率领全县人民狠批修正主义路线和懦夫懒汉思想，在深入开展农业学大寨运动中，进行"山在变，大地在变"，"人在变，思想在变"的艰苦奋斗，终于取得建成大寨县的辉煌胜利，回击"四人帮"对普及大寨县运动的无耻攻击。正由于长诗主题的迫切现实感和战斗性，诗人在诗的艺术表现上也相应地采用了多样化手法，予以突出和渲染。他吸取中国传统诗歌中"赋"的某些表现手法，在叙事与抒情的紧密交织中，让正面赞叹和直抒胸臆的感情，铺张扬厉，淋漓尽致地铺开，表现出诗人明确的爱憎，倾向性极为鲜明。在这个意义上讲，长诗简直是篇惊心动魄的"改天换地赋"。他还学习民歌的某些手法，在长诗情势发展的重点部分，节与节之间由同样诗句的对仗、复沓或同样句式的排比领起，给以强调。如长诗开始，县委书记提议"到附近九山走一走，看看咱们辉县面貌怎么样，改变了没有"之后，紧接着就由"九山上，看辉县"，"看一看，忆一忆"，"望一望，想一想"等句重复领起八节诗，细腻地刻画了县委常委们面对辉县落后面貌的惭愧、激动的复杂心情。在经过一番势如风狂雨骤的向荒山、深谷开战之后，诗人又以"人在变，思想在变""山在变，大地在变"交叉复沓引出十节，尽情颂扬今日辉县所发生的巨大、美好变化。他还在长诗夹叙夹抒进程中，直接插入对黑暗、反动事物的揭露与批判，通过强烈对照，充分显示党的力量，革命群众的力量，比如，学大寨的战斗已经顺利的打响：

你也许会问：这以后常委们还有没有忧愁？

没有了。虽然林彪一类对辉县人民怀有大恨深仇；

他们硬要踢摊子，换班子，屡下毒手，

妄图把广大贫下中农重新投入黑暗的渊薮。

但是，辉县党组织没有在压力面前低头，

以马克思主义的原则顶住了这股反革命逆流。

干部和群众真是：风华正茂，挥斥方遒。

大笔浓墨，书写毛泽东时代的革命《春秋》！

《登九山》也是一首富有象征意义的诗。它形象地启示,一个无产阶级革命者,只有勇于登攀,敢上"九山",站得更高些,也就是站在马列主义和毛主席革命路线的高度,才能看得远,在复杂的阶级斗争面前,才能永远心红眼亮,满怀信心地去从事改造主观世界和客观世界的胜利战斗。使我们略感不足的是,这首诗写得太长,缺乏必要的精炼,在赋的艺术表现手法采用中,对比、兴两法又注意不够,没有达到比、兴、赋的有机融汇,对仗、复沓与排句的反复运用,也给人以单调和缺少变化之感。这种情况,在《辉县好地方》一诗中,尤感突出。

同中外许多诗人一样,郭小川同志对秋天怀有一种特殊的感情。早在一九六二年,我们就读到他以《秋歌》为题的三首抒情诗(诗集《甘蔗林——青纱帐》),在我国遭受自然灾害,特别在苏修叛徒集团制造的严重破坏和困难的日子里,诗人用非常明快、清亮的歌喉歌唱秋天,这金灿灿的收获的季节,在回顾一年来"我们又踏破千顷荒沙万里雪"的战斗历程时,热情放歌我国人民在党的领导下,自力更生,奋发图强,战胜困难,继续前进的大无畏英雄气概和革命乐观主义精神。放眼四方,是一派在"我们的国土上,哪里都有战斗的风帆"这样火红场面,我国人民"为迎接秋天,谁的鞋底没有磨穿!""为装点秋天,谁的手上没有生茧!"……这一切都激动、鼓舞着诗人,使他充满着去迎接生活的更严峻考验,夺取新胜利的战斗渴望,一往情深地唱出:

"秋天呵,请把簌簌的风声喝断!
我的歌儿呀,还远远没有唱完。……"

"秋天啊,请把你的脚步儿放慢!
我们的人哪,还要看你千万遍。……"

可是怎能想到,十三年后,当他继续挥写《秋歌二首》的时候,却被"四人帮"以莫须有的罪名隔离"审查",面对四堵墙的小天地,他忍受着精神痛苦,但更磨炼着他坚贞的革命意志,用歌词同"四人帮"斗争。

团泊洼的秋天,是宁静而美丽的。精细的诗人在《团泊洼的秋天》开始,就通过一系列描绘自然风光的排句,甚至精心地挑选那些极为准确的比喻、形容词,从"像一把柔韧的梳子"的秋风,抚摸庄稼的"矮小的年高的垂柳",芦苇丛中"偷偷开放的野花",到"多嘴的麻雀","野性的独流减河",水上默默浮动着的"白净的野鸭"……给我们勾画出一副意境鲜明的田园画面。但即使在如此安谧、和谐的抒情氛围里,我们从——

> 高粱好似一队队"红领巾",悄悄地把周围的道路观察;
>
> 向日葵点头微笑着,望不尽太阳起处的红色天涯。

一节,也能觉察到诗人对生活的细心关注,始终警惕的目光,以及为了党和人民的利益,坚持马列主义,走革命道路的决心。

团泊洼,团泊洼,你真是这样静静的吗? 这是写团泊洼吗? 是的。但透过这一声颇具分量的问询,我们却已感觉到,诗人暂时虽然只能勉力压抑,但仿佛在冰层覆盖下,仍有一股汹涌激荡、要冲破这一切的感情的潜流……一九七五年秋天,是伴随着一场早已展开的惊心动魄的阶级大搏斗来临的。在党内,在中央,在第一次全国农业学大寨会议上,甚至围绕着电影《创业》和《海霞》……"日夜都在攻打厮杀"。

> "谁的心灵深处——没有奔腾咆哮的千军万马!"
>
> "谁的大小动脉里——没有炽热的鲜血流淌哗哗!"

诗人就是用这样形象概括的诗句,真实地反映出当时在全国人民心灵深处感情的起伏和难以平静的心境,连表面一派平和的小小团泊洼,"呼喊之声,也和别处一样洪大"。尽管处于与外界几乎隔绝的情况下,诗人同样敏锐地捉摸到这场严重斗争的声势,细心地察觉到身边生活中的细微浪花,表现了他与全党、全国人民一起思考着、关注着这场伟大斗争。

正面回答什么是"战士的深情",构成了这首抒情诗中具有明确论战性的强音,诗人的革命激情在一系列警句式的排比中,气势浩荡地宣泄出来。"这首诗篇里就充满着嘈杂",诗人用对战士的性格、抱负、胆识、爱情和歌声的理直气壮的肯定与热情赞扬,对"四人帮"以种种罪名加诸革命者身上的可耻行径,进行有力反击和愤怒控诉,表示了"明春准会生根发芽"的必胜信念。

《团泊洼的秋天》是一支心灵的交响乐,一首确实是"矛盾重重"的诗篇,因为它是革命诗人在秋天里所唱出的一首春天的歌啊!

"何时还北国,把酒论长江。"诗人没有能够活到粉碎"四人帮"后的今天,这实在是令人非常痛惜的,但在生前,他却以一首首战斗诗篇同全党同广大人民站在一起,勇敢地投入对"'修正',谬种,鬼蜮横行"的抗争。在《秋歌》里他写道:

> 我知道,总有一天,我会衰老,老态龙钟;
> 但愿我的心,还像入伍时候那样年轻。

> 我知道,总有一天,我会化烟,烟气腾空,
> 但愿它像硝烟,火药味很浓、很浓。

真的是这样。我们看到了诗人那鲜红的永远年轻的心,我们看到了那勃发着硝烟的永远进击的战斗性格。他的诗歌遗作就是有力的明证。

三

在诗的艺术表现,特别是诗的内容与形式的统一上,郭小川的诗作表明,他也是一位具有明显个性特征的当代革命诗人。我们知道,从尽量扩大每一行诗的思想与艺术容量出发,对诗的激情表达探求

一种相应的真正得心应手的诗体形式,并使之逐渐稳定下来,这与一个诗人的独特风格直接相关,同时也是一个诗人成熟的重要标志。在郭小川诗作中,清楚显示出他在这方面努力实践的轨迹。

五十年代他影响最大的作品,即《致青年公民》的一组诗,全是阶梯式诗作。为什么要采用这种形式,诗人有过这样的说明:

> "为了表现稍许充沛一些的感情,我写的句子总是老长老长的(短句子总觉得不够劲)。而如果把二十个字排成一行,那读者(尤其是朗诵者)一定会感到难念。所以,我大体上按照念这些句子时自然而然的间歇,按照音韵的变化作了这样一种排列,多少也想暗示读者:哪里顿一下,哪里加强一些,哪里用一些什么调子。"

事实上,这组诗在当时就收到它如期的战斗效果,受到读者的欢迎。但是,毋庸置疑,它也确实存在着这样的问题:尽管诗体形式是错综波折的排列,实际上仍还是一个个较长的复句,因此诗句失去了必要的凝练,形象也跟不上思想。比如,他写:

> 仿佛是滚滚的沉雷
>
> 从万丈以上的云端
>
> 向世界宣告:
>
> 中国的国土上
>
> 卷起了
>
> 社会主义革命和建设的高潮!
>
> 仿佛是豪迈的昆仑山
>
> 拍着硬朗的胸脯
>
> 为我们担保;
>
> 中国人前所未有的
>
> 黄金的日子

真是来到了！

——《在社会主义高潮中》

我们改用这样的排列，也是可以的：

仿佛是滚滚的沉雷，从万丈以上的云端，向世界宣告：

中国的国土上，卷起了社会主义革命和建设的高潮！

仿佛是豪迈的昆仑山，拍着硬朗的胸脯。为我们担保：

中国人前所未有的黄金的日子，真是来到了！

这种情况(如此排列，和他后来的遗作《登九山》在形式上是多么相似)，一方面说明诗人对阶梯式诗体形式，尚处于初次尝试的实践阶段，它之所以被写作这种形式，更多的是单纯着眼于诗的易念和朗读效果；另方面这实际上已是后来通过《刻在北大荒的土地上》《厦门风姿》《茫茫大海中的一个小岛》《甘蔗林——青纱帐》《三门峡》等诗，直至遗作《登九山》《秋歌二首》等所采用而且是比较稳定的较散文化长句式诗体的雏形了。

在对诗歌表现艺术，特别是诗体形式的探索过程中，值得注意的是，一九五八年风起云涌的工农兵新民歌运动，给了诗人以很大的影响。在诗集《鹏程万里》"小记"里，他谈到，"我正在向民歌学习，虽然学习得不好；总算开步走了，以后还要继续学习。"这一学习的结果，使他开始有意识地克服《致青年公民》时期形式上的问题，他的诗开始趋向短小精炼，明快有力；这种诗体乍看起来是长短句，很像自由诗，节数与行数都没有严格限制，但其实质却主要属于民歌体，每行以三、五、七言为多，隔行押韵，节奏明快，富有音乐性，而且对仗与排比句式也大量运用了。如像：

好日子，

千年难找。

好时光，

万手难挑。

我甚至忘了；

杯中美酒，

盘中水饺，

而甘心情愿：

在战斗里锻炼，

在风雪中逍遥。

　　　　　　　　　　　　　　　　——《雪兆丰年》

甚至在他一九五九年写的叙事诗《将军三部曲》，也基本保持了这种形式。像《月下》：

狂风呵，

暴雨呵，

让我们较量较量！

枪呵，

马呵，

张开坚强的翅膀！

这片大地上

升起的将是万丈曙光。

句子虽然短了，但读起来照样很够劲。这种形式经过六二年的"林区三唱"，即《祝酒歌》《大风雪歌》和《青松歌》等延续到后来，就是遗作中的《楠竹歌》与《新路歌》了。

　　但是，从《致青年公民》到《甘蔗林——青纱帐》，直至《辉县好地方》《拍石头》《登九山》以及《秋歌二首》，应该说，从初期阶梯式发展而来的倾向于较散文化的长句式——每行包孕两个或三个分句，每节又以二行或四行——才是他独具风格的挥写自如的诗体形式。这种形式，概括来讲：在构思与艺术表现上，比较接近于中国传统诗歌中的赋体,生活、激情与形象铺张扬厉,在敷陈其事的叙述中以直抒胸臆的激情加以通贯,因此造成情势发展上的波澜起伏,而又以雍容舒缓的节奏见长;语句自然、晓畅,更接近于口语,在词语的锤炼上,特别注重于比喻和形容词的选用,这点在《厦门风姿》与《团泊洼的秋天》表现尤为突出,注意同样句式的排比、同样诗句领起的复沓,更被之以二行或四行一节的同一韵尾,这样,表面上诗句尽管较长,但朗读起来依旧保持着明显而又流畅的间歇和有规律的停顿。像:

> 厦门/——海防/前线呀/,你/究竟/在何处/?
>
> 外边是/蓝茫茫的/东海哟/,里面是/绿油油的/人工湖/:
>
> 厦门——海防/前线呀/,哪里/去寻你的真面目/?
>
> 两旁是/银闪闪的/堤墙哟/,中间是/金晃晃的/大路/。

——《厦门风姿》

不过,我们也必须看到,这实在并不是一种容易驾驭的诗体形式。在思想与激情铺张开来之后,如何控制其适当分寸,注意"炼意"与"炼句",使之免于走向散漫过长,特别在赋体的艺术表现上,要敷陈其事而直言之,又如何吸取比、兴两法,做到比、兴、赋的有机交融,如何既考虑到朗读效果,又能做到像鲁迅先生早所倡导的"要易记","给大家容易记",这些都还是值得注意的问题。

革命的诗人,是属于人民的。他的战斗的诗篇,一定会在人民生活中,在美好精神的沃土上,"生根发芽"……

一九七七年十一月

（《甘肃师大学报》1978 第 1 期;《谈诗和诗歌创作》甘肃人民出版社 1978 年）

当代诗情的启示

——读《飞天》一九八五年大学生诗歌获奖诗作

一

如果和异常活跃的八〇年前后相比,近一两年来的新诗步履,似乎给人以有些蹒跚、过于平静的感觉,缺乏足以代表一个阶段性发展的力作,没有引起广泛关注的诗歌理论问题的探讨或争鸣……当然,我们不应苛求小说、诗歌或戏剧等的发展,始终处于一种直线上升的美妙状态,况且,当今诗坛年轻诗人和诗歌作者,往往又以群体的面貌涌现,焕发着一代人青春的朝气和新鲜,个人或某首(部)诗作的突出,在眼前就更显其难了;而这一事实本身,不是也正表明当代诗歌的进步吗?诗的长河在广阔而徐缓的水面下,依然有着一股股奔突的、躁动的、或许更为深沉的潜流,新诗在积蓄力量,在寻求自身的突破,它的繁荣期的来临,需要假以时日,需要我们去努力争取。

就是在这种情势下,校园大学生诗作,仍可谓是一支惹人注目、潜力颇大的生力军。关于这一点,我们即便从坚持数年的《飞天》"大学生诗苑"专栏这当代诗坛小小的一隅,也可以获得这样的自信。正由于此,承编辑部盛情相约,就荣获《飞天》一九八五年大学生诗歌奖的诗作,谈谈读后所感,我便欣然接受了。

当代校园大学生诗作,应该说具有它自身发展的一定优势,因为这些诗的年轻作者,接受了较高的文化素质的熏陶,具备广泛吸收现代科学、技术和思维训练的优越条件,加之又正处在感应生活、传达内在体验与外部印象的较为敏锐、活跃的人生最佳时期。尽管他们诗的创作，还呈现出某些不稳定的艺术前阶的痕迹；但有谁能够说，思想和艺术的波尔金诺的秋天，不是来自多年精神的苦役，甚至是幼稚的耕耘？何况我们通过这些诗作，能够更直接地感受到现代化变革中的生活现实及与其适应的社会观念、审美意识在当代青年心灵上清晰的回音和灵敏的指向；这里是勃发当代诗情灵感的一片丰腴的沃土，其中也可能传递着我国当代诗歌未来的某些可靠信息。应当关注、支持、扶植大学生诗作，《飞天》文学月刊为此做了大量有益的工作。这是我读过"大学生诗苑"——包括此次获奖之作后的一点总的感受。

二

经过八十年代初那场关于朦胧诗的讨论之后，当代诗歌不论在理论探讨或是创作本身，在一段时间里，无疑都跃上了一个新的层次。这种发展态势，给我们的启示之一，就是只有在拥有自己广阔、独特的生活视角基础上，诗学观念才可能得到与时代同步出新。早在一九四八年初，朱自清先生曾联系自己研究工作的体会，谈到关于现代立场的重要性问题，他说："所谓现代的立场，按我的了解，可以说就是'雅俗共赏'的立场，也可以说是偏重俗人或常人的立场，也可以说近于人民的立场"（《论雅俗共赏·序》）。这一立场的明确性，不仅对了解传统、了解世界、了解现代中国社会及其精神文明创造，是重要的，而且也透彻地说明作为现代作家、艺术家或文艺评论家所赖以创作、进行研究工作的出发点；人民，或"俗人""常人"，始终扮演着生活舞台的主角，只有立足于普通人民的"现代的立场"，文学艺术才能找到它永葆活力的源泉，一种崭新的现代诗情，也才能得以自由地喷涌。

读过本届《飞天》获奖大学生诗作，感到十分可喜的是，这些作品能够较好地体现出这种可贵的现代的立场或当代诗情,伴随生活、情感视野的拓展同时,注意到在与自我异常贴近的社会主义现代化改革进程中,发现并抒写蕴藏于平凡的人或事物中间的内在的闪闪发光的诗美与诗情。

《当手臂缓缓举起的时刻》(郝明德)捕捉了当代农村生活中一个激动人心场面的瞬间镜头,"一个流落于河西的伟岸汉子/一个被割过'尾巴'的北方农民/一个颇有心计的'万元户'主",走向党旗,庄严地参加入党宣誓仪式。这一新鲜事物的意义,也许远远超过了这个普通农民的本身,我们感受到的是整个当代农村生活神经的敏感颤动,正像诗中所写:

> 时光已经旋转起来
>
> 天光云影已经旋转起来
>
> 旋转的还有你的心旌

因为一个充满活力与展望的时代,总是同时赋予人们以更高的生活自信和理想的追求。《山地组诗》(傅浩)中的《喜事儿》,从另一个侧面,描述、渲染出当代农村生活富裕起来之后的欢乐情境,群众的新精神风貌,———一个老太太眼中的偏僻山村举办婚事的喜庆场景;民俗风情的铺陈,回忆片断的闪回,欢畅的心理刻画,加之某些方言口语词汇的撷入,为全诗浓郁的地方色彩和狂欢氛围,更增添了一种复调的旋律,使读者也仿佛置身于那种"闹得老人家个个都是十八廿三/闹得贫神爷再也不敢进山来"的忘情场面之中。

还有《表姐》(郝建文),一首写一个普通藏族少女的命运的诗,较深刻地触及到西部中国现实矛盾和复杂的生活层面;这里既有"读过几天书"所本应具有的现代文明,也更存在着因"跌坐"在"最脏的那双靴子上"而决定终身的悲剧:

> 醉了的舅舅把一条揉皱的

淡青色哈达

牢牢拴在了属于河对岸的

那匹瘦马鞍上

在风中抖动着拖向河对岸去了

一组通过第三者眼中的从近景、远景直至化出的蒙太奇，又渗透着多么深沉的感慨与悒郁！另外，像《儿子和父亲》(龚湘海)在颂扬自卫反击前线战士英雄主义的同时，对人情美的开掘；《十五的月亮》(碧涛)，一首由一系列从月亮引出的联想缀成的心理抒情诗，表达了年轻妻子对远航海上的丈夫的思念与柔情，等等，都在开阔视野，立足当代平常而普通的人民立场，对生活与人物内心世界进行多方位地表现方面，显示出各自的特色。

三

从获奖的二个组诗和八首诗作，我们还可以看到，年轻诗人们在诗情表达和语言处理上，一些值得注意的审美心理趋向。

一种情况，表现为激情或叙述性情节的淡化，但在貌似平缓、几近超脱的语言的流动中，却具有一种引人返思、回味的情思、印象或生活的呈现。组诗《西部的故事》(杜爱民)，写到"总是叫人激动不安/总是叫人沉重/然后/长久地凝思"的山(《山》)；"没有夏天"的唐古拉山(《夏天》)；终日寂寞的"想知道外边的事情/而我们的火车/从他面前一晃就过了"的山里的孩子(《看火车的孩子》)；漫漫冬夜，难以入眠的白雪覆盖着的山区牧人(《游牧·特莫尔山·冬季》)，因为山而自豪而又被收割耗尽体力、疲惫不堪的男人(《收割之后》)；还有，在山顶进行着的藏族老阿爸的葬礼的圣洁（《一个藏族老阿爸的葬礼》)，这就是这组诗的内容吗？仔细寻思，似乎又不尽是。对于一篇故事，你或许勉强可以复述，但对一首诗，却是很难再用散文的语言来加以重复的，因为这种吃力不讨好的努力，只能在读者的审美体验中，完全破坏了诗所特有的魅力，以及它给读者所带来的美感享受的乐趣；我们只要想象一下拔掉一只孔雀华丽的羽毛之后，所产生的后果，就可一清二楚的了。包容在《西部的故事》中的东西，是在传达中国西部的一种沉闷感或凝重意识，还是在塑造一个被现代生活节奏所猛烈撞击的西部形象？是在探索处于特殊地域环境下的压抑、封闭而心灵却对更广阔的外部世界充满憧憬与追求的秘密（"他们一辈子只有马背/所有的心事都会飘飞"），还是在赞扬对故土的自豪、热爱，或者一种豪爽、开阔、又不无悲凉的西部男子汉性格？……淡化后的言外之意，真是其味无穷。

与《西部的故事》相比较，《走向故事》（杨勋）也许显得有些单薄，但在淡化——故事情节的倾向上，却与前者有着共同之处，它抒写一个和村子一样老的鳏孤老人，在为孩子们讲故事中，得到晚年精神上的寄托，而他自己最后"也成为一个故事/装进了孩子的书包/装进了人们的记忆"。淡淡地家常般地描叙，摆脱了一般同类题材习见的构思框架，没有心理活动交代，不见故事本身的内容，它的重心在于围绕孩子和故事所渲染的老人形象；或者说，这一切本身就构成一个故事，就是全诗的真正内容。具有深长意味的是，现代诗歌鉴赏的一个重要问题，就在于要改变读者那种惯性的思维方式，溶解他固有的经验贮存，而尽可能地把他吸引到作者的世界中来，产生作者所要求产生的那种印象、体验和感情；这种效果的发生，需要依赖诗的暗示性，而激情或叙述性情节的淡化，则往往是造成这种暗示的魅力的重要手段。

另一种情况，是哲理色彩与象征性涵义的闪光，这是一种面对变革中新的生活现实和人生意义进行思考的艺术表现，其特点是突出理念和意象对诗的直接介入。比如《鹰爪菊》（沈健），通过有关植生于

山巅岩隙间一种野菊的传说,刻画出的那个不甘被缚、断爪腾空而去的鹰的形象,那是多么悲壮又惊心动魄的一幕:

> 也许
> 不幸被捕获过
> (悬岩上的青藤
> 是至今还沾满血羽的锁链么)
> 因为蓝天不可抗拒的召唤
> 你悲愤地咬断了被缚的脚爪
> 痛嚎一声
> 掠一阵狂风腾空而去
> 我已不能想象那个悲壮的刹那了
> 我只知道你的断脚
> 已化作这岩隙里的花朵
> 不屈不挠地燃烧着
> 年年不熄
> 代代不熄啊

这个鹰的形象,会使我们联想到希腊神话中著名的普罗米修斯,他因盗火予人间而被缚于高加索山崖,宁受折磨,坚毅不屈,终获解放。诗人同样从鹰爪菊的传说受到启示,从而把关于"我和我的祖国"的理念,直接介入诗中腾空而去的鹰的鲜明意象。同样,《成熟》(祖云舒畅)一诗,也具明显的理念的警策性。

还有一种情况是,综观获奖诗作,不论其内容或形式,都给人以表现为一种共同的自由创造型创作心理的印象,这也是当代新诗潮动中较有代表性的一种趋向。它一方面表现为自由联想的驰骋,使情绪得以回环往复或层层递进,从而强化诗的感人效果,《儿子和父亲》中牺牲前的战士,"微笑着望了望故乡"——

> 将一个做父亲的喜悦
>
> 塑成石碑
>
> 血,从他倒下的地方
>
> 升起为旗
>
> 升起为笼罩花园和婴儿车的
>
> 祥云

便是较好的一例。应该说,这首诗连同作者的另外二首《少女日记》和《给远方的女友》表明,他很擅长通过自由联想组织诗中的意象,使较为抽象的一般概念,注入一股生动、形象的生命力。另一方面,则表现为诗歌语言的生活化,以及与此相关的废弃标点的自由诗体的采用。这种语言和诗体,切近生活实感,宜于表达情绪起伏、延伸的节奏,它更像一条依据诗兴和情思展示的需要而开凿的诗人独特本质自由奔泻的河床,它的美既来源于水流(情感的内容)自身,也有赖于沿岸波折、旖旎的风光(近于自然形态的形式)这二者的和谐统一。但是,自由诗也确实存在着并不绝端自由的方面,它也必不可免地要受到自身所持有的内在规律的约束,如不虑及这一因素,则将会出现"五四"初期自由诗一度面临的窘境:生活化口语的泛滥,诗意与诗美的极大冲淡,使诗这种精湛、优雅的文学样式蜕化而为分行排列的一般散文。在这届获奖诗作中,我们也可以看到类似的败笔。下面,我把《表姐》中的一段还原为一般叙述散文形式,加以标点:"牛犊的牛犊也能挤奶的时候,她还不知道自己长大了,不知道也罢了,可那一双双山色般的靴子却不安了,因为舅舅读过几天书,表明就可以'自由'了。"这样,不是更符合这段文字原属散文概念的本来面貌吗?记得惠特曼说过:"诗人的语言应当是间接的而不是直接的,因为它既不是记叙的,也不是叙事的。这一切是它所特有,而它还追求更大得多的目标"(《草叶集·序》)。自由诗的语言当然亦应如此。以上情况,似乎也在提醒我们和年轻诗作者,在自由诗写作中,要特别注意那些并不自由的规律性的方面,以避免主观随意性,使语言和形式同时成为整体诗美的有机部分。

（《飞天》1986 年第 8 期）

新诗的传统与当代诗歌

——兼评《崛起的诗群》

一

《崛起的诗群》(以下简称《诗群》)在《当代文艺思潮》本年第一期揭载后,引起了人们的广泛关注,编辑部为此召开过座谈会,发表了一些不同看法,应该说这是在学术空气活跃下十分正常和有益的现象。

我们的国家从七十年代后半期以来,正在经历一场前所未有的历史性变革。伴随拨乱反正,思想解放,社会主义现代化建设的雄伟步伐……我们的当代文艺,短短几年便以其超过以往几十年的惊人速度,呈示于世人面前,这确是一个文艺创作更大繁荣期即将到来的先兆。文艺也许是反映生活进程最敏感的一个部门,诗歌尤为如此;在这一领域里,随着一大批青年诗人涌向诗坛,带来巨大而深刻的变化,一股股令人惊异、新颖而又仿佛陌生的诗风,在频频地又极富生命力地吹送,诗歌创作中我们看到一种新的语言,新的感受及其表达方式,一种与传统观念相悖的新诗美学……很快带有某些流派特色而诞生。在公开或私下里,人们对此或扬或抑,莫衷一时,于是有了迄八○年下半年那场全国范围的关于"朦胧诗"的讨论。

如何评价这种在新时期带有某些倾向性的文学现象? 对其作品的成败得失如何从理论上给予分析、总结? 对一个时期在小说、戏剧、电影、美术等各部门所出现的这一共同倾向,又如何进行横向的比较研究,从而推动当前诗歌创作向前迈出更坚实的一步?……这就是提到评论界面前的一系列问题。作为一位年轻诗人和评论工作者,徐敬亚同志的《诗群》一文,对此进行了较全面的思考,提供出第一篇热情洋溢的较系统的理论阐述。他理论的勇气与胆识,对诗歌中所谓"现代倾向"的不少阐发、作品分析,还有活泼的文风,很有启发,给人以新鲜感,也提出一些颇值得进一步探讨的问题;这篇论文实际上是代表着不少青年诗人和青年诗歌爱好者在发言。现在回想起来,二、三年前那场关于"朦胧诗"的讨论,意气与激动超过了冷静的客观的研讨,而大量诗作所涉及的问题实质,我觉得也正在新诗的如何发展,新诗与当代生活、当代诗艺的关系问题。《诗群》所论"我国诗歌的现代倾向",可以说扣住了这个主旨,尽管这里的"现代倾向"其实际概念,也就是"现代派"或"现代主义"倾向。

当代诗歌与新诗传统的关系,是《诗群》所涉及的一个重要问题。应该说,新诗所直接继承并赖以发展的基础,包括"五四"以来新诗自身所特有的传统,这个看法,当前意见是比较一致的。但是也正在这里,作者的论点,却表现出明显的矛盾与混乱。联系到新诗"现代倾向"的"一套新的表现手法",文中说:"从艺术上看,新诗的这种新发展,是中国诗歌自身发展的一步必然"(着重号悉遵原文、下同),在"诗之路"一节,这样说:"中国新诗最直接的基础……是'五四'以来在外国诗歌影响下发展起来的已经现存着的宽厚的肌体"。可是,这种比较明确、肯定的语调,到后来却转而为有保留的加以严格时间断限,他预测新诗的未来主流,"是五四新诗的传统(主要指四十年代以前的)加现代表现手法……"其实,关键的论点还在于"一种新的艺术倾向的兴起,总是以否定传统的面目出现,总是表现反对原有旧秩序的强侵入!"可见作者的基本观点亦即诗歌的"现代倾向"就是反传统。

诗歌与其他文学艺术样式一样,作为活生生的社会生活在人类头脑中反映的产物,从来是从属于一定的历史发展进程的;尽管每个时代的作品,都有它所产生的特定时代的特殊色调与音响,内容有运动、嬗变,诗情表达在变化,而反映在社会意识、心理、情绪诸方面,也会产生相应的差异,但这一切都只能是某一时代或某个历史时期物质的与精神的文明所达到的水平的真实而艺术的反映。记得别林斯基这样写道:

> 有一些诗人被称为伟大的诗人,发展是他们的显著特征:按照他们作品年代排列的次序,就可以探索出作为他们作品的基础、并构成其激情的辩证法地发展着的活生生的概念。停滞不动,也就是说,总是保持同样一些兴趣,用同样的声音总是歌颂同一个东西,这就是普通贫乏才能的标志。永垂不朽于后世,这只有勇往直前的诗人才能够做得到。纵令他们时代的兴趣一去不复返,他们的诗歌还是不会成为过去,正是因为这些作品是时代的丰碑的缘故……①

新诗发展,应该具有并反映着前进中的现代观念;立足于现实的人,现实的社会生活,并赋予这些以激情的想象和意象。但是,这种发展同样也只能在自身传统基础上更勇猛地跨越,以超过前人的新突破、新贡献而丰富民族的艺术宝库。正像不能割断历史一样,对于发展中的自身传统,也是没有多少主观选择性的;问题在于如何正确地理解并继承那些真正优秀的部分——亦即发展着的起伏的主流。

对于我国各类诗歌,从总体看,我觉得都面临着一个走向现代的问题。文学作品中往往存在这样两种情况:(一)作为历史的时代的真

---

①别林斯基:《别林斯基选集》第三卷,上海译文出版社 1980 年版,第 567 页。

实反映而拥有的审美认识价值;(二)以其发展着的常新的语言艺术魅力而得以长久流传。我们也许正应在这两者的完美结合中,去探求通向"现代"的路。

二

在近年来的诗歌创作中,依然存在着诗与时代、诗与生活的关系问题。令人高兴的是,在诗的题材、风格的多样化以及情思的深度、力度等诸多方面,都有了新的创造,也产生了不少好作品。应该说,新诗进入八十年代,在思想与艺术整体上,都有所突破,有所创新;为描写生活而描写生活,淡漠的平面与晦涩的东西,在读者严峻的选择面前被拒绝,遭冷遇。真正拥有现代诗情的作品,洋溢着发自时代主导思想的积极的强大的激动,从当代生活的纷繁节奏与微妙的感情世界的内在流动中,闪亮着所以促使自己写作的那个"基点",表现生活中那些真正给人以热情、启发与美好的东西。从这样的作品中,我们不仅可以察觉到生活与心灵的辩证发展,而且更显示出一代诗人的创造性。现代的诗,应该成为能够促进我们国家和民族在精神境界上走向现代的艺术品。

这种现代诗情,既来源于被诗人明确意识到的社会使命感,也是新诗传统"宽厚的肌体"的丰实,在新时期进一步延续的必然结果。

所谓白话新诗和现代小说、戏剧同样都是现代中国社会伟大变革的产物,是伴随现代中国一场猛烈的社会与文化革命风暴而诞生的。新诗运动在本世纪第一个十年的兴起,既与近代进步诗歌运动相承衔,又是在科学与民主的新社会思潮激荡下,反帝反封建的民主革命进一步高涨在文化上的反映。当然,新诗在"五四"新文学中是受外来影响最显著、最快速的部门,因为不仅在理论上,早有鲁迅的著名论文《摩罗诗力说》(1907 年),他"别求新声于异邦","奉一切诗人中,凡立意在反抗,指归在动作,而为世所不甚愉悦者",热情绍介于社会革命情绪高涨的国人面前;同时,当一种旧体形式的破坏,而其自身尚缺乏足够经验去创立另一种新体的时候,吸收与借鉴外来现成材料,就成为极其自然的一步了。新形式的创造,以及随之而来的真情实感的自由抒写;顺应新思想、新文化的汹涌浪潮,敢于直面人生,满怀改造社会的历史责任感,抨击社会黑暗,反映人世不平,对美好未来衷心歌唱,从生活感受的各个领域去抒发与人民,与祖国命运的休戚与共情怀……这种现实的诗,在新诗运动伊始,便以主流的面目出现,奠定了进步诗歌传统的广博基础。

但与此同时,我们也看到,新诗从一开始便存在着另一种浪漫的倾向。

一二十年代的中国,正如在一个父与子,个人与家庭,腐败势力与新生力量,封建道德、礼教观念与先进的科学、文化思想……剧烈冲突并激化的时期,这一正在解体的社会特点,可以说主宰了当时主要社会风尚和时代风貌,也构成浪漫主义产生的适宜土壤。于是,诗人们在感情的奔放中表现自己,在对现实的反抗中追求个性解放,也在对理想的讴歌中抒发光明的向往……

一般来说,新诗开始的浪漫倾向,在创造社作家身上表现得较为突出,但实际情况并不这样简单。尽管他们深受上世纪初欧洲浪漫主义作家影响,甚至对世纪末新浪漫派以及其他现代派诗歌流派很感兴趣①,但这种浪漫主义一旦吸收进来,并与旧制度发生冲突,呼喊民主,追求理想的诗人独特现实感受融合在一起时,就有可能孕育一种为我们民族所熟悉的新的"诗质",一种迸发于牢固生活根基的新的

---

①郭沫若曾极其赞赏并亲译过立体派 Maxwtber 的诗《瞬间》,《三叶集》。

浪漫风格。所以，表现为浪漫倾向的创造社诸诗人，就强调文学的"时代的使命"，重视"艺术之社会的意义"；而主张文学"为人生"，积极倡导写实主义的文研会不少作家、诗人，又同样不乏浪漫主义精神（如郑振铎、王统照的诗作）。正因为满怀爱国主义的社会责任感，热烈追求理想并为美的中国到来而献身的澎湃激情，是鼓荡那个时代的一股强劲的风，浪漫主义向整个社会、文化领域渗透，就是极为正常的了。

在现代浪漫名篇中，郭沫若的《女神》像一颗彗星，划过"五四"新文学繁星璀璨的长空。这本诗集焕发着一个社会黎明期的乐观、豪迈情绪，以其觉醒的新一代抒情主人公嘹亮的歌喉，火山爆发般的反抗激情，表达了那冲决一切封建樊篱的战斗渴望，在个性解放的疾呼中寄托对中国再生的美好憧憬。从《女神》我们可以看到，作为一个现代诗人的精神世界的无限丰富性，他的抒情自我及其与整个外部世界联系的多样化，根本不可能容纳进旧传统诗歌形式，甚至也不能企望单纯利用已有的诗歌表现手段进行反映，他必须寻求到与诗人观念形态上、感情力度上完全对应的崭新形式。于是诗人提出诗的主要成分是"自我表现"，诗需以"自然流露"为"上乘"，要"本着内在的冲动以从事创作"；形式上则力主"绝端的自由"，"绝端的自主"。这样他就与惠特曼的豪放与粗暴极端合拍而产生共鸣。

从《女神》经过《星空》（1923）、《前茅》（1928）到《恢复》（1928），历史的阶级的自觉，以及以工农为主体的斗争生活画面，渐次取代了《女神》时期那较为朦胧的理想色彩和尚嫌空冷的"自我"反抗情绪。经受过大革命的战火洗礼，诗人生活实感丰厚起来，他开始摄取并迅速反映实实在在的生活进程；关于这，我们从《我想起了陈胜吴广》《电车复了工》《梦醒》诸诗可以清楚看到。由"自我"或主观向现实世界的突进，是斗争中发展的现实对诗人艺术观直接发生影响的结果，而对郭沫若来讲,则表现为他的浪漫的诗篇中,增强了现实成分,从而在现代诗歌发展中,形成一种带有风格特征的较理智的浪漫主义——它主要借助于对客观现实图景的诗情构思,表明肯定或否定的意向,抒发对前进的生活的火热激情。

以郭沫若为代表的这位浪漫诗人的创作思想与风格变化,在现代文学史上也许是很为典型的。它说明处于生活急剧动荡、阶级交锋很为激烈的现代中国特定条件下,现实的逻辑,生活的急流,对作家、艺术家思想意识及其创作发展,起着决定性作用。

在现代中国社会,曾产生过这样一大批知识分子作家、艺术家、诗人,他们有极高的中外文化素养,有极其诚实而敏感的精神世界,又异常忠实于对艺术的孜孜探求。他们中的大部分尽管思想比较复杂,创作上带有明显的不同风格、个性的烙印,但是,只要他们执着于时代,能够在现实生活的切身体验中吸取那些更为本质的东西,用以充实并不能完善自己的艺术,那么,时代的节拍,生活的呼吸,必定在他笔下得到相应的反映。生活是一座大熔炉,一代一代人被冶炼,被引向人生与艺术的正途。对此,"新月"著名诗人闻一多,现代诗派名家——诗人戴望舒,以及三十年代登上诗坛的刻意于"画梦"的何其芳,吹奏"芦笛"的艾青……的创作道路,都是明证。而同为"新月"骁将的徐志摩、朱湘,从"五四"文学主潮分化出来的写作象征诗的李金发,从浪漫主义蜕化为感伤、颓废的王独清,等等,或由于令人惋惜的早亡,或基于对现实脱节、甚至背叛,而失掉创作活力,以致很快消匿于诗歌界。

国家的安危,民族的命运,往往直接决定了这个国家和民族文艺的前程。在整个三十、四十年代,中国诗歌的发展与中国革命的伟大进程是步调一致的。在阶级的和民族的矛盾空前激烈,光明与黑暗的交锋短兵相接的这些岁月里,新诗在极为严峻的现实的铁砧上被沉重锻造而逐渐走向成熟；与二十年代相比，不仅成十倍、百倍的各具特色的诗人群，汇入浩荡的诗歌之流，不论现实的诗还是浪漫的诗，都更充满信心地吸取古典诗歌、西方现代诗歌的营养，在诗与生活的血肉联系中，提高素质，丰富其艺术语言手段，而且，突出的是，为人民民主而战，为民族解放而歌，成为这个时期诗歌的主旋律。尤其在四十年代，一方面国统区血雨腥风、雷霆电驰的严酷现实，磨炼着诗人们更执着地投入生活的沸扬激流，在紧紧追逐时代主流的同时，探索并运用各种表现手段，用以与自身艺术地把握现实、传达感情生活的旋律结合起来，和国民党反动政治展开斗争，于是，我们看到了"七月诗派"及《诗创造》《中国新诗》之诗人群。另方面，解放区诗歌所谱写的人民翻身、解放的英雄的乐观的乐章，在这些载入史册的长短诗篇中，现实的因素融汇以理想的浪漫主义光彩；它的明显趋向是，较单纯的"自我"抒情主体开始为十分繁复而广阔的客体世界所取代，诗人的感情倾向，主要通过人物或典型生活画面的抒写而体现，新诗在主题及其艺术表达上，实践者更为自觉的民族化、群众化，为如何走我们自己民族的现代诗歌道路，迈出了卓有成效的一步。

我们中间不少人，对五十年代诗歌持怀疑、非议态度。《诗群》就笼统地把这个时期的诗归结为"开头描写"，"中间铺陈"、"结尾升华"的"传统诗歌套式"，其实是很不公正的。

新中国成立之初，在国民经济恢复发展的五十年代中期，可以说是新中国诗歌创作的第一个繁荣期。对年轻祖国的新生，对各族人民的胜利，对社会主义的新生活，充满欢乐的激情的赞唱，回荡于五星红旗飘扬下清彻、湛蓝的天空；在"五四"以来，特别是解放区革命诗歌传统基础上，新诗的现实感、时代感，为新生活所激发而迸放的浪漫激情，艺术上淳朴、明快和朗朗上口的节调，得到进一步发展。正由于吸吮着开创期的甘甜乳浆，又多在祖国解放事业中栉风沐雨，陶冶了一代诗人的情感,从思想、心理及其对外部世界的感应与表达方式总体上,浸润并形成他们带有某些共同性的诗风。不无遗憾的是,我们至今对五十年代初期、中期这一总的感情基调及其相应的不同风格特征(包括成败得失),尚缺乏较深入的专题性研究和评论。

三

从近几年的诗歌创作看,学习与借鉴的问题显得很为突出了。《诗群》一文中,对此亦充满一种现实的紧迫感,我觉得是正确的;但是否像作者所预言的"归根结底,现代倾向(应读作现代派倾向——引者)要发展成为我们诗歌的主流",似乎还为时过早。

新诗的发展,无疑应该向外国诗歌中一切有价值的东西学习、借鉴,包括本世纪以来外国现代诗歌和现代派诗歌,从中取他人所长,以为我用。不仅因为只有如此,我们的诗才能在全人类文化成果的广博基础上丰富、提高,而且因为我们的民族诗歌本身,同样是全人类文化创造的一部分。许多年来,"左"的路线在文化上所造成的严重后果之一,就是使我们处于一种自我封闭的愚昧状态,人为地割断与中外古典的和现代的文化联系,特别使我们对十九世纪末直至本世纪初西方现代诗歌及其它文艺,颇为陌生,更缺乏深入研究。近年来,随之这方面作品与理论介绍的逐渐增多,影响如此广泛,以至于使我们想到"五四"时期康白情对当时诗歌界所说的那段话:那正像"看惯了满头珠翠,忽然遇着一身缟素的衣裳,吃惯了浓甜肥腻,忽然得到几片清苦的菜根,这是怎样的惊喜! 由惊喜而模仿,由模仿而创造"①。

---

①康白情:《新诗底我见》,《中国新文学大系第一集·建设理论集》,上海文艺出版社 1980 年版。

《诗群》这样写道:"十九世纪末到二十世纪初,在西方各国出现了一个普发性的艺术潮流。各种艺术种类都发生了新的变化"。诗歌……在这个历程中出现了新的众多流派。这股潮流统称为'现代主义'艺术,广泛曼延,一百多年来,仍绵绵不断。"应该说,这仅是问题的一个方面;因为与这种"现代主义"艺术潮流同时存在的,也还有其它艺术潮流承继浪漫的或现实的诗歌传统在发展着。约翰·加斯纳在他为《剧作家论剧作》一书所写"导论"中,论及十九世纪后期出现的西方现代戏剧时指出:

> ……我们发现他们从事于两种戏剧,一种是现代戏剧,另一种是现代派戏剧。前者追求内容、风格和形式的现代主义,后者则热衷于富有诗情和想象的艺术。前者在十世纪七十年代开始在戏剧领域排除浪漫主义和假现实主义,而后者在九十年代开始对现实主义加以非难、节制,并取而代之。然而,浪漫主义戏剧终于没有为现实主义作家所废除,现实主义戏剧实际上也没有被新浪漫主义、象征主义、表现主义的作家以及其他诗剧或想象剧的支持者所置换,纵观我们的整个世纪,剧作的各种风格是彼此碰撞而又相互沟通的。①

事实上不只戏剧,在诗歌、小说、电影、美术等各类文艺部门,存在着同样情况。所以,新诗的"现代倾向"理应包括(一)我国诗歌中现实的诗与浪漫的诗在新时期与其他不同风格类型的诗竞相完善与提高;(二)在学习与借鉴方面,既注意于现代主义诗歌艺术,又顾及于现实主义、浪漫主义诗歌在现时代的发展;(三)其基点在于对我们当代社

---

①《外国现代剧作家论剧作》,中国社会科学出版社1982年版。

会发展主流的本质把握与认识，拥有完美的崇高的思想境界。

真正的文艺作品，总是体现着民族文化与民族艺术思维的创造性；在其整个创作构思中，社会生活、意识、心理、气质、风尚……有机地渗入甚至左右作家、诗人、艺术家对生活的审美思考，及其形象的创造过程。我们的"拿来主义"，当然也只有在被我所化，为我所创造性地运用的时候，才能成为诗人自己创作个性的有机体。

应该看到，现代西方文学艺术发展中，从十九世纪末开始，有着一种渐渐脱离自然、远拒生活的倾向，不少文艺家在追求他们的个人自由、反对传统的同时，沉迷于各种异于常人的花样变幻，而这种情况在我国"五四"以来的现代诗歌中，却并不多见，或者说并没形成一股潮流。相反，我们从许多著名的有影响的诗人，如郭沫若、闻一多（他后期的短论、演讲也是诗篇）、戴望舒、朱湘、艾青、何其芳……直至四十年代后期《中国新诗》诗群的创作道路，却清楚看到，现代诗艺尽管深受外国诗歌影响，但仍坚持着我们自己所特有的民族的现实的以及具有鲜明个性与风格特色的道路。对于一个真正的诗人来讲，在其思想与艺术的成熟上起决定作用的，归根到底是他所植根的中国现实；因此他的歌唱，不会是异国的舶来品，而只能是在自己民族和生活的土壤上，承受整个人类文化的雨露绽放的簇簇鲜花。

另外，还有一个新诗的诗体形式问题。在过去六十余年的新诗历史中，从自由诗到格律诗的各种不同诗体形式，都曾被诗人们所运用，也产生过不少优秀作品。当然，一切形式都被内容所决定，如果是诗，不论用什么形式写出来，都是诗，但对此似乎不应过于偏向主观随意性；也许正是在一定形式里，才能显示出一个诗人思想与艺术的强度。应该说对每个诗人来讲，都应最终找到他按自己的方式体验生活和传达感情、印象的最得心应手的形式；而对整个诗歌发展来讲，则应在诸多诗体形式的争奇斗艳中，逐步探索并建立起主导的相对稳固的形式。从源远流长的中国古代诗歌发展中可以看到,这将对许多人开始涉足诗苑,对整个民族诗歌的繁荣、兴旺,是大有裨益的。

创立现代新诗体,也是诗歌"现代倾向"所涉及的一项重要内容,尽管这肯定是一个十分缓慢而长期渐进的过程。

1983 年 2 月春节

(《当代文艺思潮》1983 年第 3 期)

西藏:心中的歌
——谈高平的诗

一

　　五十年代中期,在中国人民解放军的文艺工作者中,曾涌现出一大批卓有才华、风华正茂的年轻诗人,他们是公刘、白桦、顾工、梁上泉、李瑛、饶阶巴桑、杨星火……在这一长串名单之列,我们也看到了高平。一九五五年,二十三岁的高平出版了他的第一本进军西藏诗集《珠穆朗玛》,连续两三年间,又出版了短诗集《拉萨的黎明》(1957年)和长诗集《大雪纷飞》(1958年),后者已经显示出年轻诗人思想、生活以及诗歌艺术上的趋于成熟。

　　记得谁曾说过,一个诗人、作家如何迈出他的第一步,往往决定他以后创作的基调,甚至会预示他的整个创作历程。高平的诗歌创作,开始就与参军和进军西藏联系在一起,人民解放军与西藏的新生几乎成为他至今全部诗作灵感的渊薮。

　　一九四九年八月,高平参加了第一野战军政治部战斗剧社文学队,从此,他的文学爱好又投入解放军这一伟大战斗集体中得到冶炼、升华。向西北、西南的进军,特别是亲身经历了修建康藏公路的火热斗争,与筑路部队披荆斩棘前进,共享通车的欢乐,迎接拉萨的新生……生活为年轻诗人展示出一片广阔的激情洋溢的新天地,诗情的湍流终于汇成奔腾的江河。直至三十年后,已经在甘肃工作多年的诗人,还深情地写道:

　　我在学习写诗的道路上，完全用自己的双脚迈步前进，是到西藏以后。

　　西藏，是我的缪斯(诗神)，是我的第二故乡。

　　我把青春献给了西藏，西藏也给了我永久青春。

　　……

　　对于西藏，我的诗丝，常有"剪不断，理还乱"的感觉。但我决无剪它的理由，而是要努力的理它。

　　而且，我愿意随时回到它的怀抱①。

进藏后他诗歌创作的首批成果，就是《珠穆朗玛》。诗集热情歌颂了我军进藏部队所建树的英雄业绩，战士与藏族群众的兄弟情谊，反映了藏族人民的生活和精神世界所发生的变化；革命乐观主义和对祖国的儿女心肠般的爱溢于言表。凡此种种，由于诗人自己就是这支队伍中的一员，所以就更能通过非常亲切、细腻的生活体验的直接抒发，完满地表达出来。其中许多诗从部队生活的不同角度，摄取意象鲜明的一个场面或镜头，构成令人神驰的意境。《在指挥部》《接岗以前》都能以小见大。刚发布通车令后又提笔规划开辟新区的将军形象，抓紧接岗前的片刻为母亲写信，畅叙理想、志愿的战士形象，都很真切、鲜明，有浓郁的生活气息。《飞向北京》从清晨站在西藏高原的战士向北京举手致敬，联想到千万只手化为鸽子，向着首都飞翔，一往情深地传达出驻藏战士保卫祖国、热爱和平的心声。

　　每天早晨我们向北京招手，

　　每天有鸽子飞翔在北京上空。

────────

　　①高平：《我学习写诗的道路》，《中国当代文学研究资料·当代诗歌评论集》，甘肃师大中文系现代文学教研室编。

> 建设吧！亲爱的祖国！
>
> 有我们保卫边境！

这首诗主要通过意象的更迭而获得构思的奇妙与新颖。《他站在桥头上》满披理想与革命浪漫主义，歌颂了一位为架公路桥梁而牺牲的战士。《打通雀儿山》是五十年代初期为广大群众所熟悉的一首诗，它主题鲜明，基调昂扬，产生于火热的斗争生活，也鼓舞了筑路战士的"铁山也要劈两半"的豪情。它没有回避艰苦、险恶的现实（"飞鸟也难上山顶，终年雪不断。""山坡架帐篷，睡在云雾中；"……），反而由此更突出了战士们的革命英雄主义和乐观主义精神。它还具有民歌式的匀整与通俗、动人的旋律，全诗基本以五言为主，四句一节的第三句嵌以七言，语言节奏错落有致，同时又以民间说唱的"说古道今"形式领起全篇，更便于诵读传唱。所以这首诗创作不久，就被谱成歌曲，乘着乐曲的翅膀飞遍了全国。

诗集《拉萨的黎明》，引起我们注意的是几首关于拉萨的诗，如《拉萨的黎明》《拉萨街上的春天》《拉萨的一扇窗户》《关于拉萨》等，它们宛如一组反映拉萨新生活风貌的风习画：康藏公路通车后第一支车队开进拉萨的欢腾情景，春天的拉萨街头卖树苗者的叫唤，从一扇窗户所看到或感受到的拉萨的新生活节奏……都意象鲜明地浮现在我们眼前。

《关于拉萨》是诗集中难得的一首抒情长诗。如果说这是一首以明朗、豪迈的心情赞唱拉萨新变化的诗，不如说它主要刻画并赞美了拉萨的性格："整个拉萨，就像用一座大山刻出来的一样。"对新拉萨的热爱，使诗人产生了像故乡一样的感情：

> 这里的布谷鸟，
>
> 没有去过北方，
>
> 在它的声音里，

拉萨也有了家乡的风光。

这首长诗可以明显看出马雅可夫斯基诗风的影响，这不仅表现在号召式警句的出现，如"不论是藏族人、汉族人，用一分钟穿好衣服吧，迈开三公足的大步，去迎接光荣的劳动！"而且整首诗中站立着充满革命自豪感的作为一个战士——诗人的抒情自我形象："电报，是我发的。""我收到……我的第一部诗集。""我还是仰着头向书店走去。"……诗人不但用眼睛去观察，而且敞开心扉来赞唱、拥抱这周围美好的一切——从即使很微小的变化中透视生活的本质。

与《珠穆朗玛》比较可以看出，高平在继续完善着他的创作个性，他擅长直抒胸臆——借"我"的主观感受抒情。对解放军和西藏人民、风物的深厚感情，像潺潺溪流渗透在对具体场景的感发和人物心理的瞬间起伏之中。他刻画藏族少女深夜等待爱人归来的急切、充满柔情的心理状态，几乎是脱颖而出：

> 她等着爱人来，
>
> 心跳的厉害，
>
> 好像这个草原，
>
> 会驮着她飞起来。
>
> ——《甘孜草原的夜里》

自然与情真，使他的语言有一种浑朴无华的美，接近于口语的直叙、白描，诗味尽在无意间得之。这种诗的语言，使我们想到"昔我往矣，杨柳依依。今我来思，雨雪霏霏"(《诗经·采薇》)和"池塘生春草，园林变鸣禽"(谢灵运)等名句，尽管它们在当时几近白话白描，但前者被认为"以乐景写哀，以哀景写乐，以倍增其哀乐"(《薑斋诗话》)，后者被评为"此语之工，正在无所用意，猝然与景相遇，所以成章不假绳削，故非常情之所能到。诗家妙处，当须以此为根本，而思苦言艰者，往往不悟"(《石林诗话》)。"正在无所用意"，"成章不假绳削"，在高平诗中我们也会感到这一特色。

但是，作为初期诗作，某些稚嫩痕迹亦依稀可见。有的诗写得较"散"，对语言的驾驭与诗的"造意"尚不适应，诗体结构也不够紧凑、简练，像《藏族姑娘的话》《甘孜草原的夜里》等。另外，《关于拉萨》《给重庆》《夜进昌都》《拉萨的黎明》等，构思嫌雷同，手法不够丰富，色调也缺乏变化。

二

诗集《大雪纷飞》标志着高平在诗歌创作道路上迈出了坚实的一步。它收进三首长诗，其中《大雪纷飞》是他诗歌的代表作。

早在写作《珠穆朗玛》时期，诗人就开始尝试以丰富、美丽的藏族民间传说与当前生活结合，借以凸显现实的变化，像《波密人的传说》《我回来的时节》等。长诗《紫丁香》在类似题材基础上进行构思，它是以"一个简单的藏族民间传说作依据"创作而成的：藏族青年江西的藏布与江东的巴珍倾心相爱，可是奔腾的怒江阻挡了他们的接近，他们相互决然奔向对方而被怒江吞没，两岸的悬崖上，长出两棵紫丁香……这是一个很富于理想色彩的浪漫蒂克故事，特别是那个与《古诗为焦仲卿妻作》近似的结局。但是，这首诗作的主题意义，绝不在于这个传说故事本身；它所蕴藉的对爱情的坚贞和对美好生活的追求，结果化为紫丁香，在继续顽强地生存、发展，最后终于在现实中得到实现：今天，凶险不羁的怒江，已被解放军所征服，江上架起连通东西的桥梁，紫丁香也在守桥战士身旁微笑、怒放。应该说，这才是诗作浪漫主义的深化及藏布、巴珍故事美的真谛；古老的爱情悲剧，升华为对带来幸福与解放的共产党和解放军的激情赞颂。

《紫丁香》也是一首通过象征性寓意形象以揭示生活真理的诗。民歌与传说中传统的善与恶、美与丑斗争的胜利，被赋予鲜明的时代色彩和革命浪漫主义精神,倍增其诱人的艺术魅力。

《大雪纷飞》像开放在五十年代中期新诗园地里的一朵奇异的鲜花,当它在《人民文学》发表后,曾受到广大诗歌爱好者的欢迎。遗憾的是,很快它就在文艺评论界的视线外消失了,没有得到应有的重视和评价。时经二十余年后的今日,我们重读这首有一定情节性的抒情长诗,依然为主人公央瑾那深挚、天真、充满柔情的美好心灵及其揪人心肺的死亡结局,而心潮起伏,难能平静。我们仿佛与"忍泪"写作的诗人一道,直接进入人物的感情世界,追随着她那被思念、幻想和痛苦压弯的纤弱的身影,跋涉于去冈斯拉的渺茫的长途。它使我们深深陷入同情(一个多美好的灵魂的悲剧)、鼓舞(黑暗的农奴制难能窒息心对自由、爱情与理想的追求)、感叹(她对主人的天真幻想)、愤怒(主人的狡狯与残暴)、甚至战栗:

啊!好冷啊!好困!

漆黑漆黑的夜呀!

没有了,那颗星,

星……

这种种复杂情感的交相袭击,感同身受般地不能自已。《大雪纷飞》是一颗普通而善良的心的情意绵密的倾诉,是向人所应有的正常生活所发出的激情呼吁。

关于这首长诗的写作,高平这样写道:

一九五七年元旦刚过,有一次,我偶尔听到了流传在美丽的羊卓雍湖畔的一首民歌,是诉说农奴的苦难的,特别凄凉婉转,有一句:"我是人家的仆人,不能随自己呀!"它并非比兴,而是赋,是不讳的直言,然而是一滴血,是从农奴的心尖上滴下来的;它又像一粒火种,点燃了我对农奴制度的愤怒。……这句民歌,激发了我的灵感,正是长期积累,偶然得之。①

诗人这种强烈的爱与憎,始终贯穿于长诗之中。央瑾是一个女奴,在长期农奴制统治的历史条件下,她温顺地服从主人的意志,被支差外出,孤独地踏上遥远的途程;她天真地怀疑"主人会欺骗我吗? 啊,有谁会对我存着坏心? "幻想主人会因她"立下大功"而答应与江卡成婚……这些描写,不仅符合生活真实,符合人物性格,而且由此更反衬出农奴制的非人性和不合理。她温顺,对生活却怀有倔强的信念;她孤独,精神上却无比富有:

> 江卡,我无论走到什么地方,
>
> 总是想起你,想起家,想起阿妈,
>
> 想起故乡的湖,
>
> 想起土屋上的炊烟,
>
> 想起卓玛的山歌,
>
> 想起你穿着旧皮靴,
>
> 拖着沉重的脚步,
>
> 从我的门前走过。

她有幻想,说明她本质上如何善良、单纯,因为她真诚地认为"我,央瑾,什么时候,欺骗过别人? "没有什么离奇、曲折的故事情节,对语言也不多事修饰、推敲,可是央瑾形象非常鲜明、感人;它是在刻画一个性格的同时,深沉地袒露一个与我们如此接近的平凡人的灵魂。

罗丹说,"拙劣的艺术家永远戴别人的眼镜。要点是感动,是爱,

---

① 高平:《我学习写诗的道路》,《中国当代文学研究资料·当代诗歌评论集》,甘肃师大中文系现代文学教研室编。

是希望、战栗、生活"。"艺术就是感情"①。我想,对于诗歌艺术,尤其是这样。《大雪纷飞》在构思与抒情手法上是独特的。诗人对作品唯一的主人公采用了类似舞台"追光"的方法,随着支差路上的每日行程、境遇的变换,让人物感情与心理活动一层一层地展示,从而自然形成诗体的单一性结拘;同时,由于人物始终受着诗人思想感情的"追光",因而就更有力地把我们挟进那股与诗人同样激荡的爱与憎的洪流。这正像诗人所说:

> 因为白天有别的工作,只好在灯下写,一连用了六个晚间,每晚写一节,这不是事先安排的,而是一种自然的行程,我的笔紧随着主人公央瑾在支差的路上向前走,边走,边想,边说着心里话,我就是她,她就是我。走累了,或者一段路走完了,一席话说完了,她停了下来,我的笔也停了下来,自然地就算一节。这样,走了六个夜晚,一共写了七节。她死了,"啊,大雪纷飞!"我在稿纸上重重地划了个惊叹号,诗也就写完了。留在原稿上的最后四个字"忍泪写成",可以概括我当时的感情状态。②

可见这首长诗是诗人情思喷涌、意象明晰、心潮激奋下的产物。读过五百多行的诗后,我们好像也伴随着主人公央瑾一起,体验了一次感情与心灵的风雨,眼前仿佛还晃动着那个对生活充满爱、最后却在幸福的甜蜜的幻觉中倒下的年轻女奴的身影……

> 大雪淹没了她的衣裙,
>
> 大雪埋住了她的手臂,

---

①罗丹:《罗丹艺术论》,人民美术出版社 1978 年版。
②同前引《我学习写诗的道路》。

渐渐地,在风雪中,

只能隐约地看到

一根红色的头绳,……

啊!大雪纷飞!

长诗在诗的艺术表现上,也有大胆探索与创新。它全篇以主人公的内心独白,以她向自己、向亲人、向故土的一切倾吐衷肠为主线,把过去的回忆,眼前的遭遇,未来的生活理想同想象、幻觉、甚至周围倏然显现的种种意象,重叠或交织在一起,这样,不仅增强了诗情的蕴藉、跳跃,而且有效地烘托出诗的抒情氛围。长诗所包含的某些情节性因素(个人身世,主人的狡狯、残暴,央瑾与江卡的爱情……)也得以一一交代——当然,那还需要借诗所诱发的我们的想象加以补充。另外,长诗保持了前期诗作的语言特色,采用了自由诗体形式,句由情出,文字适应着感情体验的节奏,晓畅、亲切的语言,竟如解冻的溪水,从心田汩汩流出,但却不乏葱茏的诗意和幽邃的意境。像夜宿山洞,央瑾凝望星星时的抒情,就是明显的一例:

江卡!

你也在看着这颗星吗?

这颗星就是我的眼睛。

它不大,是因为我离你太远,

它不亮,是因为我太伤心。

《大雪纷飞》应该属于新中国成立后产生的优秀长诗之列。

三

整整二十年过去了。漫长的岁月……

一九五八年后,高平离开了部队转业到甘肃,开始从事专业歌剧创作,曾写出《二次婚礼》及《向阳川》(与别人合作)等作品,他被迫长期基本中断了的诗歌创作生涯,直到一九七八年《川藏公路之歌》出版,才又衔接起来。

《川藏公路之歌》是一部七易其稿的旧作,正像《后记》所叙:对于川藏公路的开辟,诗人虽曾写过一些诗文,"但常深感意犹未到,情犹未尽,所以对这部长诗的写作与修改终未放弃,以求弥补于万一。"这篇作品是当年修建川藏公路工程的诗的记录。它通过一系列特写式场面的抒情描绘,再现了进藏部队当年一面进军一面修路的火红生活,歌颂了汉藏团结和战士的革命英雄气概,抒发了作为这个英雄集体的一个成员所具有的豪情壮志。综观全诗,尽管有些优秀章节,如《未来的城市》《跨越怒江》等,但总的说来仍使我们感到,首先,在构思上嫌平而直,缺乏场面或情感线索的起伏跌宕,因为对于一首记叙性抒情长诗,能够把感情发展控制在一个最高点上,形成挈领全篇的高潮,是非常重要的。其次,长诗中解放军筑路部队的英雄集体形象,与诗人的"我"结合得还不十分和谐,在这方面,比之前期诗作大为逊色。第三,在诗体形式上,似乎趋于齐整与格律化,但失掉了前期诗作的一些属于语言个性的特色。

以上情况,反映了不只是高平,而且也是当前抒情诗作的一个带普遍性的问题。近两三年来,随着"四人帮"及其政治、思想体系的瓦解,我们的诗歌创作也发生了很大的变化,思想比较解放,很多所谓禁区被突破,诗的内容、形式以及抒情手法,逐渐丰富多彩起来。但是,从目前不少抒情诗作看,似乎还存在着一种矛盾现象:一方面,诗离不开诗人自己强烈的独特的主观感受与内心体验,它要通过"自我"以达到主客观的统一。因为,尽管抒情诗的"对象是现实或者现象中的真实",但它毕竟要"表现一个人的主观方面,把内在的人揭示于我们面前,因此它整个儿是感觉、感情、音乐"(别林斯基)。另方面,一时间又很难彻底摆脱过去十年那些限制,甚至扼杀不同风格和抒情个性的"理论"的羁绊与影响。彳亍于诗的"自我"之前，难以保持已有的诗风，在题材上向散文内容靠拢……都是这种情况的表现。上述现象，正是诗人们这种矛盾心境的反映。这也许是一个短暂的必然的过渡；矛盾的解决，必将迎来诗歌创作的新的一步，呈现出另一番新风貌。

早在一九五五年的《藏族骑手》一诗中，高平就写下这样的诗句：

光荣的祖先们，

都是最好的武士，

在风雪交加的 1904 年，

曾经把外国侵略者

埋葬在荒郊。

到一九五七年，诗人又有机会"从拉萨经日喀则、江孜、帕里到亚东生活了一段时间，采访到一些一九零四年西藏人民反侵略斗争的故事"（《古堡·后记》）。《古堡》（《西藏三部曲》第一部）就是以近代史上西藏人民与英国侵略军所进行的这场悲壮斗争为题材而创作的长篇叙事诗。

在现代和当代诗歌史上，从历史的角度，通过叙事诗的形式，把西藏兄弟民族为保卫祖国领土完整而英勇战斗的历程，介绍给广大读者，还是不多见的。从这个意义上讲，长诗《古堡》为我国诗歌题材填补了空白，这是应该首先肯定的。

近百年来帝国主义势力侵入我国，同时也时刻在觊觎着我国的西藏，英帝国主义者就曾多次武装侵犯过这个地区，其中尤以一九零四年之役为最。英勇顽强、热爱祖国的西藏人民对侵略者进行了自发的浴血抵抗，写下了我国近代反帝斗争史上可歌可泣的一页。长诗《古堡》通过喜马拉雅山下的一个小小村庄——曲眉塘，在遭受侵略军洗劫后，贫苦农奴由格朗雪吉率领，奋起占据山头古堡，与反动头人索巴和以霍尔上校为首的英侵略军展开殊死搏斗的故事,从一个侧面反映了一九零四年的史实,说明人民的鲜血不会白流,历史的车轮,已"滚动在我们的天上;那永远折不断的车轴,就是人民的刀枪。"为宁死不屈的西藏人民,谱写出一曲慷慨悲壮的英雄赞歌。诗中的一系列人物形象,格郎雪吉、益喜拉姆、丹珠、仓居等都刻画得比较鲜明,另外,长诗四行一段,间行押韵,比前期诗作凝练、匀称得多了,但依然保持了不多事修饰,自然、顺畅的特色,可以看出,诗人从藏族民歌中汲取了丰富营养。

略感不足的是,长诗还没有摆脱用塑造集体群像的手法来刻画人物,因此他们——特别是正面人物的性格使人感到雷同,不同人物的个性缺乏鲜明色调,其中性子暴烈的洛桑才旦在《帅旗》一节也只闪现了一下,就消融在集体的共性中了。与此相联系的是,诗人似乎还不太善于驾驭并描绘较大、较剧烈的战斗场面,对此往往处理匆促,写得声色不足。像《血战》一节对一场激烈的白刃战是这样描写的:

> 喊声震天动地,
> 人群混搅如蚁,
> 沿着悬崖绝壁,
> 滚着鬼子的尸体。
>
> 你看格郎雪吉,
> 身后飘着帅旗,
> 领头东杀西砍,
> 像鹰在抓小鸡。
> ……

语言是何等苍白无力!它显得太"实",难以激发我们的想象;可是我们知道,如果对这种大场面能调度、处理得当,它又能提供多少充分展示各种人物个性的机会啊。

在反映西藏人民生活和精神风貌方面,高平是一位有个性的抒情诗人。今天在向现代化的宏伟目标进军中,同全国诗人们一道,他又唱出了自己献给西藏和全国人民的新的心中之歌。我们期待他执着生活,情思勃发,扬其所长,以清丽、多姿的更好作品,汇入时代的合唱。

1980 年 5 月初稿,10 月改稿

(《现代诗话》,青海人民出版社 1981 年)

生活的多样化与诗的特色

——一九八二年《塞声》漫评

一九八二年伊始,《飞天》诗歌就先以《丝路诗情》继之改以固定栏目的《塞声》,呈献于广大读者及诗歌爱好者面前。在过去的一年里,它已刊出八期,发表了本省五十几位诗人的一百余首诗作;显示出伴随着社会主义现代化的伟大进程,诗人们创作上的努力,取得的部分好收成。

一

塞声,塞声,古往今来,有多少诗情在心中起伏,奔涌……

致力于开拓有西部生活特色的诗,探索建立自己的诗歌风格、流派,在时代的雄壮合唱中,找到自己独特的声音,是我省诗作者为之神驰心往的目标。《塞声》好像也有志于兹。它的诗作的一个显著特色,就是给我们留下了新时期丰富绚丽的塞上风采;在这些可称之为新边塞写意诗中,我们看到过往的历史,前进的现实,生活、劳动在这片土地上的人民崭新的精神面貌, 大西北壮丽山川的抒情……而在诗艺上也有不少创新。在反映多样化生活的同时,一种较有特色的诗风,已在逐渐形成,舒展着它嫩绿的枝叶,预告繁华如锦的前景。这是我省诗坛一个十分可喜的现象。

提到这类诗作,我想先谈谈唐祈的两组诗——《敦煌组诗》(第五期)和《边塞的献诗》(第十二期)。唐祈这位年逾花甲的老诗人,以露珠般的感受,张开年轻的心扉,满怀激情的歌颂、抒写大西北美好的一切。

《敦煌组诗》在一种历史的沉思中,抒发对"美的世界"的礼赞,对人类智慧的艺术创造的虔敬,面对艺术宝库敦煌和苍茫暮色中的古阳关,诗人由敬畏而感到的"如一棵静默的秋草",因为在这中间横亘着一个巨大的时空;可是在对美的追求和美感的交流中,古代和现代却有着心灵的沟通,这样就出现了《珍珠》一诗中壁画上王子、供养人等艺术形象与临摹者的复合形象:

> 呵,你临摹画中的飞天
>
> 看飞天壁画的人在看你。

人,又是历史与艺术美的创造者。

《边塞的献诗》包括五首寄景或寄物寓理抒情的短诗。情思隽永、警策,手法奇特、新颖。如像《石像辞》中"石碑"的知觉化;《嘉峪关遐想》又回到《路过阳关》(《敦煌组诗》)的主题意境,但却比后者给人以当代生活联系的更新的启发:

> 嘉峪关的阳光
>
> 灿烂得像古代某一天秋天上午的太阳
>
> 我走进了一片威武的战场
>
> 黑色照相机"咔嚓"一响
>
> 一个微笑的日本女郎
>
> 惊碎了这一片阳光……

这里有着历史与今天、西北与外域、古老遐想与现代文明的绝妙融合,丰富的时空感;尽管古今有同样一片灿烂的阳光,可"战场"却淡化出"一个微笑",历史在"'咔嚓'一响"声中展现着新颜。这简直是"秦时明月汉时关"意境的绝好化用与发展。

青年诗人林染长期生活在河西,对写作新边塞诗颇感兴味。近年来,他对此写作甚勤,组诗《出塞》(第八期),也许是他这方面较有代表性的一组。组诗富于生活实感,以明快的节奏和多种手法,捕捉并抒写塞上人民心灵的美好,塞上生活的斑斓色调,把我们引入一片令人神往的境界。《出塞》是一组塞上生活与诗意的优美赞歌。其中有的在草原辽阔的背景上,摄取女青年飞逐西去的列车,向西行的战士献上一束杜红花的快速镜头,表现河西人民对边防战士的热爱。诗中多采用多视角的快速场景变换,但"焦距"却始终集中于"温馨"的"燃烧"的杜红花,有力的突出了少女形象的精神风采。《幻想曲——敦煌的月光》的构思避熟立新,另辟蹊径,写月下的敦煌,给这座宝库裹一层与其精神十分相衬的神秘而又浪漫的柔纱,进而表现它给诗人的一种特殊感觉与印象:这里的一切都在颤动("起伏的手臂摇动月光");都有生命的质感("她们从沙丘舞向沙丘/飘带撩动星群");都梦幻般的神奇("我听见了她们的歌唱/……珊瑚形的红柳/一丛丛熊熊燃烧着/火焰是黑色的,浓黑色的");都具有活生生的人的感情("她们会舞到我的山岩上/把我带进/波涛下的花园……")……这一切都通过诗的想象而表现出敦煌那独具的魅力。另外,像《寄自小宛戈壁的信》中对小宛戈壁的抒情描叙,及其发自对这"一角荒漠"的挚爱;在《酒泉印象》通过声、色、味、线条及动的意象诸种感觉的交错,用以表现酒泉繁忙的生活节奏及其独特地区风貌,都渗透着年轻诗人卓有成效的探索精神。

关于写塞上,写敦煌的诗,还有《唱给敦煌》(赵之洵·第十一期)、《疏勒河满足而欢喜》(何来·第十二期)、《长城鸟鸣》(师日新·第十期)、《青青的白腊树林》(郝明德·第九期),都给我们留下了较深刻的印象。久远的历史渊源,璀璨的敦煌艺术,河西走廊奔腾的生活热流……今天的古丝绸路上,依然到处是孕育诗情画意的处女地,等待着富于创新精神,有热烈追求的诗人去一试臂力,辛勤开垦。

二

在《塞声》占相当分量的,还有几组写西北乡情的诗,它们是组诗《采自故乡的草莓》(第六期)、《春风牵来的牧歌》(第六期)、《山区行》(第六期)、《乡土的眷恋》(第九期)、《流逝在山村里的时光》(第十期)等等。

乡情的抒发,对故乡土地深情的眷恋,丰富了新边塞写意诗的内容,也为抒情诗在反映生活的多样化方面,迈出新的一步。尤其是综观《塞声》诗作,会给我们以着眼于风景画构思与描叙的诗较多的印象,相形之下,这几组乡情诗篇,却为我们提供了更多的西北风情或乡土风俗画面,而其中更洋溢着一种真诚的朴素的赤子一样的感情。

李云鹏的《采自故乡的草莓》以细腻而清新的笔触,写出对故乡一草一木,一情一景的深挚情怀,那鸽哨带来的"云空里出声的微笑",那细雨迷濛牵动着年轻媳妇的柔情,以及故乡的朗月所给予诗人那颗"明月般的童心"。诗中回荡着一种缠绵的浪漫曲式的动人旋律,而作者因境造语,以景传情,倍增诗的神韵。汪玉良的《乡土的眷恋》仍葆有他那深郁中透出明丽的风格,对故乡生活中感情至深的场景、事物——晨光、春雨、古钟、杏林……进行观照,安排情绪比例,提炼鲜明意象,在耶达坂苦难阴影的前景上,我们看到一个"向广阔的世界高声传送——/预报着一个沉静后的沸腾"的新山村;

> 看见了吗? 你的眼睛!
>
> 这不会是晨光中的幻影。
>
> 山庄抹去了面容的憔悴,
>
> 掷给你一个丰满的黎明——

这是一组焕发着春天气息的诗。组诗四行一节,形式整饬,节调徐缓而流畅。但由于想象空间较少,给人以尚欠凝练之感。安墨田的《山区

行》有着更为明显的通过过去与现在的对比构思,而抒发对山区的炽
热情杯,

> 漏下的几滴蓝天
> 渐渐溶进了紫色的浓萌
> 我被苍古幽谧浸透了
> 在这深沉的碧海中飘摇下沉
> ……

诗中对森林、山区风景的抒情——使我们想到俄国列维坦的油
画——依稀感到有一颗健康而又淳朴的心脏在搏动。但是,对比的构
思往往流于板滞、平面,限制了对生活内涵的开挖,更难以表现那在
一个面与另个面之间联结的纽带,是这组诗的明显不足。

另外,唐光玉的《春风牵来的牧歌》也以其河西草原牧场的斑驳
色彩,特别是洋溢着草场气息的动人生活画面,吸引着我们。

与乡情的诗篇相联系的,是直接抒写农村生活的诗,在《塞声》所
占比重及其特色,就显得较为暗淡了。在未来的发展中,更有意识地
扶植并提高这一重要领域的诗作,是很有必要的。

这类为数不多的诗作中,王佑生的《麦垅,正向前方延伸》(第十
二期)以其严峻的现实主义笔触,凝重的情感,深深打动我们。尽管时
代在急速前进,但我们的农村还亟待从古老、落后的生产力重轭下跳
脱出来("自己就是忙碌的唯一动力,牛,还拴在梦的槽头),以求得生
活的改善和精神的高扬, 这也许就是该诗所透露出来的生活的一个
侧面。但全诗在较为压抑的艰辛的旋律里,却流动着对土地滚烫的
爱,对生活更执着的希望,那是——

> 突然,希望伸出了有力的胳膊,
> 和他一道蹬直了粗壮的腿!
>
> ——《压场》

胸中关不住的向往呵，

麦垅般地从脚下伸向远方。

——《在，长长的麦垅上》

当牛拉着木犁划破山坡的土地，

远处的拖拉机唱起了深沉的歌……

——《买牛》

也许你会责备它的主题不够积极，基调不够昂扬；可是诗人确实以农民朴素、真切的实感，反映了生活中使他激动并迫使他为之呼喊的东西，这也正是这首诗可贵的地方。

三

在《塞声》诗苑里，青年诗作吐放着一种新鲜的奇异的芳香，给我们留下深刻的印象。他们的诗，不论在时代的感应，生活的节奏，或是对纷繁的意象的把握上，都颇有新意，体现出我们当代某些青年诗作所共有的思想与艺术特色。

随着当代社会的发展，科学技术的进步，缜密的思考，科学的逻辑——也就是说理性的因素，在现实生活的各个领域，占有越来越多的比重。因此，作为一个当代诗人，光有丰沛的情感和想象，是远远不够的，他更需要深刻、睿智的思想，有哲理的概括伴随其艺术构思与想象、联想的运行；诗中感情形象本身，就是理念思想充满灵感的显现。这个特点清楚地反映在《我生产着我》（姚学礼·第十二期）一诗中。这首奔放的自由诗给予"我是工人，我在生产"这一实在概念以更具想理性的外延——对生活价值的认识，去拥有一个新颖的人生：

我在生产

我生产一个大公无私的合格生命

我生产一个你也爱他也爱的我

《我的诗,在抛物线上》(李鹏·第五期)与上诗有同样主题概括,不过它通过对工厂生活节奏,对"力与速的交响"的感觉,着重抒写年轻一代青工的个性、理想及其心灵。

传送带把青春,理想,希望

拉成绚丽的弧光,祖国

巨大的脉管在燃烧,沸腾

呵,我的诗在抛物钱上运行……

这里,诗的想象、意象,已直接转化为思想并构成诗的内容。

我们从表现西北高原的诗《黄土高原——化合的海》(焦丽达·第十二期)也同样看到这种哲理概括所赋予诗作的全新面貌。这首诗在想象与联想的纵横驰骋中,把天文、地理、远古、现实……通过理念的概括予以胶合,不仅歌颂了大自然造化的奇观,更赞美了运动不息的青春与生命的伟大:

清晨,我看到那丢失在黄昏的

红宝石

又镶上你的前额。

让她永远熠耀着——

海的生命,海的青春

其次,打破正常思路的次序,而以其奇特甚至是变异的观念联系——亦即通过多重生活意象的复合,扩大诗的容量,增加时空感,传达出伴随感觉、印象而来的情感,是这些青年诗作的又一特点。

他

匆匆地走过许许多人背后

走过淡蓝色的勿忘我

和一位城市姑娘的微笑

（那儿

空气都染上了淡淡的绯红）

————人邻：《在画展大厅里，一个矿工》

这是写参观画展时的一种情绪，一种印象；这里有众多看画的观众，有画面的人或物，有弥漫整个画厅的一种静谧而有活力的气氛……这一切，都通过多重意象结成一个和谐又具空间感的整体。

《他们还年轻》（阳飚·第六期）的三首诗，整个就是感觉、情绪、画面、音乐的综合，颇具特色地表现出年轻工人乐观性格和开阔的精神世界。这组诗的手法，颇类似于电影的一种蒙太奇风格——将单个镜头组接在一起，构成有含义的整体；每个单个的孤立意象，是毫无意义的，但一旦将它们合理的组装、联结起来，则具有一种全新的完整寓意。

对意象的捕捉、提炼与追求，也使嘉昌的三首诗（《生活的意象》第七期）很有特色，其中题作《早晨，突破重围》一诗，既把破晓时分描绘得极有声色，充满交响乐般的壮烈旋律，又赋予整个构思以深湛的象征性。

最后，还应该谈谈两位青年女诗人的《这是真的吗？曾经……》（匡文留·第五期）和《给妈妈的信》（崔桓·第八期）。前者以细腻、缠绵的笔触，抒写山村生活的一段经历——一个青春的温馨的梦，情感的经纬所维系的那个"湿淋淋的头上，水珠儿俏皮地眨眼；泥乎乎的掌心，鞭杆儿欢快地'吱哼'"的年轻庄稼人的身影，是鲜明的，而回荡的情感旋律和流畅的语言节调，也是优美的。不过弥漫全诗的那种淡淡的悒郁和哀怨，以及过重的浪漫牧歌色调，似乎与那些艰辛岁月很不谐调，作者应该找到那情感的"光亮点"。后者，以明快流畅的语言，揭示出一个处于陌生境遇的女孩子的心理，她天真而美好的感情，诗的结尾，含蓄而有流动的神韵……

青年诗作显示出我省诗歌队伍中一支潜力很大、朝气蓬勃的新生力量在飞快成长。

《塞声》为祖国姹紫嫣红的诗苑，捧献出一束束吐放着西北高原清香的鲜花。

《塞声》同时表明，我们甘肃诗歌队伍有活力，有潜能，有追求，在社会主义现代化的宏伟进军中，它将会大步前进，用自己的声音更好地歌唱。

（《飞天》1983 年第 2 期）

昌耀:他的诗和诗的世界

每个诗人都在他的作品中融解、升华他的生活,他对生活的诠释和感性体验;诗是鸣响在他的内心世界的歌。他们中的有些作品,甚至会使我们感到:只有当它的产生使作者饱尝情感的折磨、灵魂的震荡之后,才真正赋予它一种美,一种在生活的铁砧下迸放的冷艳的炫目的光彩。将近一年前,当我读到《昌耀抒情诗集》①,就留下这样的印象。

一九五七年之后三十多年长期的屈辱、艰辛的生活,磨炼了他的意志,在思想的沉重负荷下,对未来他从未失却信念,他说:"我没有失去对生活的追求"。这段直陷底层的遭受,意外地使他更贴近西湖混莽、奇异而又博大、粗犷的自然,丰赡而又浑厚的历史和宗教文化,获得淳朴、豪爽的少数民族的理解与情感交汇。也正是在这种患难境遇里,这位汉族诗人"却成了/这'北国天骄'(指吐蕃特族——引者)的赘婿";在那首描述这段生活与心迹的长诗《山旅》中,他深情地回忆道:"只有当我寄兴/这群峰壁立的姿色,/梦牵这高山草甸间/拙朴的居民,/我才能享有/另一层蜜意柔情"。是世代繁衍生息于这片荒漠而丰腴的土地上的吐蕃特人,给他以可贵的人情温暖,使他认识到,"人民的善良、坚韧、虔诚和难得的朴实。"应该说,昌耀诗作的思想底

---

① 昌耀:《昌耀抒情诗集》,青海人民出版社 1986 年版。

蕴,抒情气质、特性,甚至语言对意象的敏感捕捉,几乎全部得之于这段生活的深层体验,对西部这偏远一隅的文化、宗教、民族心理和风情的感悟与认同。在那些噩梦般的岁月里,他利用一切可能来读书:中国古典诗词,聂鲁达的《葡萄园和风》,玩味高更的油画……从中啜吸一种诗意,对"最恒久的审美愉悦又总是显示为一种悲壮的美"(《诗的礼赞》)的验证。

于是,他又开始写下对生活的感知和对人生价值的追寻……

读昌耀诗作,引起我们注意的,是那些面对西域自然景观、通常以短诗形式出现的抒情。这些作品真实地传达了一个内心充满矛盾、困惑的人面对西部中国特异的自然美的心灵观照——在广袤无垠的空间,人于自然的关系,既横亘着敌意的对抗,又充溢着友善交流的柔情,刚烈的悲壮与醉人的蜜意揉结在一起;他似乎能听懂大自然的语汇,破译它内涵的神秘,拥抱自然于自我的丰沛情思之中,从而受到思想启迪。于是,西部自然在诗人笔下就绝不是什么孤零零的景观呈现,而是被诗人的理智与激情之光所照亮,化作西部生活整体的有机组成部分。有时,主题又径直与自然融为一体,大自然的声色美荡涤、净化着诗人的灵魂,他用感情诠释大自然的语言,倾听它那神秘、辉煌的乐音;他将厕身其间的西部景观,转化为其抒情戏剧心态展示的无边舞台,并从中寻求到使情思赖以依托的外化对应物。于是我们读到他既有对亘古以来漫长历史时空的沉思(《背水女》《天籁》《草原》《雪乡》),又有对高原"忠实的样子"的由衷赞唱,以及对开发中西部新貌的内心感悟(《湖畔》《风景:涉水者》《垦区》《印象:龙羊峡水电站工程》《赞美:在新的风景线》),而更强烈的则表现为一个受伤灵魂的骚动,他希冀摆脱被迫离群索居的孤独感,像"失去这波涛,你会像离群之马一样感到寂寞"的"水鸟"那样,深刻感受到"有如恋人之咯血"般内心的沉重。在远山陶器作坊劳作时, 他"心底纺出的却是——/织补希望的韧丝";在暗黑的日夜,想象更升腾为对"在北方,鼓与鼓手/是属于英雄的节日"的凯旋式辉煌的向往。这一切,在那惊心动魄的"峨日朵雪峰之侧"的攀登中,可以说达到了某种悲剧性高潮。

艾略特说过:"哪一种伟大的诗不是戏剧性的?谁又比荷马和但丁更富戏剧性?"因为"人类的灵魂在强烈的感情中,就努力用诗表达自己"。就其情感双元对立的强度和内心"失调"状态的极致而言,昌耀的诗是较典型的戏剧化的;这种抒情戏剧心理的呈现,深化了诗的内在生活体验,也是诗人特殊境遇里的复杂心态及其寻求平衡的紧张努力的真实反映。他的诗,是心灵的歌唱。他通过自我的体验和反思,痛苦与欢乐,贴紧了与祖国和人民息息相通的脉搏。诗人罗洛把他的诗称之为"啼血的春歌,这是春天的歌,然而是交织着眼泪和鲜血,夹杂着痛苦和欢乐的歌"(《诗的随想录》),是很有道理的。这里,绝不仅限于一个人的才能问题,因为任何才能都需要附丽以合理的充实的内容,正如同火焰需要不断加柴才能不致熄灭一样。

另外,他对西部自然的观照,对绵延于这片土地的历史文化和人情美的深情,以及对人生价值的紧张探求……又伴随着一种理性的冷处理所带来的意象突兀而凝重的特色。在《柴达木》,他把对这座新兴石油工业基地的礼赞,依其外观、声色,整个幻化为大海的意象:

> 我看见钢铁在苍穹——
> 盘作扶桑树的虬枝。
> 凝缩的海水
> 从隐身的鲸头
> 喷起多少根泉突。
> 我看见希望的幻船,
> 就在这浮动的波影中扬帆……

它使我们联想到美国意象派诗人 H·D 的那首著名的《山林仙女》：

> 翻卷起来，大海——
>
> 把你的松针翻卷起来！
>
> 把你大堆的松针
>
> 往我们的礁石上泼过来，
>
> 把你的绿色往我们身上摔吧——
>
> 用枞叶的旋涡把我们覆盖！①

二者对意象的把握与处理多有契合，但就诗的思想内涵及其表现而言，《柴达木》则属冷静、确定之作了。

　　进入八十年代，昌耀的诗开始出现某些新风貌，获得一种更为宏阔的视角。诗的整体建构似乎更突出了人生与命运的主题，并以此在过去、现今，现实、未来间横架一座心灵的桥梁。

　　我们看到，尽管他还在写作抒情短诗，但这种形式似乎已难能容纳他对西部生活和自然的双向体验，而其情思表达的纵横捭阖并呈外向型表明，他开始超脱对文学自身较狭窄的兴趣，进入对整个文化哲学意识的楔入，因此，他写出几首（组）较大型抒情长诗，即《慈航》《山旅》《古城：24 部灯》、副题《青藏高原的新形体》的组诗，以及《划呀，划呀，父亲们》等等。这些诗，在文化背景上，融自我于青藏高原，以至整个时代的激越呐喊；从创作心理角度考察，它们又集抒情、叙事、戏剧化诸因素与一炉，表现出极大的时空跨度和多维历史文化内涵；而贯穿始终的则是一种深沉的充满张力的历史乐观主义，呈示着一部孳生于这片大地的一代人的心灵的轨迹。

　　这些诗具有浓重的思辨色调，流溢着主体对自然、对社会，以至

---

①赵毅衡译：《美国现代诗选》，外国文学出版社 1985 年版。

对整个时代进程的积极参与,最终又复归于生命的悲壮和骄傲。它们在一种明显的西域文化氛围下,艺术地表明为对人、自然、社会多应达到的协调、平衡、完美境地的追求,呈示出一种朴质而淳厚的精神力量及人性、人情美。诗人几乎是把这些作为一个民族之所以能得以繁衍、发展,并造就文明的基点来看待的。对此,那首云谲波诡、大气磅礴的《慈航》是较典型的一例;在这首四百余行的长诗中,善与恶、爱与死、失败与胜利等诸般人生矛盾,既尖锐冲突又相为渗透,而在这繁多声部中,反复奏鸣着的是人类良知深情呼吁的主导旋律:

> 在善恶的角力中,
>
> 爱的繁衍与生殖
>
> 比死亡的戕残更古老
>
> 更勇武百倍!

当然,这里的善、恶、爱、死……都含有具体的社会道德、伦理内容,它来源于抒情主体对自我的一段实在生活经历与体验的深思,同时也是他内心获得支点力量的动人抽象。

诗中有关"慈航"的形象及其含义,是颇为惹人注意的。尽管这里涉及宗教意识,但却绝无神秘感和虚空意向;反之,它是异常现实的、世俗的,实际上应被理解为摆脱孤独、感伤、痛苦而寻求到人世间完美、和谐与理想的形象化身,也就是永在搏击追求的生命之力和生命之欢歌的象征。当然,从《慈航》到《划呀,划呀,父亲们》又展示出诗人心灵世界的另外一面,即在历史发展的长河中,去把握世界,连通祖国的过去、现在和未来,从中汲取力量,为激越、昂奋的生之呐喊。

西部诗歌:拱起的山脊①

一

如同南国有挺拔的木棉,沿海有拍岸的惊涛,北疆有黛绿的森林……在祖国大西北广漠开阔的地平线上,拱起了一座伟岸的山脊;它如此古老,又如此年轻,如此辽远,又如此亲近。有过多少神秘的寂寥,却又那么富于磁性,使多少坚毅的心灵为之燃烧!……我们久久凝视着它,在眼前叠化出西部诗歌——开拓的歌的形象。

进入 20 世纪 80 年代,中国诗歌同其他文学形式一样,经历了深刻的变化,揭开了它发展的崭新一页。这个发展,可以说是,以诗作题旨的多样化深入与诗艺的开放性吸收为其特色的。被实践证明已经陈旧、凝固的某些诗学概念和手法,开始被扬弃,新诗中出现一些新的构思表述方法、新的引喻与联想、新的句式结构……始之,为读者所瞠目,继之,则逐渐与读者的感应能力相谐调起来——我们今天的读者层在智力结构上,毕竟与过去大不相同了。当然,新诗每前进一步,绝不意味着与过去割断联系;相反,它只不过是把传统延伸到今天而赋予它以新的意义,而其实践的结果,则又在形成自身新的传统。文学与生活关系的相互作用就是这样决定着不同发展时期文学

---

①本文由孙克恒、唐祁、高平共同讨论,孙克恒执笔完成。

的不同风采和不同声音。这是问题的一面。

问题的另一面是,自从党的十一届三中全会以来,祖国的社会主义现代化建设事业,打开了一个新的局面,开始在更为宏观、也更为实事求是的高水平上进行。我们从中央具有战略意义的关于开发大西北的号召,关于对外开放沿海十几座城市的决策……可以清楚感到:在国家统一计划指导下,因地制宜,充分发挥地域性经济资源及其他优势,已成为一种越来越具有活力并已明显奏效的发展趋势。伴随这一新型的经济开发,一种同样属于新型的地域性文学,也必将以其独具的内容与地区风格特色,婆娑于祖国社会主义文艺繁茂的百花丛中。当代文学发展的这一璀璨、诱人的前景,不禁使我们联想到美国的南方文学,他们近年出版的《西海岸小说选》《西南小说选》等,还有苏联的西伯利亚文学,特别是想到邓小平同志 1979 年 10 月在全国第四次文代会的祝辞中如下一段话:

> 我国历史悠久,地域辽阔,人口众多,不同民族、不同职业、不同年龄、不同经历和不同教育程度的人们,有多样的生活习俗、文化传统和艺术爱好。雄伟和细腻,严肃和诙谐,抒情和哲理,只要能够使人们得到教育和启发,得到娱乐和美的享受,都应当在我们的文艺园地里占有自己的位置。英雄人物的业绩和普通人们的劳动、斗争和悲欢离合,现代人的生活和古代人的生活,都应当在文艺中得到反映。

社会主义文学中的地域性文学,可以是完成这一光荣使命的重要方面军。当然,问题的关键还在于,要坚实地立足于时代和发展中的现实、植根于文学自身传统基础上,更勇敢地探索与创新。

于是,西部诗歌,一座拱起的山脊,衬托着西北高原辽远、瓦蓝的天幕,摆着宽厚的肩膀,大步向我们走来,闯入新时期文学的视线。

二

西部诗歌以其坚实的肌体,屹立于大西北昨天、今天和明天的交叉口。它的精髓,则是在新的历史时期,为社会主义理想所鼓舞的积极开拓与热情献身精神。

所谓西部诗歌,我们这里系专指近年来西北地区诗人的诗作,当然,这一概念的外延,理应包括古往今来一切涉及大西北地区的诗歌,诸如古代所谓边塞诗,或当代诗人有关西北题材的所有诗作。

祖国的大西北——这浑茫、神奇、又充满虎虎生机的一隅,提起她,有多少人会在耳畔响起丝绸古道上悠扬的驼铃;想起凄楚、悲壮、不绝如缕的古边塞诗的吟唱;黄河——中华民族的摇篮,从青藏高原奔流东去;还有众多少数民族生活与文化的荟萃,他们婉丽的歌声、热情的形象……历史的长河,在这大片广袤、荒漠的土地上,激荡着,淤积着,应该说,在经济资源与民族文化的开发上,这里仍还是一个富饶而又有巨大潜力的世界。她,就是这样摇曳着我们民族古老历史长长的裙裾,迎来了闪烁着现代物质文明和精神文明建设的黎明期。

建国三十多年来,伴随祖国社会主义建设的宏伟步伐,大西北所发生的历史性变化,她回荡于高原上前进的足音,她丰赡多姿、明丽与粗犷交相辉映的风俗、风景画面,在文学上更早为闻捷、李季、铁衣甫江等著名诗人所摄取,在他们激情的笔下,谱写出西部诗歌在社会主义时代绚烂、豪放的抒情旋律。而如今,我们看到,一支长期扎根于西北生活沃土的诗人群,正以更新的态势,高涨的热情,在西北诗坛勤奋地耕耘;他们的诗作,在西部诗歌发展史上成为又一动人的新篇章。

钟惦棐同志在就电影的中国"西部片"答《大众电影》记者问时,曾这样谈道:"我的同时代人对于大西北,有着特殊的感情。没有大西北,就难于设想我们的今天"①。不论从中国革命的意义上讲,还是从经济开发的意义上讲,的确是这样。但是,就西北地区的现状而言,这里依然存在着某些明显的贫瘠与落后面。亟待改造的荒漠、风沙、旷野……依然会唤起我们对古代边塞诗所渲染的"大漠孤烟直,长河落日圆"、"十里黄云白日曛,北风吹雪雁纷纷"、"一川碎石大如斗,随风满地石乱走"……的联想。但是,一个同样不容忽视的现实是,这里还有一个更为崭新的存在:在这片广漠、浩瀚的大地上,已经吹遍了再也不会停息的浩荡东风。盛满鲜花的草原,墨绿的森林,黄色的河流,银白的雪山,构成了五彩斑驳的画卷;博斯腾湖、青海湖、寿昌海、居延海……升起了现代化的遐想和憧憬。在火箭发射场上空的轰鸣,在龙羊峡、刘家峡高坝的巨人般身影中,在有色金属冶炼厂高耸的烟囱下,在草原牧民的帐篷里和地质勘探队直立的标杆上……一种更具现代精神的雄伟生活交响,正在迅速改变着西北各族人民的物质生活与精神生活风貌,塑造着一代开拓者和建设者的个性。

我们看到,这种刺目的反差,极大地激励着开拓者要继续改变现状的毅力;这一突出的不协调,更孕育着诗人们执拗地寻求完整与统一的诗情,因而在作品中镌刻着艰辛岁月所赋予一个倔强灵魂的独特感受和他们的共同命运。

> 我们重新为它绘像,
>
> 用水库的瞳孔,把它仔细端详;
>
> 用电火的目光,把它重新打量;
>
> 用电塔的笔杆,在天地间把春色饱蘸。

----

①钟惦棐:《为中国"西部片",答〈大众电影〉记者问》,《大众电影》1984年第7期。

从渠水的涟漪中,临摹它的笑纹;
从林带的绿盖里,描绘它的裙形;

从胭红的秋果中,想象它的肤色;
从初春的花卉里,勾勒它的脸相。

——章德益:《风的肖像》

木轮的老牛车被生活甩远了,
我把塞上的门窗洞开,
毫不掩饰墙角里不肯离去的贫穷!
黄土之涛既然托起我"江南"美誉,
我就是祖辈繁育于高原的良种,
为使祖国的庭院春意更浓!

——王庆:《在祖国的西北角》

高原人把岁月绑缚在手臂,
让山川听不屈的心灵指挥!

——汪玉良:《大雁北去》

这里,绝没有什么廉价的壮语,浅薄的浪漫蒂克;反之,理想因一种求实的奋斗精神在闪光,山河更借"不屈的心灵"而换装。从一定意义上讲,西部诗歌的确反映了我们这个处于变革中的进取的时代的侧影,在当前这场全国人民为进一步改善自己生活命运的历史性斗争中,这些诗作,体现了时代的某些特质及其典型情绪。也正基于此,我们感到它包蕴着一种与较先进、较发达的沿海地区不同的(或者说是独具的)生活的厚度与开创的爆发力。严峻的也是充满希望的生活,造就了千千万万披荆斩棘的强者, 人们也正是在社会主义事业的不断开拓和与时代激流的搏击中,才得以享受到心灵的美的平衡,而这却是生活所能给予一个它的真正对手的最高报偿。

在古城西宁繁华的市区中心,我们高兴地看到:

　　　我们云集广场。

　　　我们的少年在华美如茵的草坪上款款踱步。

　　　看不出我们是谁的后裔了?

　　　我们的先人或是戍卒,或是边民,或是刑徒。

　　　或是歌女,或是行商贾客,或是公子王孙。

　　　但我们毕竟是我们自己。

　　　我们都是如此英俊。

——昌耀:《边关:24 部灯》

诗中不仅横亘着一种地区历史变化的时空感,更主要的在于它表现了新一代边地建设者内心的和谐、情不自禁的自豪与自信。

在中央关于开发大西北的号召下,中国西部喧腾起来了,诗人们对西部的爱也是喧腾的,因为这是他们爱国主义情愫的一部分。大西北正在孵化出自己崭新的形象,其中当然也包括着西北诗人的形象和西部诗歌的形象。而这确是十分可喜的。

三

扎实的开拓与热情的进取,作为文学命题的原动力,为近年来西部诗歌展示出一片高远而阔大的精神境界,也为新诗如何感应时代的强力博动,表现当代诗情,从变化万千的行动中的现实撷取生活的、人性的以及自然的美,完善诗的自己的个性,进行了有益的探索,并且已经引起国内外诗歌界的关注。

提起西部题材,人们一定会想到五六十年代那些为数不多,但却是祖国跨入社会主义时期最初的具有开创意义的诗作。现今的西部诗歌,可以说是直接继承了五六十年代的这一传统,尤其是在闻捷的边疆风情诗和李季的石油工业诗的传统基础上,进一步地发展与提高。

> 漠风老了,牙齿
> 再也咬不碎
> 冰雪中成熟的绿洲

——子页:《咬不碎的绿洲》

如果把"绿洲"作为大西北整体的象征的话,那么,这三行诗可以说是对这一地区意象的集中概括:在改造自然,向荒漠的进军中,不但"成熟"了绿洲,也更"成熟"了人,他们明确意识到他们是历史、也是生活的主人。于是,我们看到,在锐意变革现实的进取中,为开创社会主义现代化的伟大事业放歌;不仅真实地反映了大西北这一角土地所发生的历史性改观,而且更鲜明地体现了诗人们对生活的审美评价,是近年西部诗歌的一个特点。

诗人们仍在写玉门,但却捕捉住一个情深意切的命题:《玉门:我不要衰老》(何来)。"玉门/裂变装置厉声宣告/我要停留在中年/我不要衰老"。它回首玉门的历史,写出"油层的深呼吸"濒临微弱的更为严峻的现实;写现代科技手段的威力,为了"去寻找孕育第二个青春的/伟大的母体般的构造",玉门人作出的巨大牺牲。全诗在一种冷静与紧迫感交织的旋律里,奏鸣出"啊,我的祖国/正在呼唤着能源/我的脸在发烧/我怎能衰老啊/我不要衰老"这发自肺腑的题旨的主弦音。当然,这首诗与其说是在写玉门,不如说它抒发了一代中年建设者的心声:他们的思虑,以及青春永驻的蓬勃献身热情。

诗人们还在写城市,但却拥有一个新的角度:他们没有滞留于城市变化的表象,而更侧重于表现一种感觉、印象的复杂层次,并赋予它以与现代情绪吻合的节奏与意象。这是《兰州印象》(罗洛)中的一节:

你是春天的森林

在你的纵横交错的街巷

浓荫搭起绿色的拱门

或是排列成绿色的长廊

有时我真担心那只梅花鹿

会从广告牌上跳下来,用它

不守规矩的角把橱窗撞破

跃动着青春活力的城市,竟如此鲜活地脱颖而出,印入我们的想象。

少数民族生活以及大西北奇异、瑰丽的自然风貌,依然是诗人笔下永不衰竭的命题,可是白渔在他的《撒拉族风情》组诗中,从他们爱美的生活:"信奉阿拉,爱花的民族/从蓝天裁下姹紫嫣红/于是/绿盖头,飘动着春风的形象/房顶上,托出一片片生根的云/……"更深一层地发现"土屋上/开放出育花者的温馨/也有护美的民族苦情"(《屋顶花园》),在鲜花的锦簇中,也有沉痛的一滴泪珠在滚动。另外,杨牧笔下的盐湖,更舍弃了对其自然风光的一般性描叙,把我们引向对大自然的启示的内向感受;源出帕米尔的玉龙河,"奔向大海!奔向那片蔚蓝的天地,奔向那个爱的归宿……"在奔流不息的长途,它跌进盆地,"有机会认识了祖国的泥土"。诗人呼吁:"那就把苦泪烘干吧,化作祖国需要的元素"。

看今天,阳光照处,

泪的结晶,

爱的凝固,

粒粒都是闪烁的珍珠!

——呵,盐湖!

——《盐湖》

我们看到,满披传说色彩的盐湖具象,径直诗化为哲理的概括,因而给予这首风物诗以新的生命；它形象地揭示出，只有对生活爱得深沉，才会对它多作奉献的真理。

应该说，尽管足以代表现代西北特征的新兴工业的创建、新兴城市的诞生、各族人民生活中的更深刻变化……诸多内容，从近年西部诗歌整体考察，声音仍较微弱，力作更显太少，这种情况，不能不引起诗人们的应有重视；但是，它们比之五十、六十年代的诗作，不论在思想境界的开拓，抑或艺术表现的新颖，确有长足的进步。我们感到，这些作品似乎更着重于对发展的生活与现实（社会的、自然的）内在特质的开掘，以及对其敏锐的感应，或者说，诗人们更多地把思想感情诉诸心理的情绪的折射而造成暗示性的意境。特别是不少诗，如《中国的太阳》（田奇）、《大漠驼铃》（沙陵）、《贺兰山》（秦可温）、《城市》（昌耀）、《草原交响诗》（屈文琨）、《致新疆》（周涛）等，拥有更为宏观的视角，气势磅礴地跳动着我们时代和整个大西北前进的强大的脉搏，显示出情感的丰实与表现上的力度。因为展现于面前的情景，的确像前引那首《咬不碎的绿洲》一诗所说的："漠风老了，牙齿/再也咬不碎/天山摇篮里那一天天壮大的/崛起和追求"。

把自我和整个民族的命运与开拓的事业，紧紧联结在一起，表现了在艰苦生活磨炼下人们所特有的豪爽、粗犷而深沉的性格，一种牢固站立于脚下大地而又憧憬于未来的浪漫主义激情；诗中屹立着一代具有紧迫的事业心和硬汉子气质的感人形象，这是西部诗歌的又一特点。这一特点，也许在以章德益、杨牧、周涛、杨树、李瑜等为代表的新疆诗人群中，表现得更为鲜明：《我应该是一角大西北的土地》《他站在绿洲与荒野之间》《我在绿洲沙海间》《给复活的海》《沙漠指缝间留下的热土》《致死去的大海》《瀚海船夫曲》诸诗，便是其中的力作。

值得注意的是，这些诗作的构思及其抒情表达方式的某些共同性:它们中间都有着一个个性鲜明的自我或集体群像,作者是借抒情主体感受、体验、思索的直接表述,以与客体世界的直接融合而激动读者的心灵的。具体表现为:

(1)抒情主体把艰苦创业中的丰富感受(它是异常具体的)融入自己的内心体验,因此抒情主体本身,就有可能直接化作生活实体的一部分。这样,我们在诗中不仅感觉到有一个活生生的自我,而且仿佛触摸到生活所特有的厚度与广度。正像黑格尔在他的《美学》中所论及的,"诗人表现自己所用的情境也不应局限于单纯的内心生活,而且应该是具体的,因而也应显示出外在的整体,因为诗人就连在主体地位也还是一个客观存在的人"(第三卷,下册,198页,商务印书馆,朱光潜译)。对此,章德益的《我与大漠的形象》(诗集《大漠和我》),是颇为典型的。这首诗实际上表现了在"大漠"与"我"的彼此塑造过程中,人化为生活,并在创造着更高更美的现实;于是出现了——

> 大漠有了几分像我
> 我也有几分与大漠相像
>
> 我像大漠的:雄浑、开阔、旷达
> 大漠像我的:俊逸、热烈、浪漫
>
> 大漠与我
> 在各自设计中
> 塑造着对方的形象
>
> 生活说,我以我的艰辛设计着你的形象
> 我说:我以我的全部憧憬设计着世界的形象

（2）抒情主体绝不单纯是诗人的自我或抽象的集群,实际上它在诗中已成为一个由切身体验、时代情绪与历史趋向合成的血肉丰满的实体。这样,就在展示作为社会的人的感情复杂性同时,较敏锐地表现了我们时代的某些本质的东西, 有时形象更直接转化为诗意的象征——一个"在绿洲的边缘站起来的"前行者所启示我们的必胜信念:

> 拾起折断的坎土曼,
>
> 重新锤炼、淬火、开口;
>
> 脱掉多余的衣服,束紧腰身,
>
> 昂起头,往前走,走!
>
> 将黄色的风和巨蟒似的沙梁,
>
> 再驱逐五百里,一千里,
>
> 给后来者再留一个立足点,
>
> 一片更有利于前进的绿洲!
>
> ——杨树:《开拓者的思索》

（3）与抒情主体特性相联系的(或由其决定的)刚健、粗犷、深沉的抒情风格,像海潮涌起时近时远的涛声;某些诗中,甚至渗透着一种悲剧性的壮烈气氛,它以庄严、肃穆的美,以及一种为艰苦创业所激发的大无畏英雄气概与献身精神,震撼着我们。试读:

> 为了推动,我把心灵戳一个孔,
>
> ——让春光和碧浪流进沙滩;
>
> 为了扼制,我把肋骨密密编织,
>
> ——筑成一道抗御风沙入侵的栅栏!
>
> ——杨牧:《我在绿洲沙海间》

> 我躺下,我就应该是一块新绿洲

我站起，我就应该是一片新山系

　　　　——章德益:《我应该是一角大西北的土地》

在这里的盐碱滩上流汗

会使人忘记所有的地方

享受开拓者的疯狂的忘情

和弥天的风雪抗衡

然后让火亲吻冻僵的手指

在漠风的挑衅和烈日的灼烤下跋涉

然后让瓜汁浓浓地流进喉咙

啊！没有什么地方的生活

能比这里更强烈

　　　　　　　　——周涛:《致新疆》

有的诗没有回避先行农垦战士的壮烈牺牲——"他躺在将军怀里，他在黎明前死去"，诗人饱蘸感情浓烈的笔，写下他绚烂的精神天地："没有在遥远的异乡看到浑圆的大漠日出;/但以最后一滴血染红了一枚戈壁石/染红了未来新城坚固如磐的城基。"(李瑜:《他在黎明前死去》)

也许可以这样说，西部诗歌，也是一部开发大西北的心灵的历史。

最后，广阔的历史纵深感和明确的社会使命感的结合，构成西部诗歌的再一特点。这种历史感的抒发，绝不仅仅限于过去与现今的对比，历史陈迹的追溯……更重要的在于发现那超越时间、空间而永远闪烁的生活的光点，明确意识到自己就是历史的主人;我们看到不少诗之所以具有哲学寓意的构思，正因为它是与这种历史感十分协调的。"正是历史感使得一个作家能够最敏锐地意识到他在时间中的地位,意识到他自己的时代。"(T·S·艾略特)我们在不少诗作中所感受到的,也就是这种典型情绪。如同昌耀在他的《城市》一诗所表述的:

> 牧羊人的角笛愈来愈远去了。
> 而新的城市站在值得骄傲的纬度
> 用钢筋和混凝土确定自己的位置。
> 每晚,它的风暴般颤动在空际的光之丛林
> 是抒情的,比羊角号更热烈,
> 也更具有永久的魅力!

四

西部诗歌,在拱起中。

尽管它自身尚不够成熟,存在着发展中所可能出现的一切有力的和软弱的方面,但目前已经使读者感到它蓬勃的生命力;它的作品明白无误地传达出这样的信息:我们的开发事业,前程似锦,我们民族的未来,无限光明。

八十年代的第四个春天,迈着更大的步伐,走进了中国,也走进了辽阔的大西北。西部诗歌同整个祖国的社会主义诗歌一道,在开拓和改革的旋风中前进;因为生活给它以翱翔的翅膀,时代给它以凌空的冲力。

距今一百八十多年前,雨果在他的《〈秋叶集〉序》中,曾认为诗要更有力地飞翔。他写道:"我们情愿它居于山巅和废墟之上,翱翔于雪崩之中,筑巢在风暴里,而不愿它向永恒的春天逃避。我们情愿它是雄鹰而不是燕子"。我们当今之新诗,不是也应具如此精神风貌吗?

西部诗歌,作为祖国灿烂、悠久文化的组成部分,在历史上曾放射过夺目的光彩。西部诗歌在社会主义时期,更以其独具的大西北特色,为读者所瞩目。

八十年代的西部诗歌也必将在开发大西北的世纪强音中，集结并不断奉献其更新更美的多声部合唱，汇入祖国诗歌的辉煌交响乐中……

1984.3.10

（《当代文艺思潮》1984 年第 6 期;《中国西部新诗歌选》,甘肃人民出版社 1986 年）

时代的、地域的、新文化意识的多面晶体
——中国西部文学散论

一

也许这并非什么偶合，今年七八月间在西北地区先后有两个学术性会议，引起大家的广泛关注：一个是中国西部文艺研讨会，揭幕于新疆伊宁，一个是中国西部地区经济发展讨论会，在甘肃兰州召开。两个会议尽管分属社会经济和文学艺术的不同领域，但目光却投向一个同一的主题，即为新时期的中国西部的全面开发，而高高扬起奋进的旗帜。

近年来，开发中的中国西部，不仅已经成为经济学家、历史学家、民族民俗学家、文化教育家……热心关注的一个崭新课题，而且也是国内，尤其是西北地区许多作家、艺术家、文学评论工作者在心中涌动的一股热浪，一片开创艺术新天地的希望之光；开发西部，建设西部，与经济问题同时，人们理所当然地也把注意力倾注在滋生于这片广袤、神奇的沃土的文学——它所特具的语言、风采、色调，以及潜力巨大的前景的开拓。

既然是西部文学，地域性就是它的一大特色，这不仅与其社会的地域的文化传统，文化特性，有着血缘上的直接沟通，而且也与其自然的经济的地理现实的特殊性，紧密联系在一起。近些年来，在中央关于开发、建设大西北的战略思想指导下，不少社会学家、经济学家对此进行研究，提出了综合治理、开发的种种构想；而与此同时，伴随

经济建设的现代化进程，必然也给大西北的文化，包括文学观念、精神创造以新的冲击与挑战。西部，应该诞生自己的文学，塑造自己的形象。这种未来的诱人前景，不禁使我们想到约翰·奈斯比特在他的名著《大趋势》中，结合美国近年开始走向信息社会而引起的许多社会结构调整的阐述，他说这种新发展趋向之一便是所谓"个人地理"的问题，即伴随"称颂地理根源"之成为美国现代社会非集中化趋势而来的，是人们对地理、地域观念的热情，以及与此相关的以反映社会多样化为特色的文化浪潮的兴起，于是有了《西海岸小说选》《西南小说选》等作品的相继问世。关于"西部文学"的提出，难道不正是在我国现代化进程中与大规模地域性经济开发俱来的一种地域文化传统的继承，一种崭新文化意识的觉醒，一种也可能是颇为壮观的文学浪潮的飞溅吗？

关于文学的"西部"所指，到底包括哪些省区范围，许多论者对此似乎意见并不一致。比如，在西部文学提出的同时，也有人主张提大西北文学（即现行西北五省区文学）。当然，历史上沿袭下来的行政区划分，并不一定等同于文学上的地域概念，因为文学自有其自身产生与发展规律，这当不会有何疑义。如果我们从历史的、地理的、社会经济发展的，以及文化结构及其相互影响等诸方面因素综合考察，文学的"西部"包括内蒙古西部、西藏以及现有西北五省在内的较大范围，也许是较为适宜的。我们看到，在我国整个社会主义文学坐标系中，这一"西部"的文学自有其鲜明而和谐的过去、现在与未来。

从文化历史渊源看，这里曾是佛教文明、伊斯兰文明和儒家文明的最具代表性的聚汇点，也曾是以丝绸之路为表征的连接中亚、西南亚和东亚物质与精神文明的兴盛、繁忙的孔道；西域文化艺术自汉唐以来，在历史上更大放异彩，其恢宏气魄和光灿华章，构成整个中华民族文化宝库中迄今尤为撼魂摄魄的一部分。

从艺术结构层次看，西域更显示出多民族的传统文学艺术创造的荟萃，它们在相互吸收、影响过程中又保持着自己民族的特殊文化个性，创造了像格萨尔、江格尔、玛纳斯，以及莫高窟艺术、边塞诗等一系列闻名遐迩的民族文学及其不朽形象。这一切，亦形成这一地域文学所特有的多风格、多组合，色调缤异的特色。

除此之外，当然我们还应注意到这一地区近些年来所涌现的以中、青年为主的作家群、诗人群，他们像一座座正在拱起的山脊，映衬于大西北澄明瓦蓝的天幕，标示出西部文学在社会主义新时期已经取得或将要获取的业绩。

应该说，对西部文学的积极研讨与大力倡导，在今天更有其迫切的现实意义。首先，这有利于激发并提高西部地区作家、艺术家的历史责任感与艺术创造的自信力，以便团结所有作家、艺术家，调动其献身社会主义文艺事业的空前热忱，为奉献出西部文学——中国文学的最优秀的作品而努力。另外，对于总体上看目前尚处于较为落后的西部创作来讲，也有利于与其他较先进地区的文学进行横向比较，以便认清差距，闯出自己的路，发扬自身之所长；同时，也有利于吸引外地作家、艺术家对这一文学的关注，共同参与并促进这一文学的兴旺发展。

二

当代秘鲁著名作家、评论家马里奥·巴尔加斯·略萨在谈到近年拉丁美洲文学的崛起时，曾这样说："各种解体的社会，也就是处于变革之中的各种社会，它往往刺激创作。因而，拉丁美洲产生出一种生气勃勃、富有创造性且有独到见解的文学，并不是偶然的。"

我们也正处于一个走向现代化的巨大变革的时代，现代技术和科学革命，城乡现代经济体制改革的推进，迅猛地冲击并改变着一切与现代社会发展不相适应的陈旧观念和传统意识，而当代文学的拓展及其创造性活力，也正首先要把握这一变更着的现实，同时体现于文学观念与方法的除旧更新上。

《人生》曾被誉为西部片的第一部作品。这部影片给我的深刻印象是，它非常真实而感人地表现了世代生活于这片黄土高原上的青年人与落后、封闭的生活及其陈旧意识诀别时所经历的阵痛；而这种阵痛更由于人们尚难以掌握自己的命运（高加林梦幻般的浮沉，巧珍对高加林爱的追求的失落，黄亚萍的孤独感与苦闷……），使其尤为加剧。

绵延的黄土层，闭塞孤零的村落，那通向外部世界的唯一的桥……都构成一种躁动的不安于现状的隐喻，化为"阵痛"的历史见证。这一切，应该说都是十分深刻而成功的。

但遗憾的是，影片作者在处理这种新与旧的躁动与冲突时，在观念上却没有向前跨进一步。它没能明确地站在新的因素（事物）一边。影片中不少情节，如对巧珍"美德"的充分肯定与赞扬，她报复性地依旧习俗办婚事，以及影片结尾等等，都可以说是潜意识地投下一种古旧传统意识的阴影。深深的怀旧情绪和一种哀歌气氛，是同文学观念的显得陈旧完全吻合的。

由此可见，西部文学的建设，在今天除有其对自身传统文学价值再认识的意义之外，更重要的还在于，它要机敏地捕捉住当今时代所给予我们的有利契机，在新时期的社会主义文学的总体中，寻求到自己的位置，淬炼出自己的声音，在昨天、今天与明天的交叉点上，塑造自己内在的艺术审美特性。

变革的时代给文学的发展提供了难得的机缘，同样也对文学自身，提出了严峻的挑战。与其他较发达地区相比，由于经济、文化较为落后，观念与思维方式较为封闭，因此，充分意识到这一点（既是机缘，又是挑战），对我们西部作家、艺术家是极端重要的。文学的创新，绝不仅仅限于形式，它首先意味着一个作家、艺术家在艺术思维空间上的开拓，及彼此相应地规模与方式上的不断突破；处于科学技术革命日新月异的信息时代的当代作家，只有在知识结构的多向性、开放型吸收与改造的广博基础上，才有可能使其创作葆有创造的活力。我们应当善于扬弃一切已显陈旧的东西，不断以新意态、新规模、新视角、新方法取而代之。

　　这里，也涉及什么是所谓西部精神的问题。在已发表或未发表的不少关于西部文学的理论探讨文章中，大家对此表述了许多不同观点，诸如西部精神即开拓精神，或者觉醒意识、忧患意识，或者是"外在文化生活的贫乏与内在精神传统积存的深厚充实的矛盾"、"出自历史责任感的忧患意识与深刻而不浮泛的乐观精神的统一"……对此，我的理解是，作为一种内在的主导性心理、意识的艺术体现，西部文学中的西部精神，也只能是与我们现实生活的前进步伐相一致的时代精神，它具体可感地渗透于文学中的西部生活现实的每一个细胞、每一处毛孔，更借其在人物心灵的投影与折射，清晰地反映出来。也正是在这个意义上，我们才有理由相信，西部文学是一种具有突出时代感的社会主义文学。

　　西部文学植根当代，为自己打开了一个无限丰富、广阔的视野，拥有一片自由的生机勃勃的创作天地。发展中的西部生活，呼唤着自己的伟大作家及其史诗式的文学作品的诞生。这种作品，不只是一般地反映重大问题，或者巨大变迁中的现实的大波大澜，更主要的在于感人地立体地表现出普通人的性格及其命运的辩证法，在社会主义物质文明和精神文明与当代西部精神的结合中，建立西部文学的总体风格，同时更应着力于把自己所描绘的某一局部的或地域的生活，提炼并升华为全社会普遍规模的戏剧。只有这样，这一文学才能不仅真实地艺术地反映了某一社区的历史，而且更有可能阔步地走向全国，打入世界。

三

西部文学的提出，是对以往西域文化积淀的清醒的反思，是对已有文学发展的理性的突进，也是对其未来的热切的呼唤。

当我们的文学思考，一旦从较为狭窄的视角转向更宏观也更高的层次，很自然就会摒弃那种保守的排他性。西部文学应该有一副健壮的肌体，足以承受并吸取中外文学中对我有用的一切，以筑成自己更为宽阔、坚实的起飞线。

同时，西部文学也应是一个由西部不同地区、诸多作家作品所呈示的多种风格所筑成的文学群体，一个当代文艺思潮推动下的文学流派，如同一个由众多光彩纷异的星座所组成的星系，在它不同凡响的多样与发展进程中，为其注入活力的是一种崭新文化意识的支撑。

我们看到，作为一种文学现象的总体，从西部文学的已有传统，尤其是近年来的创作实绩，似乎都在显示出某些共同的审美趋向，某些较为一致的创作追求。比如：

——历史的时空观念及其与变革中的现实体验的结合，从而出现在整体构思中的隐喻或思辨色调。

——决不停滞于大漠、长河、驼铃、羊群等外部表象，而更注重于世代繁衍于这片土地上的人们从封闭的自然、从陈旧现实桎梏下挣脱出来，走向现代的艰辛历程，因而往往渗透着一种史诗式的悲壮旋律。

——地域乡土特色向民族风情画和民族心理深层的渗入或突进；在人与自然和其独特命运的紧紧拥抱中，迸发出社会主义的人性美和人情美。

——一般来说，风格的粗犷、有力，词汇运用上的率直、韧性，似乎都在表明，西部文学更主要的是一种有力度的文学，它促使我们应注意探索西部文学中的艺术的力学。

当然，这绝不是西部文学所有创作特色或美学观的理想概括，因为以上所列是极不完善甚或不准确的，这与其说是我们已做到的，不如说更多属于我们应当探索努力为之取得的；更何况西部作家正在实践中的多种多样风格、手法的争奇斗艳，更难以包罗无遗。但是，以上四个方面，的确从西部创作中比较典型的小说、诗歌、报告文学、戏剧影视文学中，表现得较为突出、显豁。应该说，这确属我们具有一定趋向性的闪光的东西，值得珍惜并加以发扬。

四

西部文学的崛起，已经日渐引起国内外的注目，它已拥有一批自己的作家群，诗人群。许多年轻诗人、作家在西部的沃土脱颖而出。新疆的《中国西部文学》、青海的《现代人》、西影的《西部电影》以及西部各省其他文艺期刊，都在关注或已扬起"西部文学"的旗帜，为倡导、振兴这一新时期的社会主义文学做出贡献；甘肃的理论刊物《当代文艺思潮》，为此开辟专栏，对西部文学开展学术研讨；据悉西部文学的第一部作品选集《中国当代西部新诗选》，亦将由甘肃人民出版社于年内推出；最近在新疆伊宁由西北五省区文联发起，就西部文艺问题召开了卓有成效的学术研讨会……这一切，表明全国政治、经济、文化蓬勃向上的有利形势，正在促成西部文学进一步发展、繁荣的可喜势头。

但是，对西部文学有明确意念的倡导，我的印象是理论上、审美观念上的探讨、研究，似乎走在创作的前面。这固然表现了我们理论界思想的敏锐和勇气，但不可否认的也致使这一理论探讨带有先天性的弱点——即与创作实际的某种程度的脱节，因而在不少问题上造成概念的空泛或模糊的抽象。

当然，这也无须惊呼、哀叹。尽管文学理论是文学创作实践经验的升华，而又反转来影响实践、推动实践的运行，但是，往往也有这样的情况，即理论家敏锐地察觉或发现某一时期、某一领域或某一地区显示出文学发展的某种共同性趋向和追求，从而加以因势利导、推波助澜、蔚然成风，推出一种新格局、新局面，在文学发展史上，也是屡见不鲜的。中国"五四"时期现代文学的诞生与发展，就是与胡适之、陈独秀、李大钊、鲁迅、周作人等对新文学观念、新社会理论的大力介绍与倡导分不开的。

由此，我感到，对西部文学的理论研讨似乎应在已有基础上再深化一步，其要点是使理论与创作实践密切联系起来，触及一些更为现实的迫切命题，诸如——

——近年来西部文学在主题、题材、语言、结构、艺术思维方式、审美观念上……有哪些特点和新发展。它在解决传统与个人才能，以及与当代文学的开放性吸收诸关系中，有哪些拓展与创新。

——从宏观的视角考察，西部作家群、诗人群的形成及其创作的共同趋向。代表性作家、作品的专题研究。

——西部文学中的民族学、民俗学、社会心理学、区域地理学和艺术美学诸问题。

——西部文学中的风格、流派问题。在社会主义文学共性下，它自己的独特的艺术个性。

——西部文学之过去、现在与未来。它主要之不足，以及如何发扬优长，走向全国、走向世界的更高层次。

另一个重要问题是，大力加强西部作家、艺术家的团结与文学对话，积极扶植并促进西部文学的繁荣。巴金同志在中国作协第四次会员代表大会开幕词中说："作家的名字应该和作品联系在一起"。那么作为一种具有流派特色的地域性文学发展与成熟的标志，就更有赖于成批成批优秀作家和作品的涌现。西部文学的发展，已经在急切地呼唤她自己的具有代表性、有巨大感召力、并在其周围有凝聚力影响的作家、诗人和评论家，以及能经受时间考验、具有奠基意义的作品的问世。

为适应科技革命时代对高层次知识结构的需要，为了更深刻地把握当代变革中的现实，并使之得以理想地艺术再现，掌握知识，开阔眼界——包括社会知识、文学知识，以及科学知识……对我们西部作家、评论家显得尤为重要。只有如此，才能给我们以更广博的创作视角，更丰富的艺术思维，还有对发展中的文学观念的把握与适应力。

这也许是我们西部文学赖以更快成熟，通向繁荣的更为迫切的课题。

为此，我想除经常的交流与对话外，在条件具备时，应该成立中国西部文学院，着重于各族中青年作家、艺术家的理论与艺术修养的培训，使其有机会较系统地学习中外最新文化科学成果，在广博的知识土壤上，成长为参天的艺术大树。

（《中国西部文学》1985 年第 12 期）

诗的艺术构思与表现

    文艺作品怎样才能真实地本质地但又是艺术地再现生活，这在很大程度上，取决于作家对作品的艺术构思与表现如何而定。

    从深入生活，在生活中产生点滴思想体验、感情冲动以及形象感受，涌现出第一句哪怕还有些模糊的诗句，从而唤起最初的强烈创作愿望开始，直至作品的最后完成，一个诗人会始终处于紧张的活跃的精神状态之中。对自己将要反映的生活和激情，要在观察、体验、研究、分析的基础上，进行一番必要的酌量与比较，努力把握其本质；对题材需要感情上的熔铸和思想意义上的概括与提高；同时，对诗的形象处理，更要寻求到一种最完美的得心应手的诗体表现形式，这整个过程，也就是诗歌创作的构思过程。

    没有高炉的冶炼，就没有铁；没有良好的消化，就不会获得营养；没有完美的艺术构思，也不可能有完美的诗作的诞生。

    在臧克家的早期诗作中，有一首《村夜》：

        太阳刚落，

        大人用恐怖的故事

        把孩子关进了被窝，

        （那个小心儿，正梦想着

        外面朦胧的树影

        和无边的明月。）

        再燃小了灯，

强撑住万斤的眼皮，

把心和耳朵连起，

机警地听狗的动静。

诗人在有限的几行诗中，表现出多么匠意的构思，编织进多少叙之不尽的思想！这首短诗写了处在特殊环境下的大人和孩子的心理活动以及他们那种富有特征的动作细节，但透过这些，启发给我们的想象，却要丰富得多；简短的几行诗显现着一个更为复杂、更为博大的世界：那是大革命失败后到抗战前夕，在封建势力蹂躏、压榨下，处于破产边缘的北方农村的动荡不安，人民生活朝不保夕，以及半封建半殖民地社会对普通群众美好心灵的严重戕害。对于表现这一严肃的具有重大社会内容的揭露性主题，诗人有他独特的创作构思。他没有直接而正面的描述农村的破产，人民生活在水深火热之中的骚乱不安，却只是通过天刚黑，大人就急急地把还贪恋着嬉戏的孩子关进被窝，强迫他睡觉，同时自己又提心吊胆地充满灾难随时都可能来临的预感，警惕着门外的狗叫（那是一场灾难降临的信号），这样一系列简单却又是典型的动作细节，把主题完满地表现了出来。写小孩的心理，写大人的动作，也就是写他们所处的黑暗社会以及人民毫无保障的苦难生活，诗中充满强烈的揭露和控诉力量。

从这首《村夜》，我们已经可以看到，一篇作品的构思与作者的思想及他对生活认识的深度和广度是不可分的。作品的艺术构思过程，实际上也就是对生活的本质把握、探索与认识升华过程。离开作者思想，离开具体生活内容，是根本谈不上什么创作构思的。

下面，我们还可以通过几个具体创作实例，进一步看看诗歌创作构思的细微过程。

在五八年"大跃进"民歌中，有一首《小篷船》：

小篷船，装粪来，

> 惊飞水鸟一大片。
> 摇碎满河星，
> 摇出满囡烟。
>
>
> 小篷船，装粪来，
> 橹摇歌响优哉哉。
> 穿过柳树云，
> 融进桃花山。

这是一首少有的把送粪入诗并充满诗情画意的新民歌作品。这首诗的产生，是经过一番怎样的创作构思过程呢？

这首诗的最初创作动机，据作者讲，是在他离开家乡七八年后，五八年二月由北方转业回到南方，这时他又看到了自己所最熟悉的小篷船，引起了他的许多亲切回忆和联想。特别当作者看到与往日大不相同的小篷船忙碌终日：从镇到乡，从乡到镇，往来不停，繁忙地运送生活日用品，尤其是还运肥和载客，此情此景使作者很为激动，于是在思想中涌现出这首诗的最初几行：

> 小篷船，不得闲，
> 冬春运肥忙不断，
> 夏秋运粮像穿梭，
> 一年四季沉甸甸。

这样写来，思路太广，头绪纷繁，什么都想表现，主题反而不突出，又缺乏大跃进时代的鲜明特色。作者的思绪开始逐渐凝聚于一点，当时因为正在大搞积肥，小篷船也忙于积肥，这是过去所少见的。结果作者又改作：

> 小篷船，运肥到田间，
> 橹摇歌响闹翻天。

> 来自柳树云，
>
> 进入桃花山。

对于这首已经较接近于后来定稿之作的诗，作者写道："写出来一看，没有时代特征，这样的诗能出在任何一年。大跃进最大的特征是冲天的干劲。人们夜以继日，愉快地劳动；特别是把黑夜当作白天，在星夜积肥，在过去是比较少的。"基于以上思想认识，作者的完整构思成熟起来，最后才写出我们现在所读到的《小篷船》一诗①。这里，作者尽管侧重谈的是一首诗的修改经过，但也是对一首诗的完整构思过程。

陕西有一位老农民，也曾谈到他的一首民歌的构思经过，对于我们同样很有启发。这首民歌是：

> 盘盘玉米冲九霄，
>
> 离天只有二尺高。
>
> 玉米结成通天柱，
>
> 一步登天逞英豪。

他这样说："前年秋天，苞谷大丰收，一盘一盘地架在树上，村里村外满满当当。我看了高兴，想编几句，先想了个'盘盘玉米旋树梢'，又想了个'玉米上树三丈高'，可都觉得不来劲。后来我就索性站在一颗旋满玉米的大树下，边看边想，时间一长，一抬头见树上的玉米好像和天连在一起，于是我脱口而出：'盘盘玉米冲九霄，离天只有二尺高。'又想：有了这么多玉米，好处是啥呢？是好生活；光有好生活没味气，我就想人都说天堂好，有了这丰收玉米，农民岂不是一步登天。这才又想出了'玉米结成通天柱，一步登天逞英豪'这后两句。就这几句话，我琢磨了三天两夜。"②

---

①李苏卿：《〈小篷船〉的构思经过》，《东海》1959 年第 9 期。

②《延河》1960 年 2 月号。

我们从以上两位群众诗歌作者的体会中,可以清楚看到:

诗的艺术构思过程,就是诗人对生活(体现在具体作品中亦即主题思想)的认识和理解的逐渐深化过程,只有在主题思想明确了的前提下,构思的任务才有可能完成。所以说,一首诗的思想,也就是诗人通过他的基本构思所要说明的主要之点,就是推动诗人为了它才要写作下去的那种基本动力。《小篷船》是由于作者最终把握住了大跃进的时代特征并把它形象地体现在诗作中,才最后完成了这首短诗的构思;同样,《盘盘玉米冲九霄》一诗,也是由于作者认识到丰收的好处,并且明确了"我们编诗是为了宣传,鼓干劲,诗越好,效果才越大"这个道理,才能促使一位老农民付出辛勤劳动完成一首诗作。

诗的艺术构思过程,还是诗歌作者对感情的处理和诗意的创造,由模糊到明朗,由散漫到集中,由抽象到具体,由一般到典型的艺术创造过程。这一过程的完成,一方面,依赖于作者对生活的激情和从生活中产生的真情实感,比如,没有作者对小篷船的亲切感受,没有在这一感受中所激发出的对小篷船过去和今天的不同对比,还比如,没有作者对苞谷丰收后那种"我看了高兴,想编几句"的强烈愿望,要完成《小篷船》及《盘盘玉米冲九霄》的完整艺术构思,显然是很困难的;另方面,更需要作者具有那种善于发现生活中的新鲜事物,善于面对平凡的习见的事物进行概括与提炼,从生活的散文发现生活的诗,并且把这一切通过诗的形象化创造加以再现的技巧水平。

最后,诗的艺术构思过程,也包含着对作品在诗的语言表达上的最后一次的润色、锤炼与加工。

巧妙的艺术构思,永远与一个诗人在创作中的艺术独创性和革新精神紧密相连。现实生活的丰富多样性,给诗的创作构思与表现,提供了无限宽广、充满创造的天地。构思与艺术上的独创,构思与艺术上的革新,应该当作同义词来理解;我们也正是从不同诗人表现在作品构思上的不同特点，清晰地窥察出一个诗人的思想观点和他的创作风格。在我国古代优秀诗人中间，我们只要读读李白的诗作，就能突出感到，这位唐代大诗人的浪漫主义特色体现于诗的构思上，有多么绚丽、奇妙，而又富于艺术创造性。这是随手拈来的一首：

> 客自长安来，还归长安去，
> 狂风吹我心，西挂咸阳树。
> 此情不可道，此别何时遇，
> 望望不见君，连山起云雾。

——《金乡送韦八之西京》

"狂风吹我心，西挂咸阳树"，多奇特的构思，多大胆的想象！它更形象地表达出了李白与挚友惜别的那种难分难舍的真挚感情。①

在诗的艺术构思与表现上，我们往往可以看到这样两个问题值得注意。一个是脱离生活基础，缺乏时代气息，用自己架空的孤立的想象来代替真正从生活出发的艺术形象创造，因而使一首诗成为散漫的杂乱的东西；在这种诗里，作者刻意追求的是辞藻，而缺乏诗的应有的朴素。在一本诗的选集里，我曾读到一首题为《船家姑娘》的诗：

> 诞生在透明的柔软的
> 水波上面，
> 发育成长在无遮无盖的
> 最开阔的天空下；
> 她是自然的女儿。
> 太阳和风给她金色的肌肤，

---

① 孙克恒：《感情·形象·风格》，《谈诗和诗歌创作》，甘肃人民出版社 1978 年版。

> 劳动塑造她健美的形体，
> 那圆润的双肩从布衣下探露，
> 那赤裸的双脚如海水般晶莹，
> 强悍的波涛留住她眼睛。
> 最灿烂的
> 是那飞舞着轻发的额头
> 和放在浆上的手；
> 当她在笑，
> 人感到是风在水上跑，
> 浪在海面跳。

这首诗所要表现的思想原是明确的，即歌颂一位健美的勤劳的船家姑娘，但在创作构思与表现上，一方面，作者只限于平面地静止地去写她怎样怎样，但为什么会这样，忽略了这个重要方面，因而在诗中我们就很难看到形成姑娘性格的劳动生活基础，另方面作者堆砌了大量形容词，什么"圆润的双肩"、"赤裸的双脚如海水般晶莹"（"双脚……晶莹"，是很难理解的）、"最灿烂的……额头和……手"（"额头"和"手"，怎么灿烂？）等等来外在地装饰这个姑娘，结果却处处流露出小资产阶级的情调，反映出生活的贫乏。作者歌颂的不是船家姑娘的劳动和她的新品质，而是根本缺乏劳动人民特色的"肌肤"、"形体"、"双肩"、"双脚"……这是艺术构思与表现的问题，但实际上却反映出作者与劳动人民生活和感情的巨大差距。所以说，任何诗作一旦脱离了深厚的生活和真情实感的土壤，就会产生不仅是艺术性，而且主要是思想性的问题。

另一个是对诗的题材意义开掘不深，主题及其意境创造不鲜明、不突出，它的表现形式主要在于一首诗的结构失去平衡，缺少统一，这样就不可能完满地揭示出生活的本质和时代特征。为要表达诗的深刻主题以及寻求到相应的作品完整艺术结构，是需要付出辛勤劳动的。袁枚在他的《随园诗话》就曾记载过桐城李仙芝对一首五律，为求完整成篇，构思达五年之久方得完成的故事。他说，"桐城李仙芝自称抱犊山人，馆方氏一梅斋。夜半关门，宿鸟惊噪，因得'推窗惊梦鸟'五字，以为似贾浪仙。然终未成篇也。又隔五年，为山馆虫声怅触，方足成一律……"由此可见创作之不易。而我们不少初学诗作者，往往被一个热烈的生活场景，点滴生活的启发，思想感情的些微起伏，就急于诉诸诗的形式。这样的诗作，往往由于构思不够缜密，出现诗的内容主次分量上的结构安排不平衡，让次要的诗节掩盖了应主要表达的内容的问题。一位年轻作者的诗稿中，曾写有这样一首诗：

> 登上熟悉的山冈，
> 要瞧久别的山庄，
> 穷山庄如今变富乡，
> 我想起了往日的寒伧。

> 麻麻亮赶上东家的羊，
> 战兢兢爬上狼嗥的山冈；
> 团团缩在山崖下，
> 急燎燎盼望红太阳。

> 太阳出来天气暖，
> 瞅着山庄泪成串，
> 羊肠般的烟柱有几条？
> 我知道谁家又断了炊烟。

> 太阳当头晌午天，

为何家家不做饭？
苦难生活没个头呵，
昨天不刚来过白匪还乡团！

村那边呼噜噜飞起了
几朵蔽天遮日的黑牡丹。
我的心儿呵，
比满满的蜜罐还要甜。

应该说，这首诗还洋溢着一定的生活气息，也有着较真挚的情感的激流，它对旧社会苦难的描述也是真实和具体形象的。但是我们读后，总感到还不足，仔细寻味，原来问题在于它在构思与表现上尚欠完整。这首诗的作者把构思重点显然主要放在对解放前苦难生活的回忆了，而对实际上应做重点部分的"穷山庄如今变富乡"，却只用最后四行一节加以概括，那是很不够的。因为通过今昔变化的对比，突出歌颂新的时代和社会主义农村人民群众的新生活风貌及其本质特征，才是这首诗的主题的要求，而这个正需要通过诗的完整艺术构思来加以表现。

诗的艺术构思与表现是火热的现实生活在诗人头脑中的反映，它产生在诗人对生活与现实斗争的特殊感受基础上，同时更受着革命激情的灌溉而酝酿、发展、成熟，生活与激情的深浅、强弱，以及它们如何通过形象化的途径寻求表现，都直接与构思的独创性和完整性有关。如果把诗的构思与表现只单纯理解为技巧问题，或看着是向壁的冥想、架空的虚构，那不但是有害的，也是十分错误的。

（《红旗手》1959 年第 10 期；《谈诗和诗歌创作》，甘肃人民出版社 1978 年）

想象和联想在诗歌创作中的运用

诗歌创作离不开想象和联想，这是因为诗的艺术概括与表现需要借助于比、兴，以及通过形象化的手法，反映生活、表达感情。高尔基也这样说过："艺术是靠想象而存在的"，"'艺术性'没有想象是不可能有的，是不会存在的"。当然，我们这里指的是产生在诗人对生活现实有真正深刻、本质的理解，与一首诗所要表达的思想内容有内在联系，同时更为诗人炽热的革命浪漫主义激情火焰照亮的那种想象和联想。在诗中，这种想象和联想，往往又是通过鲜明、可感的艺术形象来体现的。

我国古代诗歌创作，早就有所谓"比"、"兴"的表现手法。明代的李东阳曾这样解释过：

> "所谓'比'与'兴'者，皆托物寓情而为之者也。盖正言直述，则易于穷尽，而难于感发；惟有所寓托形容摹写，反复讽咏，以俟人之自得，言有尽而意无穷，则神爽飞动，手舞足蹈，而不自觉。此诗之所以贵情思而轻事实也。"

——《怀麓堂诗话》

达到"言有尽而意无穷"的艺术境界，正是诗歌中运用想象和联想的目的，而所谓比与兴，也正是诗歌中想象和联想的一种表现形式。

具有丰富的绚烂的想象和联想的诗作，能最大限度地诱发和感染读者。它会使你进入一个由形象构成的广阔、奇妙的精神世界，让自己的思想乘着诗人想象的翅膀，高高地远远地飞翔，因而也就更能帮助我们深入诗作的激情，使读者与诗人一道在思想与精神生活中丰富、充实起来。这样的诗的语言，如同传说中魔法师手里的魔杖，它点向哪里，哪里就会呈现出一幅奇异、瑰丽的图画。但是，想象与联想运用得不好，则会产生适得其反的效果。

我们试看下面这首题作《咱们筑的是盘山道》的诗：

山上山下红旗飘，
连声响起开山炮，
高山自古无人走，
霎时开出路一条。

公路弯弯回又转，
好像羊肠山上抛。
羊肠小路人常讲，
羊肠公路多可笑！

叫一声同志你别笑，
咱们筑的是盘山道。
一盘到山腰，
二盘上云霄，
三盘四盘到天上，
星星月亮脚下照。

前面天河挡住路，
咱们搭座天河桥。
公路铺进南天门，
天宫里面汽车叫。

二十八宿来参观，
都说公路修得妙。
鲁班师傅来检查，
也夸咱们的技术高。

福禄寿星来祝贺，
王母娘娘来慰劳；
金童玉女来献花，
雷公雷母传捷报。

从此天上到人间，
天天都有汽车跑。
汽车装满工业品，
开到天上换仙桃。

牛郎回乡入公社，
坐着汽车来报道。
织女来进纺织厂，
购买一张长期票。
董勇想念七仙女，
坐趟汽车就见着，
瘸拐李坐趟特快车，
来到医院把腿瞧。

上八仙，中八仙，下八仙，
争先恐后买车票。

> 问他们为啥不驾云，
>
> "驾云不如坐车好。"

尽管这首诗较长，我还是按它在刊物上发表时的全文照录了。不难看出，这是一首企图表现跃进声中，筑路工人的豪迈气魄和革命浪漫主义激情的诗。在艺术地体现这一思想时，这首诗的二、三两节还是较形象、有豪迈而又充满诗意的。但从全诗的整体，特别从诗中想象与联想的具体运用看，却存在着不少败笔。在这首拥有四十多行的诗作中，当作者描写到修好盘山公路并由此而产生的一系列想象、联想时，几乎有关天仙的种种神话传说和民间故事中的人物形象全罗织尽了，整整占有二十八行之多；可是当正面涉及歌颂筑路工人的劳动场面，以及深山公路修成后在跃进时代的社会主义建设中的现实意义和作用时，却被作者完全回避了。什么天河、南天门、二十八宿、王母雷公、牛郎织女、董勇（按应为董永）、鲁班……一一登场，真是琳琅满目。但是这里除了把同样性质的想象、联想不厌其烦地重复使用，以致使诗拖得极为冗长，掩住了诗的主题表达之外，使我们难能感到新鲜的诗意和更多的启发。另外，如像"汽车装满工业品，开到天上换仙桃"之句所包涵的意义，更是令人费解。有首新民歌运用同样想象与联想形象就比较好：

> 踏上梯田上云霄，
>
> 去摘王母大蟠桃，
>
> 送给亲人毛主席，
>
> 愿他长生永不老。

这首民歌的第一句"踏上梯田上云霄"，就把群众大跃进中焕发出来的革命干劲，并使荒山梯田化的巨大变化极概括地表现了出来；从层层入云的梯田，很自然地联想到"去摘王母大蟠桃"，进而把作为长寿象征的"大蟠桃"与对伟大领袖的热爱和衷心祝福联系起来，这样就使得诗的主题更突显更明确了。可是,用工业品,"开到天上换仙桃"的意义又是什么呢?至于"瘸拐李坐趟特快车,来到医院把腿瞧","问他们为啥不驾云,'驾云不如坐车好'"之句,尤给人以庸俗、滑稽之感。这首诗中的想象与联想,就像一块褪了色的花布,失却了它应有的魅力和色彩。或者作者想借此而充分抒发自己的浪漫主义激情吧?固然,诗的想象和联想,也是浪漫主义激情形象化的一种具体表现,这种表现之所以常常与形象的夸张结合在一起,主要因为诗人在进行诗的艺术构思和主题概括时,可以大胆选择那些不违背生活或艺术真实的夸张形象,来表达自己的激情与遐想;但如果由此而把浪漫主义激情只简单地理解为是上天、入地,情感的任意放纵,不切实际的与主题表达无关的滥想,那显然是极端错误的。

在我国古代文学批评里,很重视所谓实写与虚写的表现效果。诗歌创作中想象与联想的产生和运用,正是沿着这样一条轨迹,即避实行虚、虚从实出,也就是通过诗的基本构思中所包含的想象与联想的形象虚写,担负起难以估量的思想和艺术上的任务。

合理的丰富的想象与联想,作为诗人炽烈的生活愿望和理想的反映,在诗中常常可以构成诗人与诗歌形象间的一种更为直接、更为密切的情感上的联系,从而也就能更为突出地表现诗人的思想。李白有这样一首诗:

> 石壁望松寥,宛然在碧霄。
> 安得五彩虹,架天作长桥。
> 仙人如爱好,举手来相召。

> ——《焦山望松寥》

这里,想象中的五彩虹化着架天长桥,就构成诗人情感上与松寥山的更密切的联系,因此,"长桥"既是通往松寥山的桥,更是一架理想精神所寄的通途。当然,这首诗中的理想成分是消极的,值得我们批判。

陆游的"小楼一夜听春雨,深巷明朝卖杏花"①之所以令人们喜爱,我想,主要也是由于诗人对时令敏感的联想,运用了避实("小楼一夜听春雨")行虚("明朝深巷卖杏花")的一笔,情浓意切地传达出春天的呼吸,因而越加衬托出前句"世味年来薄似纱,谁令骑马客京华"这样对世事及官场生涯的严重追悔与冷漠情绪。

　　合理的丰富的想象与联想,更会使诗的意境由此及彼地向纵深扩展,使诗的主题思想提高并深化,同时,在诗体结构上,发挥"文之生路"的妙用。记得仫佬族诗人包玉堂曾有一首诗《回音壁》,在这首抒情诗里,诗人开始便写出回音壁是"我们伟大的祖先,留下智慧和劳动的足迹",又提到"怀着深深的敬意"在"古老的回音壁前我贴着耳朵试一试——"立刻,从回音壁上传来了"伟大的北京呵,我们爱您!"这样激情的词语。全诗发展到这里,似乎已经把诗的主要思想表抒出来,而且在结构上也自成段落。但是,诗人却没有停留于此,反而蝉联疾接,虚出一笔:

> 转身向四方远望,
>
> 祖国的大地伸向天际,
>
> 呵! 阳光灿烂,晴空万里,
>
> 那不是一座更伟大的回音壁?

于是,诗人把我们的想象立刻引进另一种更为辽阔、充实和宏伟的意境。在诗人一系列想象与联想下:祖国解放的欢呼,抗美援朝的胜利,"大跃进"时代的战鼓,向共产主义英勇迈进的凯歌……像声声巨雷

---

①陆游:《临安春雨初霁》:"世味年来薄似纱,谁令骑马客京华。小楼一夜听春雨,深巷明朝卖杏花。矮纸斜行闲作草,晴窗细乳戏分茶。素衣莫起风尘叹,犹及清明可到家。"

哄鸣在祖国"阳光灿烂、晴空万里"的天空和大地。实际上发展到这里,诗人已由对具体存在的古老回音壁的歌唱,再通过一连串浮思联翩的想象与联想,转而提高到对我们伟大祖国和伟大民族的高昂爱国主义和国际主义的最热情的赞颂了,因而也就使诗的形象意义,升华到一种更完美、深刻的诗意境界。"避实行虚",不仅在诗体结构和情势发展上获得"生路",而且也是诗的主题意义提高与深化的有力的艺术表现手段。

另外,我们知道,合理的想象与联想,在叙事诗歌中,更被广泛地用来揭示人物在特定环境下的复杂内心活动,有助于人物性格的刻画和塑造。比如李季在长诗《当红军的哥哥回来了》中写到端阳对杨高的怀念时,写道:

> 不知道你这时在做什么?
> 是行军是休息还是打仗?
> 抬头隔窗见月牙,
> 初四五月牙儿镰刀一样。
>
> 不知道三边月牙儿,
> 会不会也照在你的身上?
> 要是行军照亮路,
> 打仗时鬼子兵无处躲藏。
>
> 这时你若正休息,
> 月牙儿轻轻地照你脸上。
> 要睡你就好好睡,
> 休息好精神足再打胜仗。

这几节诗中,诗人把端阳由月牙儿而引起的对远处三边的杨高情意缠绵的思念,与她对崇高的革命事业的关心紧密交织在一起,就更赋予这一诗的想象与联想以积极的思想性。

总之,诗歌创作中想象与联想的运用,应该从现实生活出发,做到自然、合理,有充分而真实的心理根据。从具体的真实存在的回音壁,进而联想到祖国万里晴空正是一座更大的回音壁,从初四五的月牙儿,联想到自己的亲人,在想象中又出现了行军中的杨高形象等等,都是运用想象与联想较成功的实例。但,我们也应看到,在想象与联想的广袤空间里,它所呈现的语言和形象,应该是绚丽多姿,富于创造性,任何平庸和联想形象的泛滥,都会使诗的思想和艺术光彩暗淡失色。我们要在避实行虚、虚从实出的基础上,大胆地幻想,勇敢地创造,这样才能真正收到"文之生路"的奇特艺术效果。

(《北方文学》1959年第7期;《谈诗和诗歌创作》,甘肃人民出版社1978年)

诗歌语言与形象化

记得在一本书里,曾读到过这样一段轶事:十九世纪德国的两个作家艾曼奴埃尔·海柏尔和牟利凯,有一天傍晚,到田野里散步。

> "瞧呵",海柏尔激动地说,"夕阳给无尽的白云投上了多么鲜明的光彩呵,它们在高空飞翔,就像一片火红的幻影。多么壮丽的景色!""我看到的只是羊群。"牟利凯悄悄地回答说。

读过这段轶事,给我们这样一个突出的印象,即牟利凯悄悄回答的一句,远比海柏尔激动地说出的许多句话生动、深刻得多。"秘密"在哪儿呢? ——就在于我们从这句简短的话里,看到了形象,通过比喻而产生的具体可感的生活形象;羊群,再确切不过地描绘出晚霞镀镶着团团白云时所给予我们的形象感受。

> 半空一片云,
> 遮住邙山身。
> 猛听咩咩叫,
> 原是羊一群。

《红旗歌谣》中的这首民歌《白云》,不正从相反的角度证明这种形象感受的正确、有力吗? 所以说,在特定情景下,我们会产生许多丰富的情感、冲动和美丽的想象,但只有当它们被艺术地形象地宣叙出来的时候,才会使人们感到亲切、感动,否则,这一情感、想象的表现,就可能变得苍白、空泛,流于一般化。

由此，使我想到诗歌语言的一个重要特性，即形象化的问题。

毛主席在给陈毅同志谈诗的一封信中指出："又诗要用形象思维，不能如散文那样直说，所以比、兴两法是不能不用的。"形象思维在诗中的运用，往往通过比、兴两法，具体体现在诗歌语言的形象化上。

诗歌语言应该做到形象化与凝练，而这两者之间，又有着密切的相互作用的关系。以非常精准、凝练的语言，通过形象化的艺术创造，表现出深刻的思想和饱满的革命激情，是一首好诗所应具有的必要手段。因为，形象化可以使诗意有所寄托，情感有所附丽，使思想与语言的具体含意涵蕴在特定的形象里，通过它去启发读者的想象，影响读者寻思并得到应有的结论，从而收到"言有尽而意无穷"的艺术效果；另方面，形象化也是适应于诗歌作品更集中，更概括，更丰富地反映生活，言志抒怀，给人们以美的诗意享受，鼓舞斗志、激发革命精神的任务的。诗歌语言的形象化，是一个诗人思想、个性以及艺术技巧水平的明显反映。

在我国优秀古典诗歌遗产中，古代诗人们的高度艺术造诣，异常鲜明地体现在一首诗的语言形象化创造上。唐代诗人李白有一首七绝《望庐山五老峰》：

> 庐山东南五老峰，
> 青天削出金芙蓉；
> 九江秀色可揽结，
> 吾将此地巢云松。

这首绝句除第一句直叙其事外，可以说句句有形象或给人以形象的感觉。"青天削出金芙蓉"，道出在蓝天衬托下五老峰的奇险、秀美、壮观，这里，他用了一个比喻形象"金芙蓉"，更配合以动词"削出"，真是壮思逸飞，鲜明有力。写九江景色的美丽宜人，他又用了"可揽结"之

句,也很形象地传达出九江给人们以心旷神怡的直接而亲切的感受;
正由于五老峰的奇美,九江的秀丽,所以诗人愿望在"此地巢云松"。
此处,他又回避直接叙写想要住到这里(这样表达,语言将会是多么
苍白无力),而是"巢云松",这就通过做动词用的"巢"字和"云""松"
等具体形象,进一步渲染出五老峰烟云缭绕、松柏参天的奇观,同时
也把诗人的思想与感情倾向表抒了出来,原来庐山五老峰正是诗人
寻求超脱、隐逸的思想情怀的最好寄托。这首短诗,同李白的有些诗
一样,表现出他思想的某些消极因素,是值得批判的,但在诗歌语言
的形象化创造上,却是可取的,我们甚至可以从他的这种语言形象化
的创造中,明显看出贯穿于李白所有诗作的浪漫主义风格特征。

　　广泛运用比、兴以及夸张、拟人化等以进行诗歌语言的形象化创
造,也是群众诗歌创作的突出艺术特点。在《红旗歌谣》里,就有许多
这样的民歌佳作。

　　　　一片灯火一片红,
　　　　一颗红心跳蹦蹦;
　　　　跳得瓦刀点头笑,
　　　　跳得红砖满天跑。

　　　　跳得砖墙随风长,
　　　　转眼烟囱入云霄;
　　　　心啊,心啊为啥跳?
　　　　总路线啊宣布了!

这首《一颗红心跳蹦蹦》的作者以无比兴奋的心情,通过非常生动、形
象化的语言,深刻表现出党的建设社会主义的总路线提出的广泛群
众基础,以及总路线在鼓舞广大工人群众进行高速度建设上所起到
的伟大作用。在渲染和传达高涨而热烈的劳动建设场面时,作者的心

情、干劲,甚至也感染给了劳动工具:瓦刀、红砖,因此,就出现了这样真正来自生活的形象化语言:"跳得瓦刀点头笑,跳得红砖满天跑。跳得砖墙随风长,转眼烟囱入云霄。"透过这种形象化语言创造,也更使我们进一步联想到,"随风长"的建设速度和沸腾生活,不仅仅是"砖墙"和"烟囱",那不也是我们整个社会主义祖国在总路线的光辉灯塔照耀下昂首前进的艺术写照吗?另外,我们看到,这首民歌尽管运用了蝉联而下的三句形象化的"跳得……"排比句式,但另一方面,这三个"跳得……"之间,有内在的因果关系,"砖墙随风长","烟囱入云霄",正是"瓦刀点头笑"、"红砖满天跑"的自然结果;再方面,这三个"跳得……"的产生,也统一在一个基本思想、孕育在一种基本构思之中,即"一颗红心跳蹦蹦"一句里。所以我们读起来就能真切感到,这一系列形象化的诗歌语言创造,正是"红心跳蹦蹦"的最自然、最感人的流露和艺术反映。

近些年来,诗人贺敬之的政治抒情诗作,在语言的形象化方面,给我们以极深的印象。在政治抒情诗的创作中,议论、警句以及常见的政治概念的入诗,除了需要依赖诗人思想认识的犀利和深刻,革命激情的通贯和熔铸而外,更需要丰富的想象、联想和较独到的语言形象化创造。激情与想象,议论与形象的紧密交融,混为一体,是使政治抒情诗既为政治的强音,又是艺术的作品的重要因素。比如:我们伟大的祖国正在迅速改变一穷二白的面貌,发生了亘古未有的变化,这是大家常见而且都会说得出来的语言,但是我们在《十年颂歌》中却读到:

　　看!
　　我年轻的共和国!
　　你
　　身披

灿烂的锦绣,

满怀

胜利的鲜花!

一手——

挥动神笔,

一手——

扬鞭催马!

东海上——

天山下;

一穷二白的

辽阔的土地上——

洋洋洒洒

画出多少

最新最美的

图画!

在这些诗行里,一般的抽象的思想观念,变为巨人般的神采奕奕的具体的祖国形象;普通的语言,也同时转化为诗。细心的读者,在贺敬之的诗集《放歌集》及其近作中,类似的例子,还会找到许多。

综上所述,我们可以清楚看出,要达到诗歌语言的形象化,首先,诗人必须对诗的思想以及它所要反映的事物有深刻的认识和挖掘,并由此而激发出能与此种思想或事物对象产生内在联系的联想形象,再把这一切融汇于凝练的诗歌语言之中。从五老峰联想到"青天削出金芙蓉";从祖国的巨大变化和进一步繁荣、强大联想到顶天立地的巨人形象,都莫不如此。

其次,诗歌语言中,真正从生活中提炼的比、兴形象的选用,也是达到使语言形象化的重要手段。关于这一点,我们从古典诗歌的优秀作品以及民歌中,可以吸取很多营养。前面提到过的"羊群","金芙蓉"和"一手——挥动神笔,一手——扬鞭催马"的巨人形象,都是成功的例证。

第三,某些特定的适当的动词和形容词,以及夸张或拟人化手法的运用,都可能使抽象变为具体,使辽远化为亲近,使静止、板滞呈现为生机蔚茂和栩栩如生。如《一颗红心跳蹦蹦》一诗中"跳"和"笑"等动词的采用,不仅生动形象,而且更赋于死物的劳动工具以活的性格,传达出了抒情主人公的情绪和心理状态。贺敬之的《三门峡歌》一诗中"黄水劈门千声雷,狂风万里走东海"两句动词"劈"和"走"字,也更增强了诗句中动的气势和形象的力量。

这种种方面或手法的运用,在诗中应该自然、灵活,富有创造性;同时,"炼字"、"炼句"更要与整句特别是整首诗的"炼意"结合起来。正像《蔡宽夫诗话》所说:

"诗语大忌用工太过。盖炼句胜,则意不足;语工而意不足,则格力必弱,此自然之理也。"这番话,是很值得我们在创作时注意的。

(《谈诗和诗歌创作》,甘肃人民出版社 1978 年)

诗歌语言的音乐美

面前放着一本贺敬之的《放歌集》，我曾不止一次地拿起来，只是想默默地看下去，但总是事与愿违。看过几行，就被诗中高扬的激情所冲击，被它急促、顿荡的语言节奏所鼓动，于是，情不自禁地朗读了起来：

> 呵呵！是何等壮丽的景象———
> 我们祖国的
> 万花盛开的
> 大地，
> 光华灿烂的
> 天空！
> 你，在每一天，
> 在每一秒钟，
> 都展现在
> 我的眼前
> 和我的
> 心中。……

直至最后一行；而对这首诗的理解，仿佛也随之加深了一步。类似情况，很多同志一定都会体验过。鲁迅先生在一封书信中，曾这样说过："要我论诗，……我只有一个私见，以为剧本虽有放在书桌上的和演在舞台上的两种，但究以后一种为好；诗歌虽有眼看的和嘴唱的两种,也究以后一种为好;可惜中国的新诗大概是前一种。"①应该说,不适于朗读,朗读起来不能朗朗上口,或朗读效果不好,不能使读者从听觉上去直接吸取诗的思想,体验一种略事寻味即可领悟的诗歌欣赏上的微妙意趣,这样的诗,至少失掉了一种使我们深受启发,能激起有关丰富的想象与联想的时机。可是,在我们接触到的诗歌作品中,确实存在着一些只能供看,却并不适于朗读的作品。

难道诗歌作品发表出来,仅仅是供读者看吗?从我国古典诗歌的优秀传统来看,脍炙人口,广为流传的正是那些能吟诵,甚至还与音乐配合并能歌唱的作品。本身就是民歌的《诗经》、乐府诗且不谈,就以诗人的作品而论,王维的《送元二使安西》,正是被以管弦后,才成为名噪一时的"阳关三叠",直到晚唐,也还"旧人惟有何戡在,更与殷勤唱'渭城'"(刘禹锡:《与歌者何戡》)。白居易的诗,在人们口头传诵,也曾达到"童子解吟'长恨'曲,胡儿能唱'琵琶'篇"的程度。实际上,能吟诵,并能为一般人民群众接受和理解,正是优秀古典诗歌创作,从彼时彼地的民歌中吸收营养,抵制僵死的贵族化影响,与人民生活发生某些联系的重要途径。直至如今,一般有群众基础,为群众喜闻乐见的诗作,可以说仍保持着能朗读易背诵的特点。

不只是单单为了"看",与此同时,也让读者去朗诵、"吟唱",从听觉上便于自然接受的作品,就能透过诗歌内容与形式的结合,进而显示出诗歌艺术的语言音乐美,充分发挥它的感染力量,这是一个方面;但是,还有另外一个重要方面,那就是一个诗人如果能创造性的向民歌学习,重视并努力挖掘那些使诗的特定语言形式与朗读节调结合的一切因素和效果,那么,在进行创作时,他就有可能在一些与

---

①鲁迅:《鲁迅书信集》下卷,人民文学出版社,第655页。

诗歌艺术的特性直接有关的诗意表现上,进入广阔的天地,从而对新体诗歌的建立与发展,做出应有的贡献。

鲁迅先生读到对新诗的意见,在形式上,首先注意到"新诗先要有节调,押大致相近的韵,给大家容易记,又顺口,唱得出来。"作为一位杰出文学家和诗人,鲁迅非常敏锐地看出了"诗须有形式,要易记,易懂,易唱,动听,但格式不要太严"的中心问题,是"要有韵",因为"没有节调,没有韵,它唱不来;唱不来,就记不住;记不住,就不能在人们的脑子里将旧诗挤出,占了它的地位。"这里的"唱",也就是能朗诵,而鲁迅是把它与易记,易懂,动听这些诗歌的特殊功能和艺术效果联系在一起的。

近些年来,在诗的节调和用韵上,有一种较明显的发展趋势,就是在各种形式并存的基础上,逐渐走向规则和匀整。由两行构成一个诗节,或由四行构成一个诗节;行与行间的字数大体齐整;从现代口语的自然节奏或间歇出发,一般在一行诗中保有三顿、四顿,最多六顿。用韵方面,二行体的,一种是一节中两句押韵,要换韵则在另起一节的时候,如:

> 长白山的雪花珠江的水,
> 祖国江山呵就是这样的美。
>
> 包钢的高炉长江上的桥,
> 祖国今天呵就是这样好。
>
> ——贺敬之:《向秀丽歌》

另一种是,不同诗节间押句尾韵,如:

> 当年老周来,
> 落户村东头。

　　人们说他来当书记，

　　他说来扎根栽杨柳。

　　前晌办公忙开会，

　　下晌扛锄田头走。

——张志民:《公社的人物》

四行体的一节诗中,大体一、二、四句或二、四句押韵,或者可以说是
一、三不论,二、四分明;换韵一般也在另起一节的时候,可是一韵到
底的情况更多,而且效果更好些。如:

　　一颗颗红星闪过湖岸,

　　一双双脚印留在田间,

　　人民子弟兵为公社送肥,

　　太湖新潮载来战斗的春天。

　　战士的军衣染上新抽的柳叶,

　　战士的帽徽映上新绽的花瓣。

　　东风时刻不离他们的扁担,

　　千斤铸在他们每个人的双肩。

——阎世宏:《支援》

要便于朗读,有较齐整而匀称的诗行排列,是很重要的。诗的分行,表
面看来,好像只是一个偏重于技术性的问题,但实际上,却与诗的内
容表达和情绪渲染,有直接关联,或者说是受其决定的。比如,《放声
歌唱》所采用的阶梯式分行形式,就把思想与形象间的亲切微妙关
系,熔铸进极精炼,甚至是一个字与一个字,一个词与一个词,一个词
组与一个词组间的对仗、排比和跳跃之中, 因而扩大了诗的想象空
间,也收到音韵铿锵有力,特别能强调出每个字、词、词组的意义和朗

读效果。像长诗第三章开始：

　　……春风。

　　秋雨。

　　晨雾。

　　夕阳。……

　　……轰轰的

　　车轮声。

　　踏踏的

　　脚步响。……

我们试以"春风，秋雨，晨雾，夕阳。……"如此长句型的排列形式朗读出来，那效果是会与原诗所要传达的精神迥然不同的。同样，在二行体或四行体的形式里，分行的原则，至少应在已构成一个较完整的意念的时候，最低要求，也应是一句诗在语气上的逻辑停顿的地方，这样读起来才能节奏明快，朗朗上口。遗憾的是，我们有时还能碰到这种情况：往往由于作者企图在有限的一句诗或一节诗里，表叙太多太复杂的内容，就会出现节调散漫，甚至莫名其妙的分行。例如，有这样一首诗，其中的一节是：

　　不管十二月党人广场上青铜骑士的雄伟

　　也不管叶甫根尼·奥涅金和达吉亚

　　所爱慕过的华西列夫斯基广场的花香

　　但我最喜爱这肃穆庄严的冬宫广场

这节诗充满翻译语汇与外国典故且不谈，其中用"所"字所连接起来的诗的第二、三行，在语气上是不能分割的，因此，在这里不应把一句话腰斩而分行。像现在这样，我们难以触摸到诗的语言节奏，读起来也是拗口的。

　　朴素、精炼、形象，特别是含义准确的诗歌语言铸造，也直接关系到诗的易记以及朗读效果。清人刘大櫆在他的《论文偶记》一书中，曾这样谈过：

> "神气者，文之最精处也；音节者，文之稍粗处也；字句者，文之最粗处也，然论文而至于字句，则文之能事尽矣。盖音节者，神气之迹也；字句者，音节之矩也。神气不可见，于音节见之；音节无可准，以字句准之。"

尽管他这里讲的是古文，看法也不无可指之处，但他体会到从字句到音节，从音节才能进而掌握文章的基本精神（即所谓"神气"）的层层关系，这对我们理解诗歌作品，同样极富于启发。语言表抒的思想情感要蕴藉、含蓄，而不是晦涩、阴暗；诗句中的形象创造要准确、鲜明，而不是含混、陈腐；甚至在每个字句的读音上，都应重视它的听觉效果，使其能在短促间，听起来立即产生作者、读者间情绪和思想上的沟通。既能看懂，又能听见，既是现代语言的提炼，又达到"言有尽而意无穷"。这样的诗，朗读起来或听起来，我们就会毫无隔阂地和诗人一起，共同沉浸于一种由语言所创造的奇妙境界，在由思想和形象结合而构成的宽敞、广袤的精神世界里，在诗歌语言的音乐美感之中，生活得以丰富，思想为之提高，心灵变得更加美好！

于是，我这样想，写成一首诗，如果自己能先朗读几遍，最好也给别人朗读一下，当自己和其他人已经能在听觉上对诗的思想和形象，产生准确无误的理解并能激起他们更多想象的时候，再拿出来发表。这样的诗，不是更容易在群众中扎根，更能充分发挥诗歌这一武器的战斗作用吗？

（《谈诗和诗歌创作》，甘肃人民出版社 1978 年）

谈意境

提到诗的意境,我们一定会想到,苏轼对王维的诗画所下的著名评语:"味摩诘之诗,诗中有画;观摩诘之画,画中有诗。"这就是说,诗情与画意、画意与诗情,浑然一体,创造诗画结合的完美意境,是王维创作的重要特色,应该说,这也是我国古典诗画所达到的一种高超艺术水准。

诗的意境,是广泛展示诗人生活感受和内心世界的形象化艺术表现形式。"神情寄寓于物","缘物寄情"是意境创造的目的。诗的意境,更能诱发人们丰富的想象,是打开人们宽敞眼界的门窗;所谓"名工绎思挥彩笔,驱山走海置眼前"(李白),这种诗就能具有如此奇妙的艺术力量。

我国古代优秀诗人在诗的意境创造上,可以说有出色的成就,而且已经形成古典诗歌表现艺术的美学传统。在唐代,一向被称为大历十才子之一、而又以写边塞题材的诗歌著称的卢纶,曾写有六首《塞下曲》,试看其中的二首:

> 林暗草惊风,将军夜引弓。
> 平明寻白羽,没在石棱中。
>
> 月黑雁飞高,单于夜遁逃。
> 欲将轻骑逐,大雪满弓刀。

仅仅四十个字，却异常鲜明地刻画出了边疆特殊自然环境和一场惊心动魄的夜战场面。林木暗黑，荒草惊鸣，险路崎岖，山峦起伏，月色昏迷，大雁高飞，还伴随着那样一场罕见的大雪……都在我们的想象中显现。

这两首短诗，不仅着重描绘了处于频繁的战斗戒备中的边疆环境，同时也细腻的刻画出在这一特殊环境下，人的典型心理活动。而这一切，又统一在多么准确和形象的意境之中啊。

开始"林暗草惊风"句，五个字，就已经把边疆紧张的、简直是风声鹤唳、草木皆兵的气氛烘托出来；这种气氛恐怕也深深感染着并时时威胁着甚至是久经沙场的守将，使他也疑虑、不安起来，终于沉不住气地拉开了战弓。读到这里，谁都会急切地想要得知，这一箭射中了什么？是来犯的敌人么？"平明寻白羽"原来箭已隐没在乱石之中了。

在第二首，我们同样看到，一个月黑之夜，敌人在夜色浓重的掩护下逃跑了。当将士们要乘骑追击时，却下起了纷纷扬扬的漫天大雪，难以辨迹，更不能引弓、挥刀……"大雪满弓刀"，多么含蓄而又意境开阔的一句！整首诗真是一幅古代边疆的风雪夜战图。

这两首短诗体现出诗人"雄健"（沈德潜《唐诗别裁》）的风格，语言也明白易懂，而在艺术上的突出成就，就是在极短小的诗体形式里创造了完整的诗的意境。构成这两首《塞下曲》鲜明、感人的意境的基础，首先，这是诗人抓住了边塞上一些非常典型的最能说明问题的事物与景象，如丛林、山石、大风雪、月黑夜、高飞雁，等等，这些足以构成一幅边疆的特殊环境。其次，从侧面烘托并精心渲染出边疆紧张不安的氛围，这主要是通过守将那沉不住气的心理和引弓的行动来表现的，因此，又使我们感觉到诗中活动着一个在紧张的心理支配下的守将形象。第三，决定性的还是诗人的实际生活经验和对边疆事物的具体认识与深刻感受。由此可见,在诗歌作品中,由一系列典型的准确的事物形象,构成一幅动人的历历如画的生活场景或画面,特别是自然环境与自然景物的完美描绘,往往是创造诗的意境的常用手法。

但是,我们还注意到,任何自然环境和景物,在优秀的艺术创作中,都不会是孤立存在的,它只有在与社会的人的思想感情、与人的活动发生直接关系时,才会具有艺术生命;而表抒人的感情和思想,也只有通过诗中"景"和"情"的交融,亦即诗的一定的意境创造,才能得以充分表现。意境创造的这个决定性的特点,在现代诗歌创作中,表现尤为突出。意境必须为诗人的革命思想所照亮,而且又一定是为诗人在现实生活斗争中所摄取并加工、提炼出来的。

> 钢水红似火,
> 能把太阳锁,
> 霞光冲上天,
> 顶住日不落。

> ——《红旗歌谣》

这首歌谣,虽然没有正面的直接地写到人, 人的思想及具体劳动过程,但通过它壮丽的意境——这一意境,是由诗的豪迈气魄和瑰丽想象凝聚而成的——社会主义建设大跃进中的我国钢铁工人的凌云壮志和冲天干劲,得到了充分而又形象的反映。正是这一深刻思想,才使得"霞光冲上天,顶住日不落"两句,具有了更为概括的象征性意义:人民力量的象征,祖国发达兴旺的象征。

我们再看看另一首诗,陈辉[①]的《姑娘》:

---

①陈辉(1920—1944):湖南常德人,共产党员。1938年到延安,次年到晋察冀敌后抗日根据地,1941年在涞涿平原工作,曾任青救会主任、区委书记、武工队政委。1944年在战斗中牺牲。他也是一位年青革命诗人。遗作有诗集《十月的歌》。

三月的风，
吹着杏花。
杏花，
一瓣瓣地，
一瓣瓣地，
在飘，
在飘呀。

姑娘，
坐在井边，
转动了辘轳，
用眼睛，
向哥哥说话……

——哥哥，
哪儿去呀？
哥哥，
笑了一笑，
背着土枪，
跑向响炮的地方去了。

杏花，
飘在姑娘的脸上，
姑娘鼓着小嘴巴，
在想：
这一声，

该是哥哥放的吧?

——《十月的歌》

焕发着一股多么醇馥的战斗生活气息，一幅多么动人的意味深长的生活画面！诗人敏锐地抓住了日常战斗生活中这极感人的瞬间，一个无语的镜头，一个充满潜台词的戏剧性场景，非常含蓄、满披诗意地描绘出坐在辘轳架边，"用眼睛，向哥哥说话"的姑娘同"背着土枪，跑向响炮的地方去了"的青年民兵之间细腻、微妙的感情，而他们之间的纯洁、崇高精神境界又与那样一种"杏花……在飘，在飘呀"的暮春景色，互为映衬，显得异常和谐、美好！构思的巧妙，形象的含蓄，感情的淳朴，诗情画意的巧妙结合，都有机地熔铸在我们年轻革命诗人对抗日人民的诚挚热爱，以及明朗、深厚的乡土感情之中了。而这一切，应该说都通过诗的鲜明意境的创造，情深意切地表现了出来。因为，它才能给予我们以多方面的启发和联想。

在现代诗歌创作特别是抒情诗的意境创造中，可以看到在继承与进一步发展古典诗歌和民歌的意境创造手法上，做出了许多有意义的建树。它的主要经验是：

意境的创造，是一首诗的完整构思的组成部分。由于"立意"是意境的主脑，所以，诗的意境创造，就必须有鲜明的时代特征；这一特征集中体现着诗人所概括的社会主义思想深度，以及富有时代特征的具体生活内容和人民群众的典型感受，也就是说，决不能脱离从此时此地的人民生活出发这一基本原则，去架空追求诗的意境。

记得前些年，曾读到过一首题为《采香菇》的短诗，这首诗的第一节就点明题意，作者是在歌颂一群冒着雨露到深山采集香菇的姑娘们。可是读到诗的最后一节，却使我们不胜困惑起来。那是：

我问香菇哪里有

姑娘手指着山坳里的云雾

南山采木耳,北山采香菇

只因云深不敢远去怕失归路

既然到深山采香菇,可又只能"手指山坳","只因云深不敢远去怕失归路",那么作者歌颂这群姑娘的意义是什么？这难道符合我们时代姑娘们的典型个性吗？从这里可以明显看出,这首诗的作者向古典诗歌的意境创造学习的努力。但,也像我们前面所谈到的,抒情诗中的意境有它特定的鲜明的时代与生活内容。毛主席谆谆教导我们,对待中外文化遗产,"决不能生吞活剥地毫无批判地吸收","决不能无批判地兼收并蓄",当然也包括艺术表现技巧。如果我们在社会主义的今天,还欣赏甚至沿用那种"清明时节雨纷纷,路上行人欲断魂；借问酒家何处有？牧童遥指杏花村"的闲适、恬淡、朦胧的格调与意境,来概括表现我们时代的沸腾生活和人民的革命精神境界,那当然会是格格不入,谬以千里的。

诗的意境创造,除去应该表现与诗人的主观感受直接联系的自然环境和景物外,更要多方面地直接或间接写出人,以及人与人之间的关系；写处于特定自然环境和生活场景中人的内心感受、情绪和思想,它们统一在诗的完整形象组织里,历历如画地浮现在我们的想象之中。如像《塞下曲》《钢水红似火》以及《姑娘》一诗所达到的那样。这样,一首诗的意境所能容纳的思想寓意,就会广泛、深刻起来,主题的明确性,也更有可能得到可靠的艺术保证。所以,根本的问题,还在于诗人的生活,他的世界观和思想认识水平。只有深深扎根在广大群众生活中,在火热的三大革命斗争中,在自己深厚而丰富的感情体验中,去进行诗的艺术构思,去创造我们社会主义时代新诗的完美意境,这才是唯一广阔的道路。

在当前抒情诗的意境创造上,真正把握住形象思维的特点,不断提高,在"新"字上下点功夫,不断立新意,创新境,获取新诗创作的更大丰收,这确实是一个困难,然而又是一个很有意义的艺术课题。

（《谈诗和诗歌创作》,甘肃人民出版社 1978 年）

通向心灵的路

经常可以听到这样的议论:为什么在与"四人帮"战斗中曾走在时代前面的诗歌,现在反而落后于小说和话剧等文艺形式? 大家对诗歌的现状是不够满意的。应该说,这确是一个发人深思的问题。究其原因,当然是较复杂的、多方面的,但是,我觉得很重要的一条是——诗,应当找到更好地通向人们心灵的路。

歌德曾这样说过:"凡是我没有经历过的东西,没有迫使我非写诗不可的东西,我从来就不用写诗来表达它。我也只在恋爱中才写情诗。"这确是德国这位伟大诗人的切身体会与经验之谈。他的这段话说明,一首诗的产生,首先必须有实实在在的切身生活体验,同时在生活中要能感受并汲取那最能激发创作情思和想象的部分; 而这个部分又是可能通过诗的形式予以完美表达的。值得注意的是,"迫使我非写诗不可的东西",对于一个诗人来说,它是独特的,深湛的,是萦绕于怀、不吐不快的"东西";也只有它才能激起诗人的灵感,使他进入最适宜于创作的精神状态之中。这样的诗,必定会唤起读者产生与诗人自己原先所产生的相同的印象,诱使读者跟踪诗人的情思与想象,去爱憎、思考,去获得心灵的丰富与提高……

文艺上的教条主义、清规戒律在创作中的突出表现,就是使作家或诗人从他进行构思的开始,就按照一定的模式去猎取生活,捏造人物,剪裁感情。这种情况,对抒情诗创作,简直是致命的。因为按诗歌的特性,它的产生尤其需要列宁所指出的"思想和幻想、形式和内容的广阔天地"。而按照模式来写诗,恰恰窒息了思想和幻想、形式和内容,因而也就根本堵塞了诗通向人们心灵的道路。"四人帮"时期,报刊上也有不少标明曰"诗"的东西吧? 可有谁读它!

文艺创作在很大程度上可以说属于一种不可重复、不会雷同的个人现象,诗歌艺术尤为如此。当然,它需要植根于丰腴的生活土壤,更会受所处时代普遍社会心理与志向的制约、影响;从这个意义上讲,文艺创作与社会学、心理学有着自然的联系,创作要熟悉并进而参与到读者群中。读着《天安门诗抄》的时候,我总这样想,我们的诗歌要发展,要上去,要能在群众中扎下根来,应该十分重视反映经过"文化大革命"的风风雨雨而成长起来的新一代青年人的思想、生活,以及他们的精神世界, 熟悉并深入他们的心理, 丰富他们的精神要求,抒写他们对生活的激情……诗,应该属于年轻的一代,在他们身上体现着祖国的未来,也体现着诗歌的未来。正由于此,人们欢迎像《呼声》(《诗刊》1979 年 2 期)那样带着血泪、充满悲愤的现实主义长诗,也喜爱诗人艾青的《绿》(《诗刊》1979 年 5 期)那组清新明快、富于生活哲理的抒情短诗,因为它们跳动着当代思想的脉搏,不仅丰富了我们的生活感觉,而且更拨动了我们的心弦,掩卷深思,心潮难以平静……

诗歌要通向人们的心灵, 对诗人来讲, 就必须成为一个正直的人、高尚的人,在他的内心生活中永远树立着真理的标杆,为了捍卫它不惜英勇献身。用歌德的话来说,就是"在艺术和诗里,人格确实就是一切"。这样的诗人的诗作,才有胆识敞开心灵的门窗,用语言把人们的心灵照亮,才会形成诗的个性与独特风格。因为一个作家的风格,归根结底,是他内心生活的准确标志。

在一首学习张志新烈士的诗中,我写下了这样一段:

革命者的心灵就要像水晶一样透明,

他的生命在人民的海洋中奔腾不息。

烈士呵，你用鲜血向我们呼号：

只有真诚、无畏才能维护真理的大旗。

要创作人民的诗歌，也应该是这样。

（《甘肃文艺》1979 第 9 期；《现代诗话》，青海人民出版社 1981 年）

附录

孙克恒著述目录

著作：

1. 《谈诗和诗歌创作》，甘肃人民出版社 1978 年。

2. 《现代诗话》，青海人民出版社 1981 年。

3. 《中国当代西部新诗选》，甘肃人民出版社 1986 年。

论文与诗歌：

1. 《渔火》，《前哨》1957 年第 3 期。

2. 《诗的意境——读诗偶记》，《北方杂志》1957 第 4 期。

3. 《从鲁迅对闰土的塑造看题材的提炼》，《北方杂志》1957 第 10 期。

4. 《居住环境与人物性格描写》，《北方杂志》1958 第 2 期。

5. 《艾青诗作批判——兼评晓雪的“生活的牧歌”》，《跃进文学研究丛刊》（第 2 辑），新文艺出版社 1958 年版。

6. 《谈“山雨”的现实性与艺术创造》，《前哨》1959 第 6 期。

7. 《想象和联想在目前诗歌创作中的运用》，《北方文学》1959 第 7 期。

8. 《作品的成败和得失》，《前哨》1959 第 7 期。

9. 《诗的艺术构思和表现》，《红旗手》1959 第 10 期。

10. 《谈〈木兰诗〉的情节结构》，《延河》1960 第 2 期。

11. 《沿着毛泽东同志指示的文艺方向前进——写在“在延安文艺座谈会上的讲话”发表十八周年纪念的日子里》，《山东文学》1960

第 5 期。

12.《诗歌与大跃进的现实生活——读诗随感》,《嫩江文艺》1960 第 8 期。

13.《读闻捷的〈复仇的火焰〉第一部》,《读书》1960 第 13 期。

14.《从〈天山牧歌〉到〈河西走廊行〉——简论闻捷的诗歌创作》,《上海文学》1961 第 3 期。

15.《做生活的有心人》,《山东文学》1961 年第 7 期。

16.《红日的赞歌——读伊丹才让、汪玉良、赵之洵的诗歌》,《甘肃文艺》1961 第 12 期。

17.《诗的比喻》,《朔方》1962 第 2 期。

18.《古典叙事诗的结构艺术》,《上海文学》1962 第 3 期。

19.《试论李季的诗歌创作》,《甘肃文艺》1962 第 4 期。

20.《诗的侧面描写》,《草原》1962 第 4 期。

21.《感情·形象·风格》,《文艺红旗》1962 第 7—8 期。

22.《"避实行虚"一例》,《山东文学》1962 第 10 期。

23.《诗的朗诵和朗诵的诗》,《朔方》1963 第 4 期。

24.《唱给一位轮机长》,《山东文学》1963 年第 4 期。

25.《问答——结构的主体》,《山东文学》1963 第 7 期。

26.《从革命现实主义和革命浪漫主义相结合的创作方法谈〈创业史〉(第一部)——兼驳"写中间人物"的资产阶级主张》,《甘肃师范大学学报》1964 第 3-4 期。

27.《谈话剧〈远方青年〉及其修改》,《甘肃师范大学学报》1964 第 3—4 期。

28.《为社会主义农业战线高歌》,《山东文学》1964 第 6 期。

29.《"向着太阳放歌喉"——〈红牧歌〉读后》,《甘肃师大学报》1976 第 1 期。

30.《光辉的诗篇——学习毛主席词二首》（支克坚，孙克恒），《甘肃文艺》1976 第 2 期。

31.《在那星光灿烂的夜晚》，《甘肃日报》1977 年 1 月 11 日。

32.《谈贺敬之的政治抒情诗》，《甘肃师大学报》1977 第 2 期。

33.《革命的纪实战斗的凯歌——读朱德同志的诗》，《甘肃文艺》1977 第 4 期。

34.《在革命征途上继续前进的歌——读郭小川的诗歌遗作》，《甘肃师大学报》1978 第 1 期。

35.《向民歌学习》，《甘肃文艺》1978 第 2 期。

36.《关于诗歌节奏的通讯》，《甘肃日报》1978 年 8 月 20 日。

37.《壮歌催开神州花——读天安门诗抄》，《甘肃文艺》1979 第 1 期。

38.《时代精神与诗人的创作个性——谈〈女神〉中的〈湘累〉》，《甘肃师大学报》1979 第 2 期。

39.《通向心灵的路》，《甘肃文艺》1979 第 9 期。

40.《初期白话诗二题》，《社会科学》1980 第 1 期。

41.《李季和他的诗作》，《陇苗》1980 第 4 期。

42.《戴望舒的诗》，《甘肃文艺》1980 第 12 期。

43.《动态中的美》，《甘肃日报》1980 年 12 月 25 日

44.《鉴赏小识》，《诗探索》1981 第 2 期。

45.《讴歌生活的美和诗意——论闻捷的诗》，《当代文学研究丛刊》1981 第 2 期。

46.《〈女神〉论》，《西北民族大学学报》1981 第 4 期。

47.《古堡》，《诗刊》1981 第 4 期。

48.《短诗长吟》，《星星诗刊》1981 年第 8 期。

49.《新诗现状管见》，《新诗的现状与展望》，广西人民出版社 1981 年。

50.《闪光的破碎的爱:〈瓶〉》,《诗探索》1982 第 3 期。

51.《绚丽的色调,泥土的芳香——〈陇苗〉诗歌读后》,《陇苗》1982 第 4 期。

52.《真正的人的颂歌——谈〈有的人〉》,《少年文史报》1982 年 4 月 22 日。

53.《生活的多样化与诗的特色——一九八二年〈塞声〉漫评》,《飞天》1983 第 2 期。

54.《中学语文中的新诗教学》,《河北师院学报》(哲学社会科学版)1983 第 3 期。

55.《试论中国新诗的传统及其发展》,《西北师大学报》1983 第 3 期。

56.《新诗的传统与当代诗歌》,《当代文艺思潮》1983 第 3 期。

57.《新诗述略》,《青海社会科学》1984 第 3 期。

58.《西部诗歌:拱起的山脊》,《当代文艺思潮》1984 第 6 期。

59.《倾听来自生活的声音——〈飞天〉一九八三年大学生诗歌奖作品读后》,《飞天》1984 第 8 期。

60.《哲理抒情与工业诗——聂鑫森诗作印象》,《诗刊》1984 第 9 期。

61.《西部文学浅见》,《当代文艺思潮》1985 第 3 期。

62.《新诗中的强劲的风》,《诗刊》1985 第 3 期。

63.《闪烁思想之光的新边塞吟唱——读诗集〈骆驼〉》,《诗刊》1985 第 5 期。

64.《时代的、地域的、新文化意识的多面晶体——中国西部文学散论》,《中国西部文学》1985 第 12 期。

65.《进入"音乐的无限空间"》,《词刊》1986 第 2 期。

66.《大漠灵魂深处的旋律》,《绿洲》1986 第 3 期。

67.《当代诗情的启示》,《飞天》1986 第 8 期。

68.《跟上时代的脚步》,《军人·少女·太阳》,甘肃人民出版社1986 年版。

69.《主体感应的变异:〈现代〉及其诗人群》,《西北师大学报》1987 第 3 期。

70.《昌耀:他的诗和诗的世界》,《文艺报》1987 第 15 期。

71.《读〈三叶集〉二题》,《中国现代作家评论》,甘肃人民出版社 1989 年。

《陇上学人文存》 已出版书目

· 第一辑 ·

《马　通卷》马亚萍编选　　　《支克坚卷》刘春生编选
《王沂暖卷》张广裕编选　　　《刘文英卷》孔　敏编选
《吴文翰卷》杨文德编选　　　《段文杰卷》杜琪　赵声良编选
《赵俪生卷》王玉祥编选　　　《赵逵夫卷》韩高年编选
《洪毅然卷》李　骅编选　　　《颜廷亮卷》巨　虹编选

· 第二辑 ·

《史苇湘卷》马　德编选　　　《齐陈骏卷》买小英编选
《李秉德卷》李瑾瑜编选　　　《杨建新卷》杨文炯编选
《金宝祥卷》杨秀清编选　　　《郑　文卷》尹占华编选
《黄伯荣卷》马小萍编选　　　《郭晋稀卷》赵逵夫编选
《喻博文卷》颜华东编选　　　《穆纪光卷》孔　敏编选

· 第三辑 ·

《刘让言卷》王尚寿编选　　　《刘家声卷》何　苑编选
《刘瑞明卷》马步升编选　　　《匡　扶卷》张　堡编选
《李鼎文卷》伏俊琏编选　　　《林径一卷》颜华东编选
《胡德海卷》张永祥编选　　　《彭　铎卷》韩高年编选
《樊锦诗卷》赵声良编选　　　《郝苏民卷》马东平编选

第四辑

《刘天怡卷》赵　伟编选　　《韩学本卷》孔　敏编选
《吴小美卷》魏韶华编选　　《初世宾卷》李勇锋编选
《张鸿勋卷》伏俊琏编选　　《陈　涌卷》郭国昌编选
《柯　杨卷》马步升编选　　《赵荫棠卷》周玉秀编选
《多识·洛桑图丹琼排卷》杨士宏编选
《才旦夏茸卷》杨士宏编选

第五辑

《丁汉儒卷》虎有泽编选　　《王步贵卷》孔　敏编选
《杨子明卷》史玉成编选　　《尤炳圻卷》李晓卫编选
《张文熊卷》李敬国编选　　《李　恭卷》莫　超编选
《郑汝中卷》马　德编选　　《陶景侃卷》颜华东　闫晓勇编选
《张学军卷》李朝东编选　　《刘光华卷》郝树声　侯宗辉编选

第六辑

《胡大浚卷》王志鹏编选　　《李国香卷》艾买提编选
《孙克恒卷》孙　强编选　　《范汉森卷》李君才　刘银军编选
《唐　祈卷》郭国昌编选　　《林家英卷》杨许波　庆振轩编选
《霍旭东卷》丁宏武编选　　《张孟伦卷》汪受宽　赵梅春编选
《李定仁卷》李瑾瑜编选　　《赛仓·罗桑华丹卷》丹　曲编选